이승주 변호사의

이야기
채권회수

이승주 변호사의

이야기 채권회수

초판 1쇄 발행 2011년 9월 30일
초판 2쇄 발행 2015년 12월 2일

지은이 이승주
펴낸이 김선식

경영총괄 김은영
마케팅총괄 최창규
콘텐츠개발1팀장 류혜정 **콘텐츠개발1팀** 한보라, 박지아, 봉선미, 김희연
마케팅본부 이주화, 이상혁, 최혜령, 박현미, 이승민, 정명찬, 김선욱, 이소연
경영관리팀 송현주, 권송이, 윤이경, 임해랑

펴낸곳 다산북스 **출판등록** 2005년 12월 23일 제313-2005-00277호
주소 경기도 파주시 회동길 37-14 3, 4층
전화 02-702-1724(기획편집) 02-6217-1726(마케팅) 02-704-1724(경영관리)
팩스 02-703-2219 **이메일** dasanbooks@dasanbooks.com
홈페이지 www.dasanbooks.com **블로그** blog.naver.com/dasan_books
종이 한솔피엔에스 **출력·제본** 갑우 **후가공** 이지앤비 특허 제10-1081185호.

ISBN 979-89-6370-657-3 (13320)

- 책값은 뒤표지에 있습니다.
- 파본은 구입하신 서점에서 교환해드립니다.
- 이 책은 저작권법에 의하여 보호를 받는 저작물이므로 무단 전재와 복제를 금합니다.

> 다산북스(DASANBOOKS)는 독자 여러분의 책에 관한 아이디어와 원고 투고를 기쁜 마음으로 기다리고 있습니다.
> 책 출간을 원하는 아이디어가 있으신 분은 이메일 dasanbooks@dasanbooks.com 또는 다산북스 홈페이지 '투고원고'란으로 간단한 개요와 취지, 연락처 등을 보내주세요. 머뭇거리지 말고 문을 두드리세요.

이승주 변호사의
이야기
채권회수

| 차례

프롤로그 · 8

제1편 채권회수를 위한 최소한의 법률지식

◆ **채권회수의 기본** · 14

◆ **실전 채권회수** · 22
  01 채권과 채무를 구별하라 · 22
  02 채권은 주로 계약에 의해 발생한다 · 29
  03 미성년자와 계약을 체결하면 그 계약이 취소될 수도 있다 · 38
  04 계약은 무효가 될 수도 있다 · 44
  05 계약의 취소와 계약의 무효를 구별하라 · 51
  06 대리인에 의한 계약체결도 가능하다 · 59
  07 금전채권의 성질을 파악하라 · 66
  08 어음이란 무엇인가 · 71
  09 어음은 선의취득의 대상이 된다 · 80
  10 어음의 지급이 거절되면 소구권을 행사하라 · 87
  11 담보에는 물적담보와 인적담보가 있다 · 93

제2편 임의회수

◆ **임의회수의 기본** · 104

◆ **실전 임의회수** · 111
  01 채무이행을 독촉하는 내용증명우편을 발송하라 · 111
  02 채권을 양도받아라 · 117

03 채무자의 물품을 양도받아라 · 131
04 제3자에게 채무를 인수시켜라 · 135
05 변제수령의 대리권을 받아라 · 143
06 회사의 경우는 대표이사 등의 임원에게 연대보증을 요구하라 · 149
07 회사가 합병된 경우에 합병한 법인에게 채권을 청구하라 · 153
08 채무자가 사망하면 상속인에게 채권을 청구하라 · 157
09 어음을 분실하면, 분실신고 후 제권판결을 받아라 · 163
10 다른 채권자의 강제집행절차에 적극 참여하라 · 171
11 소멸시효가 경과되기 전에 채권을 행사하라 · 179
12 형사고소를 통하여 대위변제를 유도하라 · 192

제3편 담보관리

◆ **담보관리의 기본** · 204

◆ **실전 담보관리** · 210
01 유치권을 활용하라 · 210
02 채무자의 채권에 질권을 설정받아라 · 220
03 채무자가 부동산을 가지고 있다면 근저당권 등의 담보를 확보하라 · 230
04 채무자의 주요 설비에 양도담보를 설정받아라 · 245
05 소유권 유보를 통해 담보기능을 확보하라 · 252
06 연대보증인을 세워라 · 255
07 약속어음을 받아 담보를 확보하라 · 259

제4편 채권의 보전

◆ **채권보전의 기본** · 264

◆ **실전 채권보전** · 269
    01 채무자의 사해행위를 소송을 통해 취소하라 · 269
    02 채무자가 명의신탁을 해둔 부동산을 찾아 돌려놓아라 · 278
    03 부동산을 가압류하라 · 289
    04 유체동산을 가압류하라 · 296
    05 채권을 가압류하라 · 301

제5편 집행권원의 확보

◆ **집행권원의 기본** · 312

◆ **실전 집행권원** · 316
    01 공증으로 집행권원을 확보하라 · 316
    02 지급명령을 신청하라 · 320
    03 민사조정을 활용하라 · 329
    04 민사소송 제기 방법과 소송절차를 숙지하라 · 334
    05 증거확보에 노력을 기울여라 · 342

제6편 강제집행

◆ **강제집행의 기본** · 352

◆ **실전 강제집행** · 357
    01 집행권원에 집행문을 부여받아라 · 357

02 재산명시명령신청을 활용하라 · 362
03 채무불이행자명부등재를 활용하라 · 367
04 재산조회제도를 활용하라 · 373
05 부동산을 경매에 부쳐라 · 377
06 유체동산을 강제집행하라 · 387
07 채권을 압류하고 추심명령 또는 전부명령을 받아라 · 391

 지급명령을 통한 채권회수 실전연습

01 가상사례를 통한 채권회수 연습 · 402
02 가압류 · 403
03 지급명령신청 · 412
04 집행 · 415

참고문헌 · 419
에필로그 · 420
서식 리스트 · 422

프롤로그

문답 이야기 방식으로
채권회수를 쉽게 이해한다

나의 직업은 변호사다. 그래서 법률상담이 일상화되어 있다. 사무실 대면상담 및 이메일, 전화, 인터넷상담 등 그 루트도 다양하다. 변호사가 상담하는 내용 중에서 가장 많은 부분을 차지하는 것이 무엇일까? 내 경험으로는 돈을 받는 것이다. 돈을 받으려는 목적은 같을지라도 돈을 받아야 하는 이유는 아주 다양하다. 돈을 빌려주었을 수도 있고, 계약을 통해 돈을 받을 채권을 가지고 있을 수도 있으며, 상대방이 나에게 불법행위를 해서 그로 인해 손해배상채권을 가지고 있을 수도 있다.

이렇듯, 일상생활에서 일어나는 법률문제의 많은 부분이 돈과 관련된 문제다. 내가 이 책을 쓰게 된 이유는 법률문제의 기본이라고 할 수 있는 돈의 회수문제를 정리할 필요성이 있었기 때문이다. 법률상담을 하다 보면 참으로 다양한 사람들을 만나게 된다. 좋은 사람도 있고, 상식을 벗어난 사람도 있다. 세상에 좋은 사람만 있다면 법이 필요 없을 것이다. 그러나, 사람에게 질병이 생기듯 사회에도 법이 필요한 상황이 항상 발생한다. 흔히 발생하는 일은 아니지만, 돈을 빌려주었고, 받지 못했는데, 상대방이 갚았다고 주장하기도 하고, 돈을 빌린 사실조차 없다고 주장하기도 한다. 돈을 빌려준 사람은 그 정도의 인간 됨됨이밖에 안 된 사람에게 돈을 빌려준 것도 억울한데, 상대방이 이와 같이 주장하는 것을 보면 황당할 것이다. 이런 경우에는 어쩔 수 없이 법을 동원해야 한다.

 이 책은 채권회수 문제를 다루고 있다. 채권회수라는 법률용어가 별도로 있는 것은 아니지만, 채권회수의 의미는 '받아야 할 돈을 받는 것'이라고 보면 될 것이다. 채권회수의 각 분야는 다양하다. 법률적 관점에서 채권회수의 기본은 계약서 또는 차용증 등과 같이 채권의 발생을 기록한 자료를 제대로 확보하는 것이다. 상대방이 주어야 할 돈을 준다면 아무 문제가 발생하지 않는다. 상대방이 주어야 할 돈을 주지 않을 때 법률이 개입하는데, 이때에는 아무래도 채권의 발생을 증명할 서면이 중요한 역할을 하기 때문이다. 나는 위와 같은 관점에서 계약서 등의 각종 서식을 본서에 삽입하면서, 중요부분에 대한 설명을 각주로 달았다. 특히, 채권회수실무에 능통한 독자들에게 본서에 나오는 서식과 그에 대한 설명이 많은 도움이 될 것이라고 나는 믿고 있다. 이 책에 나오는 서식은 필자가 참고문헌에서 밝힌 서적뿐 아니라 각종 서식 자료집을 참고하여 법률적 고민 후에 일부 수정하거나 재작성하였고, 필자가 직접 작성한 것도 있다.

 채권의 발생과 관련된 자료가 명확하다면 채권회수의 반은 성공한 것이라고 할 수 있다. 또 다른 반은 무엇일까? 상대방이 돈 또는 재산을 빼돌리는 것을 막고 돈을 받는 것이다. 그것이 보전처분과 집행이라 할 것인데, 이 책은 그에 대하여도 자세히 기술하고 있다. 특히 지급명령신청을 통한 채권회수에 대하여는 법을 잘 모르는 사람이 법률가 도움 없이 혼자서 지급명령을 통하여 돈을 받으려 한다는 것을 전제로 하여 별도의 편(제7편)을 만들어 자세히 설명했다.

 나는 이 책의 독자층을 법을 통해 돈을 받아야 할 모든 사람과 채권회수에 관심이 있는 모든 사람으로 보고 있다. 특히 한 번이라도 채권회수 문제 때문에 골머리를 앓은 분들은 채권회수의 중요성을 누구보다 잘 알고 있을 것이다. 또한 기업에서 채권회수 업무를 보는 분들과 법학을 처음 접하는 법과대학 학생 및 법학전문대학원 학생들에게는 본서의 장점인 실용성 측면에서 유용할 것이다.

이 책은 다른 책에서 보기 힘든 특별한 시도를 하고 있다. 법에 대한 내용을 쉽게 이해할 수 있도록 문답 이야기식 서술방식을 택한 것이다. 내가 문답 이야기식 서술방식을 택한 이유는 내가 전달하고자 하는 것을 가장 쉽게 전달하는 방식을 고민한 결과다. 나는 긴 질문에 긴 답을 늘어놓는 법률상담사례를 써본 적도 있다. 그에 대한 반응은 '어렵다'가 대부분이었다. 나는 문득 '의뢰인과 상담하듯이 묻고 답하고, 다시 묻고 답하는 방식으로 쓰면 쉽겠다.'라는 생각을 하였고, 그 생각이 반영된 것이 이 책이다.

다소 거창하게 들릴지 모르지만 내가 쉬운 법률에 관심을 갖게 된 주된 이유는, 전문가의 사회적 기여 방식에 대한 고민에 의한 것이다. 그 고민의 결과는 전문지식을 대중화하는 것이었다. 전문지식이라는 것이 대중화된다는 것은 전문지식이라는 용어에서 보듯이 한계가 있기 마련이다. 그와 같은 한계를 극복하는 것이 쉬운 것은 아니지만, 노력한다면 안 될 것도 없다고 생각한다. 필자의 전문지식이라는 것은 법률지식이다. 외딴 섬에서 혼자 살지 않는 한 사람은 사회생활을 하기 마련이고, 사회생활에서는 항상 규율이 있기 마련이다. 법은 그 사회의 규율이고 자신이 속해 있는 사회에서 불이익을 받지 않으려면 규율 즉 기본적인 법의 흐름과 법의 내용을 알고 있어야 한다. 전문가에게 법률문제를 맡기더라도 법에 대한 기본지식이 있는 경우와 없는 경우는 상당히 큰 차

이를 가져오게 되고, 법에 대한 기본지식이 없는 경우에는 그 전문가로부터 받는 도움도 한계가 있게 된다. 이 책은 사회인이 습득할 최소한의 법률지식이라 할 채권회수를 다루고 있다.

앞서 언급한 바와 같이 이 책은 문답 이야기 방식으로 법률문제를 해설하고 있다. 채권회수 법률문제에 익숙한 사람은 자신의 생각을 정리할 수 있고, 채권회수 법률문제를 처음 접하는 사람은 이해를 하는 데 보다 수월할 것이다. 문답 이야기 방식만으로 모든 법률문제를 해결할 수는 없다. 그래서 법률적 쟁점부분을 별도로 정리했다. 앞서 잠깐 언급한 것처럼, 채권회수를 하면서 주로 작성하게 되는 서식도 되도록 많이 삽입했으며, 그러한 서식이 왜 작성되는지를 설명하기 위해 노력했다. 법률은 이해를 해야 하는 분야이기 때문이다. 나는 이 책이 채권회수의 확실한 길잡이가 되길 바라고 있고 계속적으로 보완할 생각이다.

마지막으로 마흔이 넘은 필자를 항상 걱정하시는 팔순의 부모님(이용선, 홍영유)과 장인·장모님(양석규, 송정례)께 오래오래 사시라는 말씀을 드리고 싶고, 책을 쓴다고 아이들과 잘 놀아주지도 못하는 필자를 든든히 후원해주고 책의 교정 및 내용검토까지 맡아준 아내(양연순 변호사)와 사랑하는 딸과 아들(이희진, 이희윤)에게 이 책을 바친다. 그리고 진정성을 항상 고민하는 출판사인 다산북스의 직원분들과 김선식 사장님께 감사의 말씀을 드린다.

2011. 9
서초동 사무실에서
변호사 이승주

일러두기

1. 본서는 총 7편으로 구성되어 있는데, 각 편의 차례를 먼저 읽어라. 그럼으로써, 채권회수에 흥미를 느낄 수 있고 채권회수의 전체적인 내용을 개관할 수 있을 것이다.
2. 각 편의 차례를 읽은 후에는 '이 변호사와 홍 대리의 이야기 엿듣기' 부분을 읽어라. 이론적인 내용에 앞서 이해를 도울 것이다.
3. 채권회수 실무에 익숙한 분들의 경우는 '관련 서식 및 서식 설명'부분을 먼저, '법률적 쟁점 정리'를 그 다음에 읽어도 좋다.
4. '법률적 쟁점 정리'가 조금 어렵게 느껴질 수 있는데, 이 책의 핵심은 서식부분임을 강조한다. 서식을 활용하는데 문제가 없을 정도라면, '법률적 쟁점 정리'는 참고만 하면 된다.

제1편

채권회수를 위한 최소한의 법률지식

 채권회수의 기본

 key point

- 채권은 채권자가 채무자에게 특정행위를 청구할 수 있는 권리이고 채무는 급부를 해야 할 의무를 뜻한다.
- 채권의 발생은 법률의 규정으로도 발생하고, 법률행위에 의해서도 발생한다. 채권은 주로 계약에 의해 발생하는데, 계약은 법률행위의 일종이다.
- 미성년자와 계약을 체결할 경우 취소될 수 있음을 주의한다. 미성년자가 순간적으로 실수한 계약 행위를 보호할 필요가 있기 때문이다. 미성년자와의 계약을 확정적 유효로 만들기 위해 최고서를 활용하는 방법이 있다.
- 계약이 무효가 되는 경우가 있는데, 무효는 계약당사자 이외의 자도 주장할 수 있다. 계약이 무효라면 계약의 효력이 생기지 않는다. 그러나 계약당사자 일방이 계약의 유효를 주장한다면 결국 소송에서 계약의 유무효를 확정할 수밖에 없다.
- 계약의 무효는 계약 당시부터 무효이나, 계약의 취소는 유효였던 계약이 계약의 취소라는 행위 즉, 취소의 의사표시를 통하여 소급하여 무효가 되는 것이다.
- 대리인을 통하여 계약이 체결될 수 있고, 대리권(특히, 임의대리)의 범위는 위임장에 적시된 내용에 따라 결정된다.
- 금전채권은 이행불능이란 있을 수 없으며, 이행지체가 있을 뿐이다. 금전채권의 경우 약정이자가 없더라도 일정이율이 보장된다.

- 원인채무의 지급에 갈음하여 어음이 교부된 경우에 원인채무가 소멸하며, 어음금이 지급불능이 되었다고 해도 원인채무가 부활하지 않는다.
- 원인채무의 지급을 위하여 어음이 교부된 경우에 원인채무는 존속하고 채권자는 어음채무의 이행청구를 먼저해야 한다. 어음의 지급제시가 없는 한 원인채무의 이행지체는 없다.
- 원인채무의 지급을 담보하기 위하여 어음이 교부된 경우에 원인채무는 존속하며, 채권자가 어음채무와 원인채무 중에서 어느 것을 먼저 행사해도 상관이 없다. 원인채무는 어음의 지급제시와 상관없이 변제기가 되면 이행지체가 된다.
- 어음도 동산과 같이 선의취득이 인정된다. 선의취득 요건을 충족한다면 어음취득자는 어음상의 권리를 취득한다.
- 어음소지인이 어음채무자에게 어음금을 달라고 지급제시를 했는데, 지급을 거절할 경우에 어음소지인은 어음에 배서를 한 사람이나 보증인 등에게 소구권을 행사하여 어음금을 확보할 수 있다.
- 담보에는 저당권과 근저당권 같은 물적담보와 단순보증과 연대보증과 같은 인적담보가 있다.

입사 3년 차인 영업팀 홍 대리

홍 대리는 어느 날 갑자기 영업팀 상사로부터 법무팀에 결원이 생겨 홍 대리가 법무팀으로 발령날 예정이라는 말을 들었다.

'법?' 홍 대리는 겁부터 벌컥 났다. 홍 대리는 대학에서 농업경제학을 전공했고, 교양으로 헌법을 들어본 것이 전부였다.

상사에게 물어보니, 법무팀에서는 민사적인 문제 특히 채권추심업무를 많이 다루고 회사를 대표해서 민사소송을 직접하기도 한단다.

'채권추심과 민사소송이라…' 홍 대리는 컴퓨터 앞에 앉아 채권추심에 대하여 인터넷을 찾아보았지만, 딱히 쉽게 설명된 내용을 확인하기 어려웠다.

그때, 변호사를 하고 있던 대학동기가 생각났다.

'그래! 이 변호사한테 물어보자.'

홍 대리는 평소에 이 변호사와 통화를 자주하지 않아 대뜸 전화해서 법률문제를 묻기가 어려웠지만 용기를 내서 전화했다.

홍 대 리	야! 이 변호사. 오랜만이다. 요즘 어떻게 지내냐? 술이나 한잔할까? 학교 앞 족발집 어때?
이변호사	어? (이 변호사는 조금 뜸을 들이다가 흔쾌히 대답한다.) 좋지.

'농업경제 전공한 놈이 사법시험 공부해서 이상했는데, 이럴 때 도움이 되네.'

홍 대리는 학교 다닐 때 이 변호사와 친하게 지낸 게 내심 잘했다는 생각이 들었다.

오랜만에 학교 앞 족발집에 들어서니 학창시절 생각이 머리를 스치고 지나갔다. 그사이 이 변호사가 들어왔다.

이변호사   야! 오랜만이다. 네가 웬일로 전화했냐?
홍 대 리   보고 싶어서 전화했지. 야! 앉아.

홍 대리와 이 변호사는 소주를 걸치면서, 대학시절 학교 안에서 야구 하다가 유리창을 깨서 달아난 이야기 등 학창시절 이야기를 하다가 취기가 돌기 시작했다.

홍 대 리   이 변호사. 이번에 내가 영업팀에서 갑자기 법무팀으로 가게 됐는데, 내가 법의 법자도 모르잖아. 네가 좀 도와주라.
이변호사   어… 그래? 당연히 도와줘야지. 근데 뭘 도와주면 되냐?
홍 대 리   법무팀에서 추심업무를 한다는데, 추심이 뭔지도 모르잖아, 내가….
이변호사   처음에는 다 그래. 천천히 배우면 되니까 걱정할 필요 없어.
홍 대 리   그럼 도와주는 거지?
이변호사   도와줘야지. 근데 네가 어느 정도 찾아보고 질문해야 된다. 아주 기초적인 것까지 물어보면 내가 일을 못해.
홍 대 리   오케이. 야! 원샷!

홍 대리와 이 변호사는 흥에 겨워 술잔을 부딪혔다.

홍 대리와 이 변호사가 재미있게 학창시절의 이야기를 나누다가 홍 대리가 이 변호사에게 법률문제를 묻기 시작했다.

홍 대 리   당장 법무팀에 들어가면 걱정되거든. 만난 김에 기본적인 개념 몇 개만 알려주라.

이변호사   그럴까? (이 변호사가 잠시 생각에 잠기더니, 이야기를 시작했다.) 우선 법무팀의 주업무가 채권추심이랬지?

홍 대 리   그렇다고 하더라고.

이변호사   그러면 채권이 뭔지부터 알아야겠네. 채권이란 주로 계약을 통해서 발생하는데, 대개는 금전채권이 문제되지.

홍 대 리   금전채권 말고 다른 것도 있나?

이변호사   다른 채권도 있지. 예를 들어 내가 상대방으로부터 소유권을 이전받아야 하는데, 상대방이 차일피일 미루면 소송을 통해서라도 소유권을 넘겨 받아야 하는데, 이를 소유권이전등기청구권이라고 하고 그 소유권이전등기청구권도 채권으로 볼 수 있거든.

홍 대 리   그렇구나.

이변호사   채권을 쉽게 생각하면, 상대방 즉 채무자한테 일정한 행위를 요구할 수 있는 권리로 보면 되고, 가장 흔한 것이 돈을 빌린 채무자에게 돈을 달라는 채권 즉 금전채권이라고 보면 되지. 채권자가 돈을 달라고 하면, 채무자의 돈 주는 행위를 요구하는 거니까….

홍 대 리	그렇구나.
이변호사	금전채권은 주로 소비대차계약 또는 건축공사, 물품공급 등을 통해 발생하는데, 소비대차계약을 통해서는 대여금채권, 건축공사를 통해서는 공사대금채권, 물품공급을 통해서는 물품대금채권이라는 금전채권이 발생하지.
홍 대 리	어~
이변호사	그런데, 조심할 것은 미성년자와 계약을 체결하면, 취소당할 수가 있어. 이때는 부모에게 연락해서 취소여부를 명확히 하는 것이 중요하지.
홍 대 리	미성년자가 한 행동이 문제될 여지가 있기 때문에 취소를 할 수 있게 한 건가?
이변호사	그렇지. 법으로 미성년자 측에게 취소권을 준 거지. 취소를 할 것인지 하지 않을 것인지 여부는 미성년자 측에서 판단하면 되는 거니까.
홍 대 리	그런 안전장치가 있었네.
이변호사	미성년자가 아니고 정상인이라도 억압된 상태에서 계약이 체결될 수도 있거든. 이런 경우에 아주 심한 억압상태였다면 계약의 무효도 주장할 수 있지.
홍 대 리	그래야겠네.
이변호사	계약이 취소되거나 무효가 되면, 계약하면서 우리가 돈을 준 경우 그 돈을 돌려달라고 할 수 있고, 그 자체가 금전채권이 되는 거지. 그리고, 금전채권은 다른 채권과 다른 면이 있는데, 이자약정을 하지 않아도 일

	정한 이자가 당연히 붙는 등의 효과가 있어.
홍 대 리	왜 그렇지?
이변호사	돈을 은행에 맡겨 두었다고 생각하면, 항상 이자가 붙잖아. 그런 취지지.
홍 대 리	계약을 다른 사람이 체결해주는 것도 있잖아?
이변호사	있지. 보통 대리권을 주었다고 하는데, 대리권을 준 사람을 본인이라고 하고 대리권을 받은 사람을 대리인이라고 하는데, 일반적으로 본인이 대리인에게 대리권을 준다는 위임장을 작성해서 주고, 대리인은 그 위임장을 계약 상대방에게 보여주고 본인의 이름으로 계약이 체결되지.
홍 대 리	그런 계약도 유효한 거냐?
이변호사	유효하지. 다만 대리를 통해서 계약을 체결할 때는 그 대리인의 행위는 본인을 위한 것이라는 표현을 하는 등 절차가 있어.
홍 대 리	그렇구나. 어음이라는 것도 있던데….
이변호사	어음이라…. 어음은 채권의 융통성 때문에 생긴 것이라고 보면 좀 쉬울 거야.
홍 대 리	채권의 융통성?
이변호사	응…. 물건 특히 냉장고 같은 것을 사고 팔 때는 돈을 주고 물건 즉 냉장고를 받으면 되지만, 채권은 복잡하거든. 예를 들어서 갑이 병에 대한 금전채권을 가지고 있는데, 을이 갑의 금전채권을 사서 채무자인 병에게 돈을 달라고 할 경우를 생각해보자. 이때, 갑과 을이

	금전채권을 매매한 것을 채무자가 알면 다행이지만, 모른다면 어떨까? 을이 갑으로부터 채권을 샀다는 것을 병이 모른다면 말야.
홍 대 리	병의 입장에서는 을에게 돈을 줄 수가 없겠지….
이변호사	그렇지. 그래서 갑이 을에게 금전채권을 팔면서 병에게 채권을 팔았으니, 을에게 돈을 갚으라는 통지를 하거나, 갑과 을의 금전채권매매를 병이 승인하는 방법을 사용하게 되지.
홍 대 리	그렇구나. 어음을 사용하면 좀 달라지나?
이변호사	달라지지. 어음을 사용하면, 갑의 통지나 병의 승낙이 필요 없지. 물건을 사고 파는 것과 동일하게 어음을 주고받으면 되는 거니까. 결국, 통지나 승낙이 필요 없어지면 채권의 유통이라는 측면에서 훨씬 편리하게 되는 거지.
홍 대 리	그렇구나.
이변호사	그런데 어음은 어음상의 권리와 원인채권으로 구분이 돼. 내가 상대방으로부터 돈을 받을 것이 있는데, 상대방이 어음을 발행해주면, 받을 돈은 원인채권이 되고, 어음은 그 자체로부터 어음상의 권리가 나한테 발생하는 거야.
홍 대 리	그건 또 무슨 말이냐? 그럼 두 가지 권리를 보유한다는 거네.
이변호사	그렇다고 봐야지.
홍 대 리	담보라고 봐야 되나?

이변호사	그렇다고 보면 좀 쉽겠네.
홍 대 리	그건 그렇고, 담보라면 부동산담보 등을 생각하는데, 담보는 어떤 것들이 있지?"
이변호사	대체로 담보라고 하면 부동산 등을 담보로 한 물적담보하고, 채무자를 위해 보증을 서주는 인적담보, 예를 들어 연대보증 등이 있다고 봐야지. 크게 보면 물적담보하고 인적담보로 나뉘는 거야.
홍 대 리	그렇구나. 오늘 많이 배웠다.

Ⅱ 실전 채권회수

1 | 채권과 채무를 구별하라

가 이 변호사와 홍 대리의 이야기 엿듣기

홍 대 리	민사상 권리에는 물권, 채권 등이 있는 것 같은데, 어떻게 구별되지?
이변호사	민사상 권리는 여러 가지로 구분할 수 있는데, 권리의 내용을 기준으로 재산권, 인격권, 가족권, 사원권 등으로 구분되고, 재산권은 다시 물권, 채권, 무체재산권 등으로 구별이 돼. 결국 채권과 물권은 재산권의 분류 중 하나로 보면 되지.

홍대리 그렇다면, 물권, 채권 각각의 의미는 어떻게 되지?

이변호사 채권은 채권자가 채무자에게 특정한 행위 즉 급부를 청구할 수 있는 권리를 의미하고 물권은 특정의 물건을 직접 지배하여 이익을 얻는 배타적 권리를 의미하지.

홍대리 무슨 말인지 잘 안 들어 오는데?

이변호사 음… 채권을 예를 들어보자. 채권은 주로 계약 등을 통해서 발생하는데, 내가 주방용품을 팔았다고 해봐. 이는 물품매매계약이 되거든. 이때 주방용품을 인도해준 나는 상대방으로부터 주방용품 대금을 받을 권리를 취득하는데, 이때 상대방이 나에게 대금을 지급하기로 한 날에 취득하는 물품대금청구권을 금전채권이라고 할 수 있고, 금전채권자인 나는 상대방에게 돈을 주는 행위를 요구할 수 있는 것이지. 그리고, 물권의 예로는 소유권이 있어. 내가 집을 가지고 있다면, 그 집을 직접 내가 지배하면서 주거생활을 하거나 임대를 줄 수 있잖아. 그것이 소유권이라는 물권 즉 배타적 권리를 행사하는 것이지.

홍대리 그렇구나. 채무는 채권에 대응하는 거니까 채무자가 채권자에게 일정한 행위 즉 급부를 하여야 할 의무라고 보면 되나?

이변호사 그렇지, 그렇게 보면 돼.

나 법률적 쟁점 정리

(1) 채권과 채무(채권관계)의 의미

채권은 채권자가 채무자에 대하여 특정한 행위 즉 급부를 청구할 수 있는 권리를 의미하고, 채무는 채무자가 채권자에게 일정한 행위 즉 급부를 하여야 할 의무를 의미한다[1].

채권관계란 2인 또는 그 이상의 다수인이 채권자 또는 채무자로서 서로 일정한 행위를 요구할 수 있는 권리(채권)를 갖고 그에 대응하는 의무(채무)를 부담하여 대립하는 법률관계를 의미한다. 즉, 채권과 채무의 관계를 합쳐서 채권관계라고 할 수 있다.

뒤에서 살펴볼 것이지만, 채권은 계약을 통해 발생하는 것이 일반적이며, 계약 이외에 사무관리, 부당이득, 불법행위 등을 통해서도 채권이 발생한다.

(2) 채권의 효력

채권이 채무자에게 특정한 행위를 요구할 수 있는 권리라는 점은 앞서 보았다. 채무자가 채권자의 요구에 불응하면 어떨까? 이때는 국가권력을 동원하여 채권을 실현할 수 있다.

소송을 통하여 승소판결을 받은 후에 그 판결문을 근거로 채무자 재산에 대하여 강제집행을 하게 되는 것이다.

---

[1] 송영곤, 민법기본강의, 유스티니아누스, 2004. 802, 803면

다 관련 서식 및 서식 설명

채권은 주로 계약을 통해서 발생한다. 가장 흔하게 발생하는 금전소비대차계약서와 차용증(서)을 작성해보았다.

(1) 금전소비대차계약서

서식1

금전소비대차계약서

이채권을 갑으로 하고, 오채무를 을로 하며, 나연대를 병으로 하여 각 당사자 간에 있어 다음과 같이 금전소비대차계약을 체결한다.

제1조 [목적] 갑은 금 (   )만 원을 을에게 빌려주고 을은 위 금원을 빌린다.

제2조 [변제] 을은 갑에 대하여 제1조의 차용금을 다음과 같이 분할[2]하여 갑의 주소에 지참 또는 송금하여 지급한다.

1. (   )년 (   )월 (   )일 금 (   )만 원
2. (   )년 (   )월 (   )일부터 (   )년 (   )월 (   )일까지 매월 말일까지 금 (   )만 원씩

제3조 [이자] 본 건 차용금의 이자는 원금에 대한 연(   )%의 비율로 하고 을이 갑에 대하여 (   )년 (   )월부터 매월 말일까지 당해 월분의 이자를 그 당시의 갑의 주소에 지참 또는 송금하여 지급한다.

제4조 [기한의 이익[3] 상실] 다음의 경우 을은 당연히 기한의 이익을 잃고 그때에 있어서의 원리금을 즉시 지급한다.

1. 을이 원금 또는 이자 중 어느 하나의 지급을 2회 이상 지체했을 때
2. 을이 제3자로부터 압류, 가압류, 가처분을 받고 혹은 경매신청 또는 파산선고신청을 받았을 때

제5조 [연체손해금[4]] 을이 기한의 이익을 상실했을 때는 그 당시의 원리금 합계에 대하여 상실시부터 지급완료에 이르기까지 연( )%의 연체손해금을 부과한다.

제6조 [연대보증[5]] 병은 을의 연대보증인으로서 이 계약에 의해 발생하는 을의 갑에 대한 일체의 채무변제에 관하여 연대보증한다.

제7조 [합의관할] 이 계약에 의하여 발생하는 소송 그 밖의 신청에 관해서는 (   )법원을 그 관할 법원으로 하는 것에 갑, 을 및 병은 각기 동의한다.

제8조 [공정증서[6]] 을 및 병은 이 계약 각 조항을 공정증서로 하는 것에 동의하고, 아울러 집행수락문언을 첨부하기로 하고 이를 위하여 필요한 서류를 갑에게 제출하는 것으로 한다.

제9조 [규정 외 사항] 갑, 을, 병은 상호 간에 이 계약 각 조항을 준수할 것이며, 이 계약규정에 없는 사항이 발생했을 때나 이 계약 각 조항에 관하여 이의가 생겼을 때는 상호 성의를 가지고 협력하기로 한다.

특약사항[7]:

이상과 같이 계약했으므로 본서 3통을 작성하여 갑, 을 및 병은 각기 기명 및 날인[8]하거나 서명[9]한 후 각 1통씩 보관한다.

(   )년 (   )월 (   )일

채권자 (갑) 주소 :
성명 : 이채권 (인)
채무자 (을) 주소 :
성명 : 오채무 (인)
연대보증인 (병) 주소 :
성명 : 나연대 (인)

(2) 차용증서

서식2

금전차용증서[10]

주소:
이채권(주민등록번호: -   ) 귀하

귀하로부터 일금 일백만 원(1,000,000원)정을 정히 차용하였습니다. 따라서 월(   )부의 이자와 함께 (   )년 (   )월 (   )일까지 변제하겠습니다.

(   )년 (   )월 (   )일

차용인 주소 :
성명 : 오채무 (주민등록번호: -   )

2 분할로 돈을 갚을 것인지 그리고, 분할로 돈을 갚는다면 몇 회로 분할하여 갚을 것인지 아니면 일시불로 갚을 것인지 여부 등은 합의로 결정하여 계약서를 작성하면 된다.

3 기한의 이익을 잃는다는 것은 돈을 나누어 지급할 수 있는 채무자의 권리 또는 변제기 전에 돈을 갚지 않아도 되는 권리 등을 잃어버린다는 것이다. 즉, 기한의 이익을 채무자가 상실하면, 이미 변제한 부분을 제외한 잔액을 일괄하여 채권자에게 지급하여야 하거나, 변제기 전이라도 즉시 갚아야 한다.

4 연체손해금은 채무불이행에 대한 손해배상액을 미리 약정한 것이라고 볼 수 있다. 채권자의 입장에서는 이와 같이 연체손해금을 미리 약정해두는 것이 여러모로 편리하다.

Tip

::의문점
계약서 등의 서류에 도장을 찍을 때 인감도장을 찍어야 좋은가?

::답
반드시 인감도장을 찍을 필요는 없지만, 인감도장을 찍고 나서 인감증명서를 첨부한다면, 그 서류의 신빙성(특히, 재판에서 그 서류가 제출되었을 때 판사에게 믿을 만하다는 심증을 심어줄 수 있다.)이 올라간다고 볼 수는 있을 것이다. 그러나 일반 막도장을 찍었다고 해도 도장을 찍은 계약당사자들이 이와 같은 서류에 도장을 찍은 사실이 맞다는 사실을 법정에서 인정한다면, 인감도장을 찍고 인감증명서를 첨부한 서류와 차이가 없다.

---

5 채권자가 돈을 빌려줄 때에는 채무자나 채무자의 지인의 부동산에 저당권과 같은 물적담보를 받아두거나, 연대보증인을 세워두는 것이 채권회수에 유리하다. 채무자가 채무변제기에 채무를 이행하지 않으면 연대보증인에게 바로 채권을 행사할 수 있다. 단순보증과 달리 연대보증의 경우 채권자가 채무자에게 먼저 권리를 행사할 필요가 없다.

6 집행수락문언이 적혀 있는 공정증서를 집행증서라고 하는데, 금전소비대차계약서에 집행수락문언의 공증을 받게 되면 채무자가 채무불이행을 하였을 경우에 채권자가 채무자나 연대보증인에게 소송을 통하여 집행권원을 별도로 받을 필요 없이 집행권원의 일종인 그 집행증서로 바로 집행을 할 수 있어서 채권자에게 편리하다.

7 제2조 및 제3조에 송금지급이 나오는데, 송금할 은행, 은행의 계좌번호, 예금주 등을 특정하여 기재하는 등의 특약사항을 적어두면 좋을 것이다. 기타 특별하게 약정할 사항을 이 특약사항란에 적는다.

8 기명 및 날인을 예를 들어 설명하면, 컴퓨터 또는 타자기로 이름을 쓴 후 도장을 찍는 것을 의미한다.

9 서명을 예를 들어 설명하면, 펜으로 직접 자신의 이름을 쓰는 것을 의미한다.

10 돈을 빌려줄 때에는 금전소비대차계약서를 정식으로 작성하는 것이 채권자에게 유리하다. 다만, 채권자와 채무자 사이에 신뢰 관계가 있거나 금액이 적고, 기간이 짧아 금전소비대차계약서 작성을 요구하기 곤란한 경우에는 서식 2와 같이 차용증을 작성할 수도 있다.

2 | 채권은 주로 계약에 의해 발생한다

㉮ 이 변호사와 홍 대리의 이야기 엿듣기

홍 대 리 채권이 상대방에게 특정한 급부를 청구할 수 있는 재산권이라는 것은 알겠는데, 채권의 발생 원인이 어떤 것이 있지?

이변호사 가장 중요한 채권의 발생 원인은 계약이라 할 수 있어.

홍 대 리 계약이라….

이변호사 계약이란 계약당사자의 의사가 합치되어 성립하는 것인데, 전형계약과 비전형계약으로 나뉘지.

홍 대 리 전형과 비전형?

이변호사 응. 전형계약이라는 것은 민법에서 정한 14가지의 계약을 말하는 것인데, 사회에서 일어나는 계약 형태 중에서 아주 빈번하게 일어나는 전형적인 계약을 추려보니 14개였어. 이를 민법에 적어놓았다는 것이지. 비전형계약은 민법에 규정된 14개 계약은 아니지만, 계약당사자가 상호 간의 의사합치로 성립시킨 계약을 말해. 비전형계약은 무수히 많고 다양하다고 봐야지. 대개 민법의 14개 계약의 법률이론들이 섞여서 적용된다고 보면 되지.

홍 대 리 계약 말고, 채권의 발생 원인이 또 있어?

이변호사 계약 말고, 채무불이행, 사무관리, 부당이득, 불법행위 등을 통해서도 채권이 발생한다고 볼 수 있어. 계

	약을 제외하고 사회에서 많이 발생하는 채권의 발생 원인은 부당이득, 불법행위 또는 채무불이행이라고 할 수 있지.
홍대리	부당이득과 불법행위, 채무불이행이라….
이변호사	부당이득을 예로 들자면, 내가 물건을 샀다가 어떤 이유 때문에 계약을 해제했다고 치자. 계약을 해제하면, 계약이 처음부터 없었던 것이 되기 때문에 내가 물건을 사면서 상대방에게 준 돈을 돌려받아야 하는데, 이를 법률적으로 상대방이 내 돈을 부당이득하고 있다고 해. 계약해제에 의한 원상회복이라고 하기도 하는데, 원상회복의 의미를 법률적으로 풀어보면 부당이득이라는 용어가 어울리는 것이지. 이때에 부당이득 또는 원상회복의 의미는 내가 물건 사면서 돈을 주었는데, 계약이 해제되었으니까, 부당이득을 원인으로 하는 금전채권 즉 돈을 다시 돌려달라는 것이지.
홍대리	그렇구나. 불법행위하고 채무불이행은?
이변호사	불법행위하고 채무불이행이라…. 자동차를 운전하다가 빨간불을 보고 섰는데, 뒤에서 갑자기 내 차를 들이받았다면, 나는 불법행위에 의한 손해배상청구권을 뒤차의 운전자에게 갖게 되거든. 이때의 손해배상청구권도 금전채권이라고 볼 수 있지. 그런데, 사실상 뒤차의 운전자가 보험을 들어놓은 것이 일반적이기 때문에 뒤차 운전자의 보험사가 대신 돈을 주는 것으로 처리될 뿐이지. 채무불이행도 마찬가지로 손해배

	상청구권을 갖게 되니까 금전채권을 가지고 있다고 할 수 있는 것이고.
홍 대 리	그렇구나.

🈁 법률적 쟁점 정리

(1) 채권의 발생 원인

채권의 발생 원인은 크게 법률행위에 의한 채권의 발생과 법률의 규정에 의한 채권의 발생으로 구별할 수 있다.

법률행위에 의한 채권의 발생은 단독행위에 의한 채권의 발생과 계약에 의한 채권의 발생으로 나눌 수 있고, 법률의 규정에 의한 채권의 발생 원인은 부당이득, 사무관리, 불법행위, 채무불이행 등으로 구별할 수 있다.

(2) 채권의 각 발생 원인에 대한 검토

(가) 법률행위에 의한 채권의 발생

1) 단독행위

단독행위의 예로는 유증을 들 수 있다. 유증은 쉽게 이야기해서 유언으로 재산을 주는 것이라고 할 수 있는데, 받는 상대방의 의사와 상관없이 유증의 효과가 발생한다고 하여 단독행위라고 한다.

유증으로 재산을 주게 되면, 상대방은 유증을 한 사람의 상속인들에게 유증을 근거로 한 채권을 얻게 된다.

계약인 증여와 단독행위인 유증은 구별해야 한다.

2) 계약

민법이 정하고 있는 전형계약 14가지는 증여, 매매, 교환, 소비대차, 사용대차, 임대차, 고용, 도급, 현상광고, 위임, 임치, 조합, 종신정기금, 화해가 있다.

사회에서 가장 흔하게 볼 수 있는 것은 매매로 인한 채권의 발생이라 할 수 있는데, 예를 들어 갑이 을에게 집을 팔았다면, 갑은 을에 대하여 매매대금채권을 취득하고, 을은 갑에 대해 소유권을 넘겨줄 것을 요구할 수 있는 채권을 취득하게 된다.

(나) 법률의 규정에 의한 채권의 발생

1) 사무관리[11]

사무관리란 법적의무 없이 타인(본인)을 위하여 그의 사무를 처리하는 행위로 정의할 수 있는데, 사무관리가 인정될 경우에 사무관리자는 타인(본인)에 대하여 사무관리를 위해 지출한 비용 등을 청구할 수 있다[12]. 이 비용청구권이 채권이 되는 것이다.

실무에서는 잘 일어나지 않는 법현상이다.

2) 부당이득[13]

부당이득이란 정당한 이유 없이 재산적 이득을 얻고 이로 인하여 타인에게 손실을 야기한 자에 대하여 그 이득의 반환을 명하는 제도라고 할 수 있다[14].

부당이득청구권이 성립하려면, 부당이득을 청구하는 자가 이득의 취득, 손실의 발생, 이득과 손실 사이의 인과관계, 법률상 원인 없음을 주장하고 입증해야 한다.

위 부당이득 청구의 요건을 입증한다면, 부당이득 채권이 발생한다고 볼 수 있다.

3) 불법행위[15]와 채무불이행[16]

불법행위란 고의 또는 과실로 위법하게 타인에게 손해를 가하는 경우에 성립하는데, 불법행위는 앞서 살핀 바와 같이 손해배상채권 채무라는 법정채권관계를 발생시키는 법률요건이다[17].

채무자의 책임 있는 사유로 인하여 채무의 내용에 좇은 이행을 하지 않는 경우를 채무불이행[18]이라고 하는데, 채무불이행이 성립하면, 이행을 강제하거나, 손해배상을 청구할 수 있을 뿐만 아니라, 계약을 해제할 수도 있는데, 손해배상청구권의 경우 채권발생 원인이 된다고 할 수 있다.

다 관련 서식 및 서식 설명

실제 흔히 문제 되는 공사대금채권 성립의 원인이 되는 도급계약서를 작성해보았다.

---

[11] 민법 제734조
[12] 송영곤, 민법기본강의, 유스티니아누스, 2004. 1335면
[13] 민법 제741조
[14] 송영곤, 민법기본강의, 유스티니아누스, 2004. 1344면
[15] 민법 제750조
[16] 민법 제390조
[17] 송영곤, 민법기본강의, 유스티니아누스, 2004. 1374면
[18] 송영곤, 민법기본강의, 유스티니아누스, 2004. 836면 이하 참조

건물건축도급계약서

도급인 김도급(이하 '갑'이라 한다)과 수급인 수급건설(주)(이하 '을'이라 한다)는 당사자 간에 다음과 같이 건축물 공사에 관한 도급계약을 체결한다.

제1조 [목적] 을은 갑에 대하여 아래 건물의 건축 공사를 도급받아 이를 완성할 것을 약속하고 갑은 이에 대해 보수를 지급할 것을 약속한다.

1. 서울시 (   )구 (   )동 (   )번지의 택지 (   )평방미터 상에 철근콘크리트조 지하 (   )층 지상 (   )층의 건물 1동과 부속건물의 건축공사 일체. 단, 설계 사양은 별지에 의한다.

제2조 [공사기간 및 인도시기] 을은 본 계약의 성립일로부터 (   )일 이내에 건축 공사에 착수하고, 공사 착수일로부터 (   )일 이내에 이를 완성하며, 완성일로부터 (   )일 이내에 이를 갑에게 인도하기로 한다.

제3조 [공사대금] 공사대금의 총액을 금 (   )만 원으로 정하고, 갑은 을에 대해 본 계약 성립과 동시에 금 (   )만 원을, 공사 완성 후 인도와 동시에 금 (   )만 원을 지급한다.

제4조 [건축재료] 건축에 필요한 재료 및 인력은 모두 을의 책임으로 공급한다[19].

제5조 [재료 가격의 변동] 공사 중에 건축 재료의 가격이 변동되었을 때는 을의 책임으로 한다. 단, 갑이 제3조에 의한 공사대금 지급기일에 지급이 지연되어 발생한 재료 가격의 상승은 갑의 책임으로 한다.

제6조 [손해배상] 을이 제2조에서 정한 기일에 공사를 완성하지 않고 목적물을 인도할 수 없는 경우는 그 일수에 따라 하루 금 (   )원의 비율에 의한 지연손해금을 갑에게 지급한다. 이 경우, 갑은 을에게 지급해야 하는 보수 중에서 위 금액을 공제할 수 있다.

제7조 [설계의 변경] 갑은 본 건축의 설계 사양을 변경할 수 있다. 다만, 그때 갑 및 을은 보수의 증감 및 인도시기의 변경에 대해 협의하여 이를 정한다[20].

제8조 [하자담보] 본 건축 공사에 하자가 있는 경우에 을은 인도일로부터 (   )년간 그 담보 책임을 부담한다.

제9조 [위험부담] 본 건축 공사 완성 후 인도 전[21]에 천재 기타 불가항력에 의해 목적물이 소실 또는 훼손된 경우의 위험은 을이 부담한다.

제10조 [계약의 해제] 갑은 본 건축 공사 중 필요에 의해 계약을 해제할 수 있다. 갑은 이로 인해 을에게 발생한 손해를 배상한다[22].

제11조 [분쟁조정] 본 계약에 대해서 분쟁이 있는 경우는, 일반 소송에 앞서, 건축관련법령이 정하는 바에 의해 (   )시 건축분쟁위원회에 알선 또는 조정신청을 하기로 한다.

위와 같이 갑과 을 사이에 도급계약이 성립하였으므로 본 계약서 2통을 작성하여 갑과 을은 각 1통을 보관한다.

첨부서류

1. 별지(건물의 설계사양)

( )년 ( )월 ( )일

도급인 (갑) 주소:
성명 : 김도급 (인)
수급인 (을) 주소:
성명 : 수급건설 (주)
대표이사 이수급 (인)

19 계약서를 이와 같이 작성하는 경우, 즉 수급인이 재료의 전부 또는 주요 부분을 제공하는 경우에 판례는 완성된 건축물의 소유권이 원칙적으로 수급인에게 귀속하며, 인도에 의하여 건축물에 대한 소유권이 도급인에게 이전한다는 태도를 취한다(대법원 87다카1138 판결 등). 따라서, 완성된 건축물의 소유권을 도급인에게 귀속시키려면 계약서 작성시 이를 명확히 할 필요가 있다. 계약서에 완성된 건축물의 소유권 귀속을 명확히 했다면 그 계약규정에 따라 소유자가 결정되기 때문이다. 신축건물의 소유자가 수급인이라면 도급인이 공사대금을 주지 않을 때에 수급인이 도급인에게 유치권을 주장하기 어렵다. 신축건물의 소유주는 수급인이기 때문이다(자기 물건을 점유하면서 유치권을 주장하지는 못한다).
20 설계변경으로 추가공사비가 들어가는 경우에 그 추가공사비에 대한 분쟁이 많다. 이와 같은 점을 고려하여 설계사양 변경에 의한 추가공사비 문제를 더욱 구체적으로 적시하는 것도 좋은 방법이다.
21 이는 수급인이 건축을 완성했는데, 인도를 하기 전에 지진 등으로 건물이 붕괴되었다면, 수급인이 도급인에게 돈을 달라고 할 수 없음을 명확히 한 것이다.
22 갑이 공사 도중 계약을 해제했다면, 을은 갑에게 손해배상을 청구할 것이다. 이때 을은 자신의 손해액을 입증해야 한다. 그러나 손해액을 입증한다는 것은 쉬운 일이 아니다. 따라서, 수급인인 을의 입장에서는 계약서를 작성할 때 갑이 공사 도중 해제를 하면 계약해제의 시기별로 얼마의 손해를 배상해야 한다는 조항(손해예정조항)을 넣는 것이 유리하다. 다만 일을 따내야 하는 을의 입장에서 그와 같은 문구를 넣기는 쉽지 않을 것이다.

Tip

::의문점
계약서의 '특약'은 어떠한 의미가 있는가?

::답
계약서를 보면 '특약사항'이라는 문구를 넣고 손글씨를 써넣기도 하고, 타자기 또는 컴퓨터로 특별한 약정 사항을 넣는 경우가 있다. 특약도 그 계약의 일부임은 말할 나위 없다. 특약이 기재되는 이유는 전형적인 계약서를 전제로 계약을 체결하기 때문이다. 예를 들어 부동산 매매계약을 부동산중개업소에서 체결하게 되면 그 중개사무소에서 사용하는 부동산매매계약서를 사용하게 된다. 그 계약서에는 부동산 매매와 관련된 형식적 문구들이 포함되어 있지만 계약 당사자가 개별적으로 약정하고 싶은 것을 모두 포함하고 있지는 않다. 따라서 계약서 말미에 '특약사항'을 넣어 양 계약당사자들의 욕구를 충족시켜 주는 것이다.

그렇기 때문에 전형적인 계약서에 없는 내용들이 '특약사항'에 적시되는 것이 일반적이고, 그 특약은 특별한 사정이 없다면 유효하다.

그렇다면 '특약사항'과 전형적인 계약서에 적시되어 있는 문구가 상충되는 내용이 포함되어 있다면 어떨까? 이와 같은 경우에는 계약서를 작성할 때 상충되는 문구는 효력이 없다는 것을 특약사항에 적시하는 것이 좋지만 그렇지 않는 경우도 상당수 있다. 사정이 위와 같다면 '특약사항'이 우선한다고 보는 것이 합리적이다. 개별약정이 우선한다고 보아야 하기 때문이다. 다만 '특약사항'을 넣으면서, '특약사항' 말미에 "본 특약사항과 저촉되는 본 계약서 본문의 문구들은 효력이 없다."는 문구를 넣는다면 분쟁을 미연에 방지할 수 있겠다.

3 | 미성년자와 계약을 체결하면 그 계약이 취소될 수도 있다

🔴가 이 변호사와 홍 대리의 이야기 엿듣기

홍 대 리 채권이 주로 계약에서 발생한다고 했는데, 계약이 취소될 수도 있나?

이변호사 그럼. 취소될 수 있지. 미성년자와 같이 행위무능력자와 계약을 하거나, 착오에 의해 계약을 체결하거나, 사기나 강박으로 계약을 체결하게 되면 계약을 취소할 수 있어.

홍 대 리 그럼 취소 원인이 생겼을 때에 언제나 취소할 수 있나?

이변호사 그렇지는 않고, 취소의 원인이 종료한 때로부터 3년 또는 계약을 한 날로부터 10년 이내에만 취소할 수 있지. 아무 때나 취소할 수 있다고 보면 사회에 법적 안정성이 흔들리니까.

홍 대 리 계약이 취소되면 어떻게 되는데?

이변호사 취소권을 갖는 사람이 계약취소를 내용증명 등으로 보내고, 그 취소가 적법하다면, 계약이 처음부터 없었던 것으로 되는 것이지. 예를 들어서 부동산 매매계약을 했다가 매수인이 계약취소 요건에 따라 계약을 취소하면, 매수인은 계약금을 반환받게 되는 것이지.

홍 대 리 부동산 매매시 계약을 취소하면 계약금을 못 받는 것 아닌가?

이변호사	그건 계약해제고. 계약취소는 달라. 예를 들어 착오로 매매계약을 했고, 착오에 의한 취소가 허용되는 상황이라면, 계약을 취소하고 계약금을 반환받을 수 있다는 것이지. 법률문제는 항상 어떤 요건이 있으면, 그에 따른 효과가 있어. 쉽게 말해서 계약해제와 계약취소는 그 요건이 다르기 때문에 다른 법률 효과를 발생시킨다는 것이지.
홍 대 리	부동산 매매가 취소되어서 매수인이 갖게 되는 계약금반환청구권도 채권이라고 볼 수 있겠네?
이변호사	그렇다고 볼 수 있지. 계약으로 채권이 발생하기도 하지만, 계약의 취소로도 채권이 발생할 수 있는 것이지. 법률문제는 항상 다각도로 생각하는 것이 필요해.
홍 대 리	그렇구나.

나 법률적 쟁점 정리

(1) 미성년자와 체결한 계약과 계약의 취소

한정치산자, 금치산자, 미성년자를 합해서 행위무능력자라고 한다. 행위무능력자의 행위는 보호할 필요가 있기 때문에 민법은 그들의 행위를 취소할 수 있도록 규정하고 있다.

주로 문제되는 것은 미성년자와의 계약이라 할 수 있는데, 미성년자와 계약을 체결하게 되면, 민법의 계약취소 규정[23]으로 인하여 상대방은 불안한 지위를 갖게 되어 오히려 계약체결을 꺼릴 수 있어 미성년자를 보호하기 위해 인정된 미성년자 측의 취소권이 역으로 미성년자에게 불리한 규정이 될 수 있다. 따라서 미성년자와 체결한 계약을 확정적으로 유효하게 할 필요성이 있다.

결국 민법은 미성년자와의 계약을 확정적으로 유효하게 하기 위한 규정을 두고 있고, 미성년자와 계약을 체결하거나, 체결하려는 사람은 그와 같은 규정을 활용할 필요가 있다.

(2) 법정대리인의 동의 여부

미성년자가 부모 즉 법정대리인의 동의를 얻어 계약을 체결했다면 그 계약은 유효가 된다[24].

미성년자가 법정대리인의 동의를 받지 않고, 체결한 계약의 경우에는 원칙적으로 취소할 수 있지만, 일정한 예외가 있다. 예를 들어 부담이 없는 증여를 받는 경우는 미성년자는 권리만을 얻을 뿐이고 의무가 없기 때문에 증여계약에 대하여 미성년자에게 취소권을 부여할 필요가 없다[25]. 또한 혼인을 한 미성년자는 성년자와 동일하게 유효한 계약을 체결할 수 있다[26].

(3) 추인

(가) 취소할 수 있는 행위의 추인[27]

미성년자의 법정대리인 또는 성년자가 된 미성년자가 취소할 수

---

[23] 민법 제5조 제2항
[24] 민법 제5조 제1항 전문
[25] 민법 제5조 제1항 후문
[26] 민법 제826조의 2
[27] 민법 제15조

있는 법률행위 예컨대, 취소할 수 있는 계약을 나중에 확정적으로 유효한 것으로 만들 수 있는데, 이를 추인이라 한다.

미성년자와 계약을 체결한 상대방은 미성년자 측에서 취소 및 추인을 할 수 있어 불안정한 상황에 놓인다.

이를 고려하여 미성년자의 상대방에게 최고권을 인정하고 있는데, 미성년자의 상대방이 미성년자의 법정대리인이나 성년자가 된 미성년자를 상대로 1개월 이상의 기간을 정하여 계약을 취소할 것인지 추인할 것인지 여부를 묻고, 답이 없으면 계약의 추인으로 인정된다.

채권회수와 관련하여 미성년자와 계약을 체결한 채권자는 위와 같은 최고권을 활용할 필요가 있다.

(나) 법정추인

일정한 사유가 있으면 미성년자가 추인한 것으로 인정하는 민법상의 규정을 법정추인이라 한다.

민법이 인정하는 법정추인의 사유는 전부나 일부의 이행, 이행의 청구, 경개, 담보의 제공, 취소할 수 있는 행위로 취득한 권리의 전부나 일부의 양도, 강제집행 등이다[28].

(4) 취소권의 배제[29]

미성년자가 상대방에게 '난 능력자' 또는 '법정대리인의 동의를 얻었다.'라고 거짓말을 하여 상대방이 속아 계약을 체결했다면, 미성년자는 취소권을 행사할 수 없다.

---

[28] 민법 제145조
[29] 민법 제17조

다 관련 서식 및 서식 설명

미성년자와 계약을 체결한 사람이 계약을 확정적으로 유효하게 만들기 위해서 필요한 추인여부의 확답 최고서를 작성해 보았다.

서식 4

최고서[30]

〈수신인〉
1. 남어른 (미성년자 남아이의 부)
   주소:
2. 여어른 (미성년자 남아이의 모)
   주소: 위 남어른의 주소와 동일함.

본인과 위 미성년자 남아이는 (   )년 (   )월 (   )일 (   )출판사에서 발간한 '세계문학전집' 1질을 12개월 할부조건으로 매월 40,000원씩 지급하는 조건으로 매매계약을 체결하고 본인이 위 남아이에게 동 물품 1질을 인도하였습니다.

그러나 위 남아이는 미성년자인 관계로 본인은 민법 제15조에 따라 법정대리인인 귀하에게 위 매매계약의 추인 여부의 확답을 최고하오니 이를 수령한 날로부터 40일 내에 추인 여부를 아래 본인의 주소로 확답하여주시기 바랍니다.

(   )년 (   )월 (   )일

발신인 김장독 (인)
주소:
전화:

Tip

::의문점
계약을 취소하면 처음부터 그 계약이 무효가 된다고 하는데, 계약취소의 의사표시를 내용증명우편으로 보냈는데, 상대방이 나의 취소를 인정할 수 없다고 하면 어떻게 되는가?

::답
계약을 취소하면 그 계약이 처음부터 무효가 되는 것은 맞다. 그러나 계약취소의 요건이 충족되어야 한다. 계약의 취소는 반드시 내용증명우편을 활용할 필요가 없고 말로 하거나 전화상으로 해도 무방하다. 다만, 내용증명우편을 활용하면 소송으로 비화될 경우에 계약취소의 의사표시가 있었다는 사실에 대한 입증이 용이하다.

계약을 체결한 후에 계약의 일방 당사자가 계약이 마음에 들지 않는다고 계약을 취소하면서 계약취소의 요건이 충족되었다고 우기면 어떨까? 그와 같은 경우에는 계약이 취소되었다고 할 수 없을 것이다. 이와 같은 이유 때문에 계약의 일방 당사자가 계약취소의 의사표시를 하였는데, 상대방이 그 계약취소를 인정한다면 계약이 처음부터 무효가 될 것이나, 상대방이 계약취소를 인정하지 않는다면 종국적으로는 법정에서 진정 계약취소요건이 충족된 상태에서 계약당사자 일방이 계약을 취소한 것인지 판단하게 되며, 적법한 계약취소로 판단되면 그 취소에 따른 법적 효과가 부여되는 것이다.

---

30 내용증명우편으로 보내는 것이 합리적이다.

4 | 계약은 무효가 될 수도 있다

㉮ 이 변호사와 홍 대리의 이야기 엿듣기

홍 대 리   계약이 무효가 될 수도 있지?

이변호사   그럼. 무효가 될 수도 있지. 예를 들어 의사무능력자의 계약, 실현이 불가능한 계약, 강행규정에 위반한 계약, 선량한 풍속이나 사회질서에 위반한 계약, 현저하게 불공정한 계약, 상대방이 알았거나 알 수 있었던 진의 아닌 의사표시에 의한 계약, 통정의 허위표시에 의한 계약 등이 무효라고 볼 수 있지.

홍 대 리   뭐가 그리 많냐. 아무튼 계약이 무효가 되면 계약이 처음부터 없었던 것으로 되는 것이겠지?

이변호사   그렇다고 봐야지.

홍 대 리   무효를 주장할 수 있는 기간은 따로 있는 것인가? 계약을 취소할 수 있는 기간은 따로 있었잖아.

이변호사   계약을 취소하려면, 추인할 수 있는 날로부터 3년, 계약을 한 날로부터 10년 내에 취소권을 행사해야 되지만, 무효는 그런 기간 제한이 없어. 왜냐하면 원래부터 잘못된 것이었으니까. 말 그대로 처음부터 무효라서 무효주장기간이 따로 없는 거지. 그리고, 계약이 무효로 되면 계약의 취소와 마찬가지로 부당이득이라는 채권이 발생할 수도 있지.

홍 대 리   부당이득채권?

| 이변호사 | 응. 예를 들어 현저하게 불공정한 계약으로 무효로 판명된 매매계약이 있다면, 매수인이 매도인에게 준 매매대금을 달라고 할 수 있고, 그것을 부당이득반환채권이라 할 수 있거든. |
| 홍 대 리 | 그렇구나. |

나 법률적 쟁점 정리

(1) 계약의 무효

계약의 무효란 일단 성립한 계약이 어느 누구의 주장도 기다릴 필요 없이 당연히 효력이 없게 되는 것이라고 정의할 수 있다[31].

(2) 계약의 무효 원인

계약의 무효 원인으로는 의사능력이 없는 자의 계약, 상대방이 표의자의 진의를 알았거나 알 수 있었을 경우에 비진의에 의한 계약, 허위표시에 의한 계약, 대리권 없는 자의 대리행위를 통한 계약, 선량한 풍속 기타 사회질서에 반하는 계약, 현저하게 불공정한 계약, 정지조건부 계약의 경우 그 조건이 불능조건인 경우 등이 있다.

(가) 의사능력이 없는 자의 계약

자기 행위의 의미나 결과를 정상적인 인식력과 예기력으로써 합리적으로 판단할 수 있는 정신적 능력 내지 지능을 의사능력이라고 하

---

[31] 송영곤, 민법기본강의, 유스티니아누스, 2004. 297면

며, 위와 같은 의사능력이 없는 자의 의사표시는 무효가 된다. 결국, 의사능력이 없는 자와 계약을 체결하면 그 계약은 무효가 된다. 정신병이 심한 사람과 그의 정신병을 이용하여 부동산을 헐값에 매수하는 계약을 체결한 경우를 생각해볼 수 있다.

(나) 상대방이 표의자의 진의를 알았거나 알 수 있었을 경우에 비진의에 의한 계약

의사와 표시의 불일치를 표의자 스스로 알면서 하는 의사표시를 비진의표시라고 하며, 비진의표시는 원칙적으로 유효가 된다. 다만, 비진의표시의 상대방이 비진의표시를 알았거나 알 수 있었다면 그 비진의표시가 무효인바, 비진의 표시를 통한 계약에서 계약 상대방이 비진의표시를 알았거나 알 수 있었다면 그 계약은 무효가 된다[32].

예를 들어 농담으로 '우리 집을 너에게 줄까?'라고 물었는데, '좋아'라고 답변을 하였다고 하자. 위 당사자들 사이에는 주택에 대한 증여계약이 성립하였다고 할 수 있다. 그러나, '좋아.'라고 답변한 사람이 집을 준다는 말이 농담이라는 것을 알았거나 알 수 있었다면, 위 증여계약은 무효가 된다. 위와 같은 경우에는 사실상 알았다(즉, 농담을 알았다.)고 보아야 할 것이다.

(다) 허위표시에 의한 계약

허위표시란 표의자가 진의 아닌 허위의 의사표시를 하면서 그에 관하여 상대방과의 사이에 합의가 있는 경우을 의미하는데, 허위표

---

[32] 민법 제107조 제1항

시에 의한 계약은 무효가 된다[33].

　예를 들어 내가 갑에게 돈을 받을 것이 있는데, 갑은 돈이 전혀 없고, 부동산만 가지고 있다고 치자. 이때 갑은 내가 채권을 행사하는 것이 두려워 자신의 부동산을 처의 명의로 돌려 놓을 수 있을 것이다. 이때 갑이 그의 처 명의로 부동산 명의를 돌리려면, 기본계약이 필요한데, 대개 매매계약의 형식을 취하거나 증여계약의 형식을 취할 것이다. 이때 갑과 그의 처의 행위 즉 매매계약이나 증여계약은 통정허위표시 즉, 짜고 친 것으로 무효가 될 가능성이 많다(이때, 나는 채권자취소소송을 제기하여 갑의 처 명의의 부동산을 갑 명의로 돌려놓을 수 있다).

(라) 대리권 없는 자의 대리행위를 통한 계약

　대리권 없는 자에 의한 대리행위는 무권대리가 되며, 일정요건을 충족하여 표현대리로 인정되지 않는다면, 본인에게 그 효력이 미치지 않는다. 즉, 무효가 된다[34].

　예를 들어 갑이라는 사람이 을과 내 부동산에 대한 매매계약을 체결하였다고 생각해보자. 나는 갑에게 내 부동산을 을에게 팔아달라고 부탁한 적이 없으며 일면식도 없다. 갑이 내 인감 등을 위조하여 자신이 나의 대리인이라면서 을과 내 부동산에 대한 매매계약을 체결한 것이다. 이때 갑과 을 사이의 내 부동산에 대한 매매계약은 무효가 된다.

33　민법 제108조 제1항
34　민법 제130조

(마) 선량한 풍속 기타 사회질서에 반하는 계약

선량한 풍속이란 사회의 일반적인 도덕관념을 의미하고, 사회질서란 국가사회의 공공질서 내지 일반적 이익을 의미한다.

선량한 풍속 기타 사회질서에 반하는 계약은 무효[35]가 되는데, 예를 들어 사기로 취득한 물품인 것을 알면서 채권자가 그 물품에 대하여 동산양도담보계약을 체결했다면, 그 계약은 선량한 풍속 기타 사회질서의 반하는 것으로 무효가 된다[36].

계약의 조건이 선량한 풍속 기타 사회질서에 반하는 경우에도 그 계약 자체가 무효가 된다.

(바) 불공정한 계약

불공정한 계약이란 자기의 급부에 비하여 현저하게 균형을 잃은 반대급부를 하게 해 부당한 재산적 이익을 얻는 행위를 의미한다.

불공정한 계약은 앞서 살펴본 선량한 풍속 기타 사회질서에 반하는 계약의 하나의 예로 볼 수 있고, 그 효과 또한 무효가 된다[37].

정상적으로 받을 수 있는 손해배상금의 1/8만 받고 합의서를 작성한 경우에 불공정한 계약을 인정(즉, 무효)한 판례[38]가 있다.

(사) 정지조건부 계약의 경우 그 조건이 불능조건인 경우

계약에 있어서 정지조건이란 계약의 효력의 발생을 장래에 불확실

---

[35] 민법 제103조
[36] 대법원 88다카19415 판결
[37] 민법 제104조
[38] 대법원 76다2179 판결

한 사실에 의존케 하는 조건을 말하는데, 예를 들어 아버지가 아들에게 자동차를 사주겠다고 약속을 했다고 하자. 단, 하늘에서 별을 따오는 것을 조건으로 걸었다. 아버지와 아들의 위 계약은 증여계약이 될 것이고, 하늘에서 별을 따오는 것이 정지조건이 된다.

즉, 하늘에서 별을 따오면 자동차를 사주겠다는 계약이 성립한 것이다.

그런데, 별을 따다 주는 것은 객관적으로 불가능한 일이다. 이는 불능조건에 해당하고, 결국 아버지와 아들의 위 계약은 무효가 된다.

(3) 계약 무효의 효과

계약으로서의 효과가 발생하지 않는다. 다만, 무효인 계약임에도 무효를 인식하지 못한 상태에서 이미 계약당사자의 급부가 이행된 경우에는 수령한 급부를 상대방에게 반환해야 한다.

반환하지 않는다면 내용증명을 통해 반환을 요구하고, 그래도 반환을 하지 않는다면 소송으로 그 무효를 주장하여 반환을 받아야 한다.

Tip

::**의문점**
계약의 무효는 계약당사자만 주장할 수 있는가? 아니면 계약당사자가 아닌 사람도 주장할 수 있는가?

::**답**
계약의 무효는 계약당사자뿐만 아니라 계약당사자가 아닌 사람도 주장할 수 있다. 어떠한 계약이 성립하였다고 할 때, 그 계약의 무효를 주장할 사람은 그 계약과 이해관계가 있는 사람일 것인데, 계약이 처음부터 효력이 없다면, 그에게도 무효를 주장할 수 있게 하는 것이 상식적으로 타당하기 때문이다.
반면에 계약의 취소는 법에 미리 정해져 있는 계약 취소권자가 주장하는 것이다. 계약취소와 마찬가지로 계약이 진정 무효인지 여부가 다투어진다면 최종적으로는 법원에서 계약의 무효여부를 판단할 것이고, 계약이 무효로 판단된다면 그에 따른 효과가 부여될 것이다.

5 | 계약의 취소와 계약의 무효를 구별하라

가 이 변호사와 홍 대리의 이야기 엿듣기

홍 대 리   계약을 취소하면 소급적으로 무효가 된다던데, 계약의 취소하고 계약의 무효하고 어떤 차이가 있지?

이변호사   계약의 취소는 취소권자가 취소를 하기 전에는 유효로 취급되지만, 계약의 무효는 처음부터 아예 무효이기 때문에 무효를 주장하지 않더라도 무효인 것이지. 다만 무효도 무효주장을 하지 않으면 사실상 유효로 취급될 가능성이 많아.

홍 대 리   알쏭달쏭한데?

이변호사   음… 예를 들어 보자. 미성년자와 계약을 했다고 치자. 미성년자가 추인도 하지 않고 취소도 하지 않고 그대로 있게 되면 그 계약은 그냥 유효한 거야. 게다가 취소할 수 있는 기간은 추인할 수 있는 날로부터 3년, 계약을 한 날로부터 10년이기 때문에 그 두 기간 중에서 하나의 기간이 지나면 사실상 유효가 확정될 수 있는 것이지. 그런데, 심한 강압 내지 폭행으로 인해서 계약서에 억지로 도장을 찍어서 계약이 성립했다면, 선량한 풍속 또는 사회질서에 반하여 무효인 경우에 해당하고, 무효를 주장할 수 있는 기간도 정해져 있지 않기 때문에 그 계약이 유효처럼 보일지라도 나중에 심한 강압 내지 폭행을 당하여 도장을 찍은 사람이 무효를 주장하면, 아예 처음부터 무효라고 보는 것이지. 다만 그냥 무효라고 주장하면 상대방이 인정을 하지 않을 테니 최종적으로는 소송을 통해서 무효라는 것을 확인받아야지.

홍 대 리   그렇구나. 들어보니 사실상 무효와 취소는 그 행사기간 존재 여부가 가장 큰 차이가 나는 부분인 것 같은데, 맞아?

이변호사   그렇게도 볼 수 있지.

나 법률적 쟁점 정리

(1) 계약의 취소

계약의 취소란 일단 계약이 잠정적으로 효력을 발생했다가 취소권자가 취소의 의사를 표시하면 소급해 그 계약이 무효가 되는 것을 의미한다[39].

취소가 가능한 계약이라고 하더라도 취소권자가 취소권을 행사하지 않으면, 그 계약은 유효하게 다루어진다. 게다가 취소권행사기간이 도과(추인할 수 있는 날로부터 3년과 계약을 한 날로부터 10년 중에서 하나라도 해당하는 경우)되면 취소권자는 취소를 할 수 없다.

취소권행사는 소송을 통하지 않고 할 수도 있으나, 상대방이 취소될 수 없는 계약이라는 주장을 한다면 결국 소송을 통하여 취소권행사가 옳은지 여부가 판명되어야 한다.

---

[39] 송영곤, 민법기본강의, 유스티니아누스, 2004. 309면 이하

(2) 계약의 무효

계약의 무효란 계약이 처음부터 확정적으로 효력이 없는 것으로 무효주장이 없더라도 당연히 처음부터 계약의 효력이 없다.

무효주장은 계약을 체결한 당사자뿐만 아니라 제3자도 할 수 있다. 즉 취소와 달리 무효권자가 별도로 존재하지는 않는다. 계약의 무효가 처음부터 그 계약의 효력이 없는 것이기는 하나, 계약의 무효로 인하여 이익을 얻을 자가 사실상 무효 주장을 해야 계약이 무효가 되는지 여부가 논의될 것이다.

결국 계약의 무효를 주장했는데 상대방이 그에 대하여 무효가 아니라는 주장을 한다면 사실상 취소와 마찬가지로 소송을 통하여 무효여부가 다투어질 수밖에 없다.

(3) 계약의 취소와 무효의 구별

	무효	취소
차이점	특정인 주장이 필요 없고, 당연히 효력이 없다.	취소권자의 취소가 있어야 소급해서 효력이 없어진다.
	처음부터 효력이 없으므로 누구나 효력이 없다고 주장할 수 있다.	취소 전에는 유효한 것으로 다루어진다.
	시간 경과와 관계 없이 효력에 변동이 생기지 않는다.	일정기간이 경과하면 취소권이 소멸하나, 취소되면 소급하여 효력이 없어진다.
	주장기간에 제한이 없다.	추인할 수 있는 날부터 3년, 계약한 날로부터 10년 내에 취소권을 행사해야 한다(3년의 요건이나 10년의 요건 중 하나만 충족하면 취소권을 행사할 수 없음).

	무효	취소
사례	- 의사무능력자의 계약 - 불가능을 목적으로 하는 계약 - 강행규정을 위반한 계약 - 반사회질서 계약 - 상대방이 표의자의 진의를 알았거나 알 수 있었을 경우의 비진의표시에 의한 계약 - 허위표시에 의한 계약 - 불법조건이 붙은 계약 등	- 무능력자의 계약 - 착오에 의한 계약 - 사기 또는 강박에 의한 계약 등

다 관련 서식 및 서식 설명

계약이 무효이거나 취소할 수 있는 계약이라도 사실상 계약을 취소하거나 계약의 무효주장을 상대방에게 하지 않으면, 유효한 것으로 처리될 가능성이 많다.

결국, 계약의 무효나 계약의 취소를 주장하는 자는 상황에 따라서 상대방에 대하여 최고서를 보내는 것이 필요하다.

(1) 계약취소통지서

서식 5

착오에 의한 취소통지서[40]

발신인(매수인) 주소 :
성명 : (   ) 주식회사
대표이사 정매수

수신인(매도인) 주소 :
성명 : (   ) 주식회사 (   )지점
대표이사 오불양

(   )년 (   )월 (   )일자 기계판매계약에 의거 (   )년 (   )월 (   )일 귀 지점에서 서울시 (   )구 (   )동 (   )번지 현장에서 양도받은 기계 (   )는 계약 당초 귀지점이 제시한 조건과 전혀 달라 당사의 건설공사현장에서는 전혀 사용이 불가능한 상태입니다.

그 원인은 위 기계의 성능에 관한 착오라고 밖에는 설명할 수 없겠습니다. 당사의 판단으로는 계약시에 귀 지점에서 위 기계에 대하여 보다 충분한 설명이 필요했으나, 충분한 설명이 없었다고 판단됩니다. 만약, 귀 지점에서 당사에게 위 기계의 성능이 현실적으로 현재의 성능 밖에 되지 못한다는 사실을 알려 주었다면, 당사는 위 기계를 구입할 필요가 전혀 없었을 것입니다.

따라서 확실히 위 기계의 구입과정에 있어서 분명 의사표시에 착오가 있었다고 말할 수 있으며 구입의 의사표시는 중요부분에 의한 착오[41]에 의한 것이라 할 것입니다.

위 기계를 즉시 반환해드리겠습니다. 반환장소를 지정하여 주시든가 현지에서 인수하여주시기 바랍니다.

위 기계에 관하여 (　　)년 (　　)월 (　　)일부 판매계약은 착오취소에 의하여 무효인바, 당사는 일체 그 책임을 지지 않을 것을 통보합니다.

(　　)년 (　　)월 (　　)일

발신인(매수인) (　　　　)주식회사
대표이사 정매수 (인)

40 내용증명우편으로 보내는 것이 바람직하다.
41 착오에 의하여 계약을 취소하기 위해서는 법률행위 내용의 중요부분의 착오가 있어야 한다. 따라서 착오취소를 주장하는 자는 의사표시에 착오가 있는 사실과 그 착오가 법률행위 내용의 중요부분에 있는 사실을 주장·입증해야 한다. 이때에도 취소를 하는 자에게 중대한 과실이 있다면 취소할 수 없고, 취소를 하고자 하는 자의 중과실은 취소를 당하는 자가 주장·입증해야 한다. 위 사례에서 '(　　)주식회사(대표이사 정매수)'가 착오취소의 의사표시를 내용증명우편으로 하고 있다. 이때에 '(　　)주식회사(대표이사 정매수)'는 자신에게 착오가 있고, 그 착오는 중요부분임을 주장·입증해야 하며, '(　　)주식회사 (　　)지점(대표이사 오불량)'은 착오취소를 막기 위하여 '(　　)주식회사(대표이사 정매수)'가 착오를 함에 있어 중과실이 있었음을 주장·입증해야 한다. 다만, '(　　)주식회사(대표이사 정매수)'가 자신의 착오가 중요부분임을 입증하지 못한다면, '(　　)주식회사 (　　)지점(대표이사 오불량)'이 중과실 입증여부와 무관하게 '(　　)주식회사(대표이사 정매수)'의 착오취소는 받아들여지기 어렵다. 이처럼 착오취소통지서를 보내는 것은 자유이나 상대방이 이를 받아들이지 않을 경우에는 법원에 소송이 제기되며, 위와 같은 이론에 따라 판단하게 된다. 참고로 갑과 을이 서로를 상대방으로 하여 민사소송을 하고 있는데, 갑이 입증책임이 있다고 하면, 대체로 그 소송에서 갑이 을보다 불리하다고 보면 쉽다.

(2) 계약무효통지서

서식 6

증여계약무효통지서

발신인(증여자) 주소 :
이름: 이억울

수신인(수증자) 주소 :
이름: 나건달

　본인(증여자)은 귀하의 심한 강압과 폭행 등에 못 이겨, (　　)년 (　　)월 (　　)일자로 서울시 (　　)구 (　　)동 (　　)번지 소재 (　　)빌딩 (　　)호에 대한 증여계약에 서명을 한 바 있습니다.
　그러나 위 계약은 본인의 의사와 무관하게 작성되었고, 위에서 일부 언급했듯이, 귀하(수증자)의 지속된 심한 강압 등에 의한 것42이었는바, 위 증여계약이 무효임을 밝히는 바입니다.

(　　)년 (　　)월 (　　)일

발신인(증여자)
이억울 (인)

42　강박에 의한 의사표시는 무효사유가 아닌 취소사유임이 원칙이다. 다만, 그 강박으로 인하여 강박을 당한 사람이 의사결정을 스스로 할 수 있는 여지를 완전히 박탈된 상태에서 의사표시를 하였다면 무효사유가 될 수 있다. 위 사례에서 '이억울'이 강박을 이유로 증여무효주장을 하나, 그 주장이 법정으로 갔을 때에 받아들여질지 여부는 별개의 문제이다.

Tip

::의문점

통정허위표시로 판단되면 그 법률행위가 무효인데, 그 법률행위를 취소하는 것이 가능한가?

::답

가능하다. 예를 들어보자. 앞서 '허위표시에 의한 계약' 부분에서 설명한 바와 같이 내가 갑에게 돈을 받을 것이 있는데, 갑은 돈이 없고 부동산만 가지고 있다. 이때 갑은 내가 채권행사하는 것을 두려워해서 자신의 부동산명의를 처에게 돌려놓았다. 이 경우 갑은 부동산명의를 처에게 돌려놓기 위한 기본계약을 가짜로 체결하는데, 보통 매매계약을 체결한다. 이 매매계약은 통정허위표시에 해당되어 무효가 된다.

채권자취소권은 소송으로만 제기할 수 있고, 취소의 대상은 갑과 갑의 처 사이의 매매계약이 된다. 그렇다면 무효인 매매계약을 취소하는 것이 이론적으로 가능한지 의문이 들 수 있다.

그러나 실무는 통정허위표시가 사해행위의 전형적인 방법으로 쓰이고 있는 현실을 고려하여 예외적으로 무효인 법률행위지만 채권자취소의 대상으로 인정하고 있다.

6 | 대리인에 의한 계약체결도 가능하다

가 이 변호사와 홍 대리의 이야기 엿듣기

홍 대 리 계약은 반드시 본인이 체결해야 되나?

이변호사 아니. 대리인에 의해서도 계약을 체결할 수 있지.

홍 대 리 위임장 받아서?

이변호사 그렇지. 예를 들어보자. 내가 계약을 을이라는 사람하고 체결해야 되는데, 갑자기 일이 생긴 거야. 그럼 내가 내 동생인 갑에게 을과 계약을 체결하라고 할 수 있지. 이때, 갑에게 위임장을 작성해주는 것이지.

홍 대 리 그럼 계약서는 어떤 식으로 작성하지?

이변호사 물건을 납품받는 계약이라고 생각하면, 물품매도인은 을이 되고 물품매수인은 내가 되거든. 이때 계약서에는 매수인을 나로 하고 매도인을 을로 하면 되는 거야.

홍 대 리 실제 계약을 체결하는 장소에 있는 사람은 갑과 을 아닌가?

이변호사 그래서 위임장이 필요한 것이지. 위임장에 내가 내 동생인 갑에게 물품매수계약과 관련된 일체의 권한을 위임한다는 취지를 적어서 갑이 을과 계약할 때 가지고 가면, 계약서의 당사자는 나와 을로 해도 되는 거야. 대신 위임장을 을에게 주면 되는 거지. 계약서에 내 도장을 갑이 찍는 방식이지. 대리인인 갑이 자신이 나의 대리인임을 표시해서 계약을 체결하는 방식도 있긴 해.

홍 대 리 그렇구나.

나 법률적 쟁점 정리

(1) 대리의 의미와 대리권의 의미

대리란 타인(대리인)이 본인의 이름으로 법률행위(의사표시)를 하거나 또는 의사표시를 수령함으로써 그 법률효과가 직접 본인에 대하여 생기는 제도를 말한다[43].

대리권이란 대리행위를 할 수 있는 법률상의 지위 또는 자격을 말하는데, 대리권은 권리라기보다는 권한이라 할 수 있다.

(2) 대리권의 발생

미성년자의 경우 부모에게 법정대리권이 있다. 이렇듯 대리권은 민법과 같은 법규에 의하여 발생하는 법정대리권과 대리권을 수여하는 본인의 행위로 발생하는 임의대리권이 있다.

일반적으로 위임장을 작성해서 대리인에게 주면, 대리인에게 대리권이 발생하고, 그 위임장은 본인이 대리인에게 임의대리권을 주었다는 증거가 된다. 그러나, 임의대리권의 발생을 위하여 항상 위임장이 필요한 것은 아니다. 임의대리권수여행위(수권행위)는 특별한 방식을 요구하지 않는 불요식행위이기 때문이다. 다만, 대리로 인한 계약을 체결하려는 상대방 당사자는 위임장을 요구하는 것이 분쟁에 대비하여 안전하다.

(3) 대리권의 범위

법정대리권의 경우는 법규가 정한 바에 따라 대리권의 범위가 결

---

[43] 송영곤, 민법기본강의, 유스티니아누스, 2004. 242면 이하

정되나, 임의대리권은 본인의 수권으로 대리권의 범위가 결정된다.

결국, 임의대리에 있어 대리인의 대리권 범위는 일반적으로 본인이 대리인에게 준 위임장의 내용에 의해 결정된다.

위임장을 해석했을 때 대리권의 범위가 명확하지 않으면 어떻게 될까? 민법은 이러한 경우를 예정하여 대리권의 범위에 대한 보충규정을 두고 있다.

즉, 대리인의 권한 범위가 불분명한 경우에 대리인은 보존행위, 이용행위, 개량행위, 기한이 도래한 채무의 변제, 부패하기 쉬운 물건의 처분 등 이른바 관리행위만 할 수 있고, 처분행위는 이를 하지 못하며, 이용행위와 개량행위는 물건이나 권리의 성질이 변하지 않는 범위 내에서만 할 수 있다[44].

따라서, 위임장을 작성하여 대리에 의한 계약을 체결할 때에는 분쟁의 예방을 위해서라도 위임장에 대리인의 권한을 명확히 할 필요가 있다.

다 관련 서식 및 서식 설명

대리인에 의한 계약을 체결하려면 위임장이 필요하다. 그래서 위임장을 작성해보았다. 위임장을 통해 대리인이 계약을 체결할 때, 계약서에 대리인을 표시하기도 하고, 대리인을 표시하지 않기도 하는데, 서식 7에서는 대리인을 표시하지 않은 물품매매계약서를 작성해 보았다.

---

[44] 민법 제118조

(1) 위임장

서식 7

위임장

본인(위임인)은 수임인에게 본인이 (   )주식회사 대표이사 김매도와 체결할 (   )물품매매계약서의 작성과 관련된 모든 권리**45**를 수임인에게 위임한다.

(   )년 (   )월 (   )일

위임인 이매수 (인**46**)
전화번호**47**:
주소:
수임인 이수임 (인)
전화번호:
주소:

---

45 상황에 따라 위 예시와 달리 수임인 즉 대리인이 할 수 있는 범위를 구체적으로 적는 것이 분쟁을 대비하는 데 효과적이다.
46 위임인의 도장은 인감도장을 찍고 인감증명서를 첨부하는 것이 좋겠으나 꼭 그렇게 할 필요는 없다. 다만 공적 기관에서는 대부분 위임장의 위임인란에 위임인의 인감도장을 찍을 것과 인감증명서 첨부를 요구한다.
47 수임인 즉 대리인과 계약을 체결하는 자는 위임인 즉 본인의 전화번호를 확인한 후 본인에게 전화를 걸어 위임여부를 확인한 후에 계약을 체결하는 것이 보다 안전할 것이다.

(2) 물품매매계약서

서식8

물품매매계약서

매도인 (   )주식회사(이하 '갑'이라 한다.)와 매수인 이매수(이하 '을'이라 한다.)와의 사이에 다음과 같이 매매계약을 체결한다.

제1조 [목적] 갑은 아래의 상품을 이하의 약정으로 을에게 매도하고, 을은 이것을 매수한다.

품 명					
수 량		단 가	원	금액	원
모 양		물품인도일	( )년 ( )월 ( )일		

제2조 [상품검사] 갑은 상품을 인도할 때 을로부터 상품검사를 받아야 하고, 상품의 인도는 이 검사에 합격했을 때 이루어지는 것으로 한다.

제3조 [대금지급] ① 을은 상품대금을 인도일이 속한 달의 다음달 20일에 을의 사무소에서 갑에게 지급한다.

② 을이 대금지급을 지연했을 때에는, 완납일까지 하루 이자 (   ) 원의 비율에 의한 손해금을 지급한다.

제4조 [하자담보책임] 갑은 상품에 대해 인도 후 1년간 인도전의 원인[48]으로 발생한 물품의 품질불량·수량부족·변질 등에 대하여 책임을 진다.

제5조 [계약의 해제] 갑 또는 을이 본 계약을 위배했을 때에는 상대방은 최고 등을 하지 않고 즉시 계약을 해제하고, 손해의 배상[49]을 청구할 수 있다.

제6조 [규정 외 조항] 본 계약에 정해져 있지 않은 사항에 대해서는 갑과

을이 협의하여 이를 결정한다.

이 계약을 보증하기 위해 계약서 2통을 작성하여, 각자 서명날인한 후, 각각 1통을 보관한다.

( )년 ( )월 ( )일

매도인 (갑) ( )주식회사
대표이사 김매도 (인)
주소:

매수인 (을) 이매수**50** (인)
주소:

---

48 '인도전의 원인'으로 품질 불량 등이 발생한 것인지 여부는 분쟁이 발생한 후에 확인하려 해도 확인이 되지 않아 분쟁이 장기화될 우려가 있다. 이에 분쟁을 방지하거나 분쟁의 빠른 해결을 위해서는 물품을 받을 때에 관련 서류(견적서 등)를 잘 살펴 확인하고 보관하여야 하며, 매도인과 매수인이 각자 물건을 확인하는 절차를 거치는 것이 중요하다.

49 소송을 통해서 손해배상을 구하는 경우에 항상 손해액수가 문제되며, 손해액수를 입증하는 것이 쉽지 않다. 이와 같은 점을 고려하여, '어느 의무(계약서상 어느 조항)를 위반하였을 경우에 누가 누구에게 손해배상으로 얼마를 청구할 수 있다.'는 방식의 손해배상예정을 계약서에 명시한다면 차후 당사자 사이의 의무위반이 문제되어 소송으로 비화되었을 때에 문제해결이 보다 용이하게 된다.

50 '이매수'는 위 물품매매계약서의 매수인이다. '이매수'가 직접 계약을 체결하면 아무 문제가 없을 것이나, 계약 당시 급한 일이 생겨 동생인 '이수임'에게 매도인과 계약을 체결하라고 할 수 있고, 대리인인 '이수임'은 위임장을 지참하고 매도인에게 그 위임장을 주면서 계약을 체결할 수 있다. 이때 '이수임'은 형이자 매매계약의 본인인 '이매수'의 도장란에 '이매수'의 도장을 찍음으로써 매매계약을 완성할 수 있다. 매도인은 위임장에 적혀 있는 '이매수'의 전화번호를 확인하고 위임여부를 전화로 확인할 수 있을 것이다.

 **Tip**

::의문점
갑이라는 사람이 을로 행세하면서 을 명의로 병과 계약을 체결하였다면, 그 계약의 당사자는 누가 되는가?

::답
위와 같은 경우에 명의로만 따지면 계약당사자는 을과 병이 될 것으로 보이는데, 실질적인 면을 고려할 경우에는 병만 문제제기를 하지 않는다면 갑과 병이 계약당사자가 되어야 하는 것으로 보인다.
판례는 행위자가 타인행세를 하며 임대차계약을 체결한 사안에서 행위자가 임차인이 되는 것이며, 여기에 대리법리를 적용하여 계약의 효력이 명의자에게 미친다고 볼 수 없다는 판단을 내린바 있다[51].
임대차계약은 명의보다는 상대방의 구체적 특성이 중요시되는 계약인 점을 고려하면 위 판례의 태도는 타당하다.
다만, 구체적 사정에 따라 위와 다른 판단이 내려질 가능성도 배제할 수 없다. 즉, 위와 같은 경우 기본적으로는 계약해석의 문제로 들어가서 행위자와 상대방의 의사가 합치하면 그 의사에 따라 계약당사자를 확정하고, 그들의 의사가 합치하지 않을 경우 구체적 사정을 토대로 상대방이 합리적인 인간이라면 행위자와 명의자 중 누구를 계약당사자로 이해할 것인가를 파악해서 당사자를 결정해야 할 것이다[52].

---

[51] 대법원 74다165 판결
[52] 대법원 2003다44059 판결 취지

7 | 금전채권의 성질을 파악하라

🔴 가 이 변호사와 홍 대리의 이야기 엿듣기

홍 대 리   우리가 주로 하는 업무가 물품대금을 달라는 것이잖아.

이변호사   그렇지. 그것을 금전채권이라고 할 수 있지.

홍 대 리   금전채권에 특별한 특징이라도 있나?

이변호사   금전채권의 특징이라…. 계약이 성립되면 당사자 사이에 각자 의무가 발생해. 물품대금의 경우 우리가 물건을 팔면서 물건을 상대방에게 주잖아. 물건을 주면서 돈을 바로 받으면 아무 문제가 없지만, 너희처럼 대량거래를 하게 되면, 결제를 나중에 해준다고 하고 대금지급기일을 정하잖아.

홍 대 리   대개 그렇게 하지.

이변호사   물품매매계약에서 우리는 물건인도의무를 이행했지만, 상대방이 물품대금지급의무를 아직 이행하지 않은 것으로 되고, 물품대금을 지급하기로 한 날에 지급하지 않으면, 채무불이행이 되는 것이지.

홍 대 리   채무불이행?

이변호사   응. 채무불이행은 크게 이행을 지체하는 이행지체, 이행이 불완전한 불완전이행, 이행이 불가능한 이행불능 등으로 나뉘는데, 금전채권은 이행불능이라는 것이 없어.

홍 대 리   이행불능이 없다고?

이변호사   응. 돈은 항상 세상에 있는 것이니까…. 예를 들어서, 내가 건물을 샀는데, 상대방이 건물인도를 해주지 않

	으면, 난 건물인도청구권 즉 건물인도채권을 가지게 되잖아. 이때 건물이 지진으로 부숴지면 이행불능이라는 것이 생기는 것하고 차이가 나는 거지.
홍 대 리	그렇구나.
이변호사	금전채무를 지체하면, 금전채무에 대한 이행지체가 되는데, 이때에도 다른 채권과 다르게 금전지급지체에 대하여 자신의 과실이 없음을 증명해도 지체책임을 지게 돼.
홍 대 리	무슨 말인지 잘 안 들어온다.
이변호사	음… 돈을 주기로 한 날에 돈을 주지 않으면 그것이 이행지체이고, 금전에 대한 이행을 지체한 사람이 자신의 잘못이 아니라, 지진과 같은 자연재앙 때문에 돈을 가져오다가 되돌아갔다고 주장했다고 해도 돈 주기로 한 날에 돈을 주지 않으면, 이행지체에 따른 책임을 진다는 것이지. 쉽게 이야기해서 물품대금을 주기로 한 날 이후에는 어쨌든 이자를 받을 수 있다는 것이지.
홍 대 리	금전채권 말고, 다른 채권은 다른가?
이변호사	다르지. 지진이 나서 물건을 주는 채무를 지체했다면, 이행지체로 보지 않거든.
홍 대 리	그렇구나.
이변호사	또 금전채권은 약속기일에 지급하지 않으면 당연히 일정이율의 손해가 인정돼. 약정이자가 없더라도 채권의 성질이 민사채권이면 연 5%, 상사채권이면 연 6% 정도 인정되지.

홍 대 리 | 그렇구나.

나 법률적 쟁점 정리

(1) 금전채권의 의미

금전채권이란 금전의 인도를 목적으로 하는 채권으로서 통상의 종류채권과 달리 금전 자체가 가지는 개성보다는 일정량의 가치의 인도를 목적으로 하는 가치채권의 성질을 갖는다[53].

예를 들어 내가 갑에게 10만 원의 돈을 빌려주었다고 가정하자. 즉 10만 원권 수표를 한 장 빌려주었다. 이때, 갑은 나에게 10만 원을 갚기로 한 날에 갚으면 되는데, 갑이 내가 준 그 10만 원권 수표로 갚을 필요는 없는 것이다. 갑은 만 원권 10장으로 갚아도 되고, 100원짜리 동전 1,000개로 10만 원을 갚아도 된다. 이는 내가 빌려준 10만 원권 수표 한 장의 개성에 중점을 두지 않고 가치에 목적을 두기 때문이다.

(2) 금전채무와 이행지체

금전채권은 일정액의 금전인도를 목적으로 하는 가치채권이므로 통화제도가 존재하는 한 이행불능은 발생하지 않고 다만 이행지체만이 문제된다.

앞서 예를 든 바와 같이 갑이 10만 원권 수표를 잃어버렸다고 하면서 빌려준 돈을 갚을 수 없다고 한다면, 이행불능을 주장하는 것이 된다. 그러나 갑이 빌린 10만 원권 수표를 잃어버렸어도 다른 10만

---

[53] 송영곤, 민법기본강의, 유스티니아누스, 2004. 818면 이하 참조

원권 수표 또는 만 원권이나 5만 원권 등으로 충분히 갚을 수 있기 때문에 금전채권에 있어서 이행불능이란 있을 수 없는 것이다.

(3) 금전채무의 이행지체와 특칙

(가) 손해배상책임 성립요건과 관련된 특칙

금전채무 불이행시 즉 이행지체시 채권자는 손해의 증명을 요하지 않고 채무자는 과실 없음을 항변하지 못한다.

원래 채권자가 채무불이행책임을 묻기 위해서는 손해의 입증 및 고의 또는 과실[54]이 필요한데, 금전채권의 경우 이에 대한 특칙을 둔 것이다.

결국 금전채권자는 다른 채권자와 달리 채무자에게 채무불이행책임을 묻는 것이 더욱 쉽다.

(나) 손해배상액 산정기준

금전채무의 불이행 즉 이행지체로 인한 손해배상액의 산정은 법정이율에 의하는 것을 원칙으로 한다. 다만, 법령의 제한에 위반하지 아니한 약정이율이 있으면 그 약정이율에 의한다.

위 약정이율의 의미는 변제기까지의 이자에 관한 약정이율이 아니라 이행지체로 인한 손해에 관한 약정이율을 의미한다.

대법원은 위 약정이율의 의미에 대하여 특별히 소비대차의 경우에는 변제기 후의 지연손해금에 대한 약정이 없는 경우에도 이에 반하

---

[54] 다만, 채무불이행의 경우에는 불법행위와 달리 고의 또는 과실이 없음을 채무자가 주장·입증해야 한다.

는 특약이 없는 한, 당사자의 의사는 변제기가 지난 후에도 당초의 약정이율에 의하여 지연손해금을 지급하기로 약정한 것으로 취급한다.'라는 취지의 판시를 하였다.[55]

예를 들어보자. 내가 갑에게 돈 1,000만 원을 빌려주었고, 갑이 돈을 갚기로 한 날에 갚지 않은 상황이다. 돈을 빌려주면서 이자약정을 하였는데, 한 달에 10만 원을 이자로 약정한 것이다. 2010. 1. 1.에 돈을 빌려주었고, 돈을 갚기로 한 날 즉 변제기는 2010. 6. 1.이었다. 그렇다면, 갑은 2010. 6. 1.에 1,060만 원을 갚아야 했다. 오늘은 그 변제기로부터 3개월이 흐른 상태이다. 이때 오늘 당장 내가 갑으로부터 돈을 받는다면 1,090만 원을 받아야 한다는 것이 대법원판례의 태도인 것이다.

::의문점
돈을 빌릴 때의 이자는 무제한 인정되는가?

::답
그렇지 않다. 돈을 빌렸을 경우에 이자를 무제한 인정한다면 채무자의 궁박한 상황을 이용하여 채권자만 이익을 볼 것이고, 국가경제에 큰 짐이 될 수도 있기 때문이다. 현행(2011년 현재) '이자제한법'과 '이자제한법제2조제1항의 최고이자율에관한규정'에 의하면 금전대차에 관한 계약상의 최고이자율은 연 30%로 하고 있다. 따라서, 연 30%를 초과하는 이자약정은 그 초과부분의 경우에 한하여 무효가 된다.

---

[55] 대법원 80다2649 판결

8 | 어음이란 무엇인가

가 이 변호사와 홍 대리의 이야기 엿듣기

홍 대 리 어음 있잖아. 약속어음하고 환어음 이렇게 있는 것인가?

이변호사 응. 어음은 크게 약속어음하고 환어음이 있는데, 약속어음이 주로 쓰이지.

홍 대 리 약속어음은 어떤 의미를 가지지?

이변호사 약속어음이라… 어음을 발행하는 사람을 어음의 발행인이라고 하는데, 어음발행인이 어음을 발행하면서, 일정일에 일정금액을 어음상에 나타난 권리자에게 무조건 지급하겠다는 것을 약정하는 유가증권을 의미해.

홍 대 리 그럼 약속어음 받고 약정일에 발행인에게 어음금을 달라면 줘야 한다는 거지?

이변호사 그렇지. 약정일을 보통 만기라고 표현하지.

홍 대 리 그런데, 어음상권리와 원인채권이 분리된다는 이야기가 있던데 무슨 의미지?

이변호사 그건 어음이 왜 생기는 것인지를 알아야 설명이 될 것 같네…. 예를 들어보자. 내가 물건을 팔고 돈을 받아야 되는데, 상대방이 당장 돈이 없으니 어음을 끊어주겠다고 하는 거야. 이때 어쩔 수 없이 어음을 받았다고 하자. 물품대금이 1,000만 원이었고, 어음도 1,000만 원짜리를 발행해주었다면, 물품대금채권

	1,000만 원이 원인채권이 되고 어음에 표시된 1,000만 원은 어음상 권리가 되는 것이지.
홍 대 리	그럼, 2,000만 원을 받게 되는 건가?
이변호사	그런 것은 아냐. 대개는 원인채권인 1,000만 원을 갚으면, 어음을 돌려받기 때문에 문제가 되지 않고 그대로 문제가 끝나는 것이지. 그리고, 어음을 준 것이 '지급에 갈음'한 것인지, '지급을 위한' 것인지, '지급을 담보하기 위한' 것인지에 따라서 법률적 판단이 조금 달라져.
홍 대 리	지급에 갈음하여, 지급을 위하여, 지급을 담보하기 위하여?
이변호사	응. '갈음'으로 판단되면, 원인채권 자체가 사라지고, '지급을 위하여'로 판단되면 원인채무는 존재하지만, 어음상 청구를 먼저 해야 되고, '담보하기 위하여'로 판단되면 채권자가 원인상 청구를 먼저 하든 어음상 청구를 먼저 하든 문제가 되지 않지.
홍 대 리	잘 이해가 안 된다.
이변호사	음… 원인채권이 소멸하는 '갈음'의 경우는 어음상 권리만 행사할 수 있는 것이고, '지급을 위하여'나 '담보를 위하여'는 어음상 권리뿐 아니라 원인채권을 행사할 수 있도록 말 그대로 어음을 담보로 잡은 거니까 채권자에게 더 좋다고 할 수도 있지.
홍 대 리	그렇구나. 그런데, '갈음'인지, '지급하기 위하여'인지, '지급을 담보하기 위하여'인지 어떻게 구별하지?

이변호사	당사자 약정이 있으면, 그에 따라 결정하지만, 약정여부가 불명확하면, 법이 개입하는데, 자기앞수표 같은 것은 '갈음'으로 추정하지만, 약속어음은 대개 '지급을 담보하기 위한' 것으로 추정하는 것이 판례야. 채권자에게 보다 유리하게 해석하는 거지.
홍 대 리	그렇구나.
이변호사	그리고, 어음상 권리의 소멸시효는 만기로부터 3년인데, 원인채권의 시효는 원인채권의 성질에 따라 달라지겠지만, 대여금이라면 10년, 물품대금채권이라면 3년이 되겠지. '갈음'으로 판명되었고, 원인채권이 대여금인데, 권리를 행사할 수 있는 때 또는 만기로부터 5년이 지났다면 어떨까?
홍 대 리	소멸시효가 완성된 것인가?
이변호사	그렇지. 원인채권이 없는 것이니까 5년이라는 기간 경과가 원인채권의 소멸시효가 완성된 것은 아니지만 어음상권리가 시효로 소멸되어서 아무 권리도 행사할 수 없는 것이지.
홍 대 리	그렇구나.

나 법률적 쟁점 정리

(1) 어음의 의미

어음은 크게 약속어음과 환어음으로 구별된다[56].

약속어음은 발행인의 발행에 의하여 어음상 권리가 창출되는데 이때 수취인은 발행인으로부터 약속어음을 유효하게 교부받음으로써 발행인에 대한 어음금지급청구권을 취득하게 되고, 발행인은 주채무자로서 어음금지급의무를 부담하게 된다.

환어음의 발행인이 지급인을 기재하여 수취인에게 교부하면, 수취인은 발행인에 대하여 소구권만 행사할 수 있으며, 지급인의 인수 없이는 지급인에게 어음상 권리를 행사할 수 없다. 어음소지인의 인수제시에 의하여 지급인이 인수하게 되면 인수인으로서 환어음의 주채무자가 된다. 이때 지급인이 인수를 거절하게 되면 소지인은 만기 전이라도 즉시 소구권을 행사할 수 있다.

현재 환어음은 거의 사용되지 않는 것으로 보인다.

(2) 어음의 필요성 및 어음의 특성

일반 지명채권의 경우 채권양도절차 즉 통지와 승낙과 같은 절차가 필요하나, 어음을 이용할 경우에는 채권양도절차를 거치지 않고 어음을 주고받음으로써 양도절차를 간편화할 수 있다.

어음은 반드시 증권을 필요로 하는 점에서 유가증권성을, 어음상 권리의 행사는 어음에 기재된 문언을 기초로 한다는 점에서 문언증권성을, 어음 발행시 어음법상 일정한 형식을 따르지 않으면 그 어음의 효력이 없다는 점에서 요식증권성을, 어음의 유통성을 보장하기 위하여 어음상의 권리가 그 원인채권과 관계없이 독립한 권리라는 의미의 무인증권성 등을 각 보유한다.

---

56 정찬형, 상법강의(하), 박영사, 2007. 31면 이하

지명채권을 보통 채권자가 특정되어 있는 채권이라고 이야기하는데, 간단히 예를 들면 돈을 빌려준 경우 돈을 빌려준 사람은 돈을 빌린 사람에 대하여 금전채권을 가지게 된다. 이때의 금전채권이 지명채권이 되는 것이다.

(3) 어음의 필요적 기재사항

약속어음과 환어음에는 일정한 내용을 반드시 기재해야 하며, 필요적 기재사항을 누락하게 되면 원칙적으로 어음의 효력이 없다.

어음에 필요적으로 적어야 하는 사항을 필요적 기재사항이라고 하는데, 이는 어음법[57]에서 규정하고 있다.

(4) 기존채무의 지급과 관련하여 어음이 수수된 경우

물품대금채무에 대하여 약속어음을 작성하여 교부했다고 할 경우에 어음의 교부로 물품대금채무라는 원인채무를 소멸시키는지 아니면 그 원인채무가 그대로 존속하는지의 문제가 발생한다.

원칙적으로 당사자의 의사에 따라 결정할 것이나, 당사자의 의사가 불분명한 경우에는 특히, 약속어음의 경우에 담보하기 위한 것으로 추정한다[58].

---

[57] 어음법 제2조, 제76조
[58] 이와 같은 견해가 통설이다. 다만, 판례는 '지급을 위하여' 수수된 것으로 추정한다는 판례와 '지급을 담보하기 위하여' 수수된 것으로 추정한다는 판례로 나뉘어 있다.(정찬형, 상법강의(하), 박영사, 2007. 151면)

기존채무지급관련 어음수수의 형태	내 용
원인채무의 지급을 갈음하여 어음교부	원인채무가 소멸하고, 어음금이 지급불능이 되었다고 하여도 원인채무가 부활하지 않는다.
원인채무의 지급을 위한 어음의 교부	원인채무는 존속하고, 채권자는 어음채무의 이행청구를 먼저 해야 한다. 어음의 지급제시가 없다면 원인채무의 이행지체는 없다.
원인채무의 지급을 담보하기 위한 어음의 교부	원인채무가 존속하고, 채권자는 어음채무와 원인채무 중에서 어느 것을 먼저 행사해도 상관이 없다. 원인채무는 어음의 지급제시와 관계없이 변제기가 되면 이행지체가 된다.

많은 경우에 어음의 교부가 담보하기 위한 것으로 추정이 될 것인데, 담보하기 위하여 교부하였다는 것의 의미를 살펴보자.

내가 갑에게 1,000만 원 어치의 물건을 팔았는데, 갑이 나에게 지금 당장 돈을 줄 여력이 없으니, 약속어음을 주겠다고 했다. 나는 좋다고 했고, 어음금 1,000만 원짜리 약속어음을 받았다. 물건값의 변제기는 두 달 후로 적어두었다.

이때, 나와 갑이 특별히 약정한 바가 없다면, 나는 물건값 변제기인 두 달 후에 갑에게 돈을 달라고 할 수 있다. 이때, 어음금을 달라고 할 수도 있고, 물건값을 달라고 할 수도 있다. 원인채권에 갈음하여 어음을 교부하였다면 나는 어음금을 달라고 할 수 있을 뿐이고 물건값을 달라고 할 수는 없는 것이다. 그러나 어느 경우이든지 간에 내가 받을 수 있는 돈은 1,000만 원뿐이다. 담보하기 위한 어음교부라고 해서 어음금 1,000만 원과 물건값 1,000만 원을 합한 돈을 달라고 할 수는 없다는 것이다. 말 그대로 물건값 1,000만 원에 대한 담보로 어음을 받았을 뿐이다.

나는 원인채권의 담보로 어음을 받아 두었고, 나는 변제기에 어음금을 청구할 수도 있지만, 물건값을 청구할 수도 있다. 이때 갑이 1,000만 원을 나에게 갚으면 나는 어음을 갑에게 주면 모든 문제가 끝이 난다. 그런데 갑이 나에게 1,000만 원을 주지 않으면 어떻게 될까? 보통 어음을 받을 때에는 공증을 받으면서 집행수락문언을 부기한다. 나는 어음에 공증을 했었고, 그 공증에 집행수락문언도 받아두었다. 결국 나는 그 어음을 근거로 갑의 재산을 강제집행할 수 있다. 어음은 이와 같이 공증을 받아두어야 그 효과가 배가될 수 있다.

내가 위와 같은 상황에서 공증을 받지 않았다고 가정하자. 이때에도 나는 물건값 1,000만 원을 갑에게 받을 것이 있다. 그러나, 바로 갑의 재산에 대하여 강제집행을 할 수는 없다. 내가 갑에게 소송을 제기해서 승소해야 그 승소판결문을 가지고 강제집행할 수 있는 것이다.

(5) 어음행위의 대리

대리에 의한 어음행위도 가능한데, 어음을 대리로 발행하거나 배서하는 등의 경우에는 어음상에 본인을 대리한다는 문구를 기재하고 대리인이 기명날인 하거나 서명하면 본인이 어음상의 채무를 부담하는 정상적인 어음행위의 대리가 된다.

대행방식의 어음행위도 가능하나, 어음이 위조된 경우에는 명의를 도용당한 사람은 어음상의 채무를 부담하지 않는다.

대리권이 없는 자가 타인의 대리인으로 어음행위를 했을 때 본인이 책임을 질 만한 사유가 있다면, 표현대리가 성립할 것이나, 본인이 책임질 만한 사유가 없다면 무권대리가 된다.

　어음행위의 무권대리로 판명된 경우에 본인으로 기재된 자는 어음상의 채무를 부담하지 않고, 타인의 대리인이라고 어음에 기명날인 또는 서명한 자가 직접 어음상의 책임을 부담한다.

(6) 어음의 양도방법

　어음은 일반 채권인 지명채권양도처럼 채무자에 대한 통지 또는 채무자의 승낙을 필요로 하지 않는다.

　다만, 어음은 지시증권이기 때문에 어음의 교부만으로는 부족하고 반드시 배서를 한 후에 양도를 해야 한다.

　그리고, 어음의 최종소지인이 어음의 유효한 양도를 주장하기 위하여는 배서가 형식적으로 연속되어야 한다.

::의문점

돈을 빌려주고 어음을 받았는데, 시효문제는 어떻게 되는가? 대여금에 대한 소멸시효는 10년이고, 어음금에 대한 시효는 3년으로 알고 있다.

::답

예를 들어보자.
내가 갑에게 돈을 빌려주고[59] 담보로 갑이 발행한 약속어음을 받았다. 변제기를 두 달 후로 정했다. 두 달이 지나고 내가 권리를 행사하지 않으면 소멸시효가 진행하고 그 소멸시효기간이 모두 지나면 나는 권리행사를 할 수 없다. 나는 위 대여금채권을 변제기로부터 10년 동안 권리행사를 할 수 있지만, 어음금은 3년 동안만 권리행사를 할 수 있다.
변제기가 지나고 5년 후에 내가 갑에게 돈을 달라고 했다고 가정하자. 이때 어음금을 청구할 수는 없다. 3년이 지났기 때문이다. 따라서 어음에 집행문언 수락의 공증을 받았다고 해도 강제집행을 할 수 없다. 이때 나는 대여금채권을 달라는 원인채권을 행사할 수는 있다. 아직 10년이 되지 않았기 때문이다. 결국 채권자의 입장에서는 어음을 교부받을 때에 원인채권에 갈음하여 받기보다는 담보를 위해 받는 것이 훨씬 유리하다.
통설은 채권자의 이익을 고려하여 당사자 사이에 어음을 교부하거나 교부 받을 때 아무 말이 없었다면 원인채권을 담보하기 위해서 교부한 것으로 추정하고 있다.

---

[59] 돈을 빌려주었으니 대여금채권이고 대여금채권의 소멸시효는 10년이다. 물품대금채권이었다면 어떨까? 물품대금채권은 상사채권에 해당하여 5년일까? 아니다. 상사채권이지만 이와 같은 경우는 상법 제64조 단서에 의하여 민법 제163조 제6호가 적용되어 소멸시효는 3년이다.

9 | 어음은 선의취득의 대상이 된다

🗾 이 변호사와 홍 대리의 이야기 엿듣기

홍 대 리   선의취득이라는 것 있잖아. 어음도 선의취득이 가능한가?

이변호사   가능하지. 선의취득은 원래 동산에만 인정되고, 채권에는 인정되지 않아. 그런데 어음은 증권이라는 물체에 채권이 녹아 있는 것이라서 선의취득을 인정하지.

홍 대 리   동산의 선의취득?

이변호사   응. 동산의 '동'이라는 글 뜻은 움직인다는 것이잖아. 부동산의 반대로 생각하면 되겠네. 예를 들어 노트북도 동산이라 할 수 있지. 노트북을 샀는데, 그것이 알고 보니 장물이라고 하자. 이 경우에 노트북을 산 사람이 아무 잘못이 없는데 장물이라고 뺏기면 안 되겠지?

홍 대 리   장물이라면 훔친 물건?

이변호사   그렇지.

홍 대 리   도둑 맞은 사람은 어쩌라고?

이변호사   그 사람은 도둑놈한테 돈으로 달라고 해야지. 장물을 산 사람은 그대로 노트북을 소유하게 하는 것이고.

홍 대 리   아… 그런 식으로 해결하는구나. 어음도 마찬가지라는 것이구나.

이변호사   그렇지. 선의취득을 인정하는 이유는 거래의 안전을 위한 거야. 어음의 경우 특히 유통성을 보장하기 위한 것이지. 어음이 채권의 유통성 때문에 생긴 제도니까.

홍 대 리	어음항변이라는 것도 있는 것 같던데?
이변호사	어음항변이라…. 어음항변은 크게 인적항변과 물적항변으로 나뉘는데, 인적항변은 어음채무자가 특정의 어음소지인에게 대항할 수 있는 것이고, 물적항변은 어음채무자가 누구에게나 대항할 수 있는 것을 말해.
홍 대 리	대항이라고?
이변호사	음… 인적항변에 대한 예를 들어보자. 약속어음 발행인과 약속어음 수취인 사이에 어음이 교부되었는데, 어음교부의 원인된 계약이 무효 또는 계약에 따른 의무를 이행했다면, 수취인의 발행인에 대한 어음금 청구는 말이 안 되잖아. 예를 들어서 갑이 나한테 빌린 돈을 달라는 거야. 나는 엉겁결에 지금 돈이 없으니 어음을 발행해주겠다면서 어음을 발행해줬어. 그런데 내가 갑에게 돈을 갚았는데 기억을 못했던 것이야. 이때 나는 갑이 나중에 나에게 어음금을 달라고 하면 무슨 소리냐고 할 수 있다는 것이지. 원래 내가 돈을 갚았기 때문에 즉 원인채무가 소멸되어서 어음금을 줄 수 없다고 할 수 있는 것이지. 이때 나는 약속어음 발행인이고 갑이 약속어음 수취인이거든. 이때 발행인인 나는 수취인에게 인적항변 즉, 원인된 채무의 소멸을 주장할 수 있는 거야. 그러면서 어음금을 줄 수 없다고 할 수 있다는 것이지.
홍 대 리	아… 그렇구나. 그렇다면, 물적항변은?
이변호사	음… 어음소지인이 어음채무자한테 어음을 제시하면

서 어음금을 달라고 했다고 가정하자. 어음채무자가 돈을 주려다가 어음을 확인했더니, 배서가 연속되지 않으면, 돈을 줄 필요가 없겠지. 이때 어음채무자가 어음소지인에게 배서연속이 안 되어 있어서 돈을 주지 않겠다는 주장이 물적항변이고 돈을 줄 필요가 없는 것이지. 말 그대로 인적항변은 내가 갑에게 주장할 수 있었던 사유를 갑이 어음상 권리를 행사할 때도 그대로 행사하는 것이지만, 물적항변은 그것보다는 어음 자체가 문제가 되는 경우가 많아.

홍 대 리 아. 그렇구나. 인적항변이 절단된다는 말도 있던데?

이변호사 음… 예를 들어보자. 약속어음 발행인과 약속어음 수취인 사이에 어음이 교부되었고, 어음교부의 원인된 계약이 무효인데, 수취인이 제3자에게 배서 후 양도를 했다면, 발행인은 수취인에게 인적항변으로 대항할 수 있지만, 제3자에게는 대항을 못해. 수취인이 발행인에게 어음금을 달라면 안 주어도 되지만, 제3자가 발행인에게 어음금을 달라면 돈을 주어야 한다는 이야기지. 발행인이 제3자에게 돈을 주고 발행인에게 해를 끼친 수취인에게 다시 발행인이 돈을 받는 구조가 되겠지.

홍 대 리 그렇구나.

이변호사 다소 복잡해 보일지 몰라도 결국은 어음의 융통성 때문이라고 보면 될 거야.

홍 대 리 그렇구나.

나 법률적 쟁점 정리

(1) 어음의 선의취득[60]

(가) 의미

어음의 선의취득이란 어음취득자가 배서의 연속에 의하여 형식적 자격을 갖추고 또 악의 또는 중과실이 없는 경우에는 양도인이 무권리라 하여도 어음상의 권리를 취득하는 것[61]을 의미한다.

(나) 요건

어음법적 양도방법으로 어음을 취득하여야 하므로, 배서에 의하든지(즉, 배서+교부), 최후 배서가 백지식인 경우에는 어음의 교부(즉, 교부)에 의해야 한다.

어음은 배서의 연속에 의하여 형식적 자격이 있는 소지인으로부터 어음을 양수했어야 하며, 무권리자 등으로부터 어음을 취득했어야 한다.

어음취득자에게는 악의나 중대한 과실이 없어야 하며, 독립된 경제적 이익을 보유해야 한다.

(다) 효과

선의취득이 인정되면 어음취득자는 어음상의 권리를 취득한다.

예를 들어보자. 내가 어음을 갑에게 발행했다. 그런데 어음을 발행

---

[60] 어음법 제16조 제2항
[61] 정찬형, 상법강의(하), 박영사, 2007. 305면 이하

하게 된 근거는 내가 갑에게 1,000만 원을 줄 것이 있었기 때문이었다. 그런데 나는 1년 전에 그 돈을 갑의 집사람에게 갚았다. 내가 그 사실을 잊고 있었던 것이다. 갑에게 확인을 요구해보니 갑의 집사람이 돈을 받았다고 한다. 돈을 주고 내가 어음을 회수하지 않았었는데, 불행하게도 갑은 그 어음을 도난당했다. 그 어음을 훔친 사람이 그 어음을 을에게 넘겼고, 을은 어음의 선의취득 요건을 모두 충족한 상태였다. 이때 을이 나에게 어음금 청구를 한다면 어음금을 주어야 한다.

위와 같은 경우에 갑이 나에게 어음을 제시하면서 어음금을 달라고 할 수 있을까? 나는 갑에게 인적항변 즉 돈을 갑의 집사람에게 주었다는 항변을 하면서 갑의 어음금청구를 배척할 수 있다(다만, 갑이 갑의 집사람에게 돈을 받을 권리를 주었다는 사실을 내가 입증해야 할 것이다. 그러나 갑과 갑의 집사람 사이의 부부관계가 원만하다면 사실상 문제가 되지 않을 것이다).

(2) 어음의 항변

(가) 의미

어음항변이란 어음채무자가 어음소지인에 대하여 어음상의 권리의 행사를 거절하기 위하여 제출할 수 있는 모든 항변을 의미[62]하는데, 어음의 융통성을 보호하고 피지급성을 확보하기 위하여 어음항변이 제한(예: 인적항변의 절단)되고 있다.

---

[62] 정찬형, 상법강의(하), 박영사, 2007. 365면 이하

(나) 인적항변과 물적항변

1) 인적항변

인적항변이란 어음채무자가 특정의 어음소지인에게 대해서만 대항할 수 있는 항변을 의미하고, 원인관계가 부존재, 무효, 취소, 해제되었다는 당사자 사이의 항변과 융통어음의 항변 등이 이에 해당한다.

융통어음이란 타인의 자금융통을 목적으로 어음을 발행한 경우로서 발행인이 융통자이고, 어음을 교부받은 자가 피융통자가 되는데, 융통자는 피융통자에게 융통어음임을 항변하여 어음금 지급을 거절할 수 있다.

2) 물적항변

물적항변은 어음채무자가 누구에게나 대항할 수 있는 항변사유를 의미한다.

물적항변은 증권상의 항변(기본어음의 요건흠결의 항변, 소멸시효완성의 항변, 만기 미도래의 항변, 배서불연속의 항변, 어음면상 지급사실이 기재되었다는 항변 등)과 비증권상의 항변(의사무능력 또는 행위무능력의 항변, 위조 또는 변조 전에 기명날인 또는 서명한 자의 위조 또는 변조의 항변, 추인하지 않은 본인의 무권대리의 항변 등)으로 구분할 수 있다.

(다) 악의의 항변과 제3자의 항변

1) 악의의 항변

악의의 항변이란 인적항변에서만 존재하는 것인데, 어음소지인이 어음채무자에게 어음상 권리를 행사하는 경우, 어음소지인에게 해의나 악의 또는 중과실이 있으면, 어음채무자가 어음소지인의 전자에 대하여 가지고 있는 인적항변을 주장하여 채무이행을 거절할 수 있는 항변을 의미한다.

2) 제3자의 항변

제3자의 항변이란, 어음항변의 당사자가 아닌 어음채무자가 다른 어음채무자의 항변 사유를 주장하는 것을 의미하는데, 어음소지인이 어음상의 권리를 행사할 실질적 원인관계가 없음에도 불구하고 어음을 반환하지 않고 자기가 소지하고 있음을 기화로 어음채무자에게 어음상의 권리를 행사하는 것은 권리남용에 해당하여 어음채무자는 어음소지인의 어음금지급을 거절할 수 있다(권리남용설).

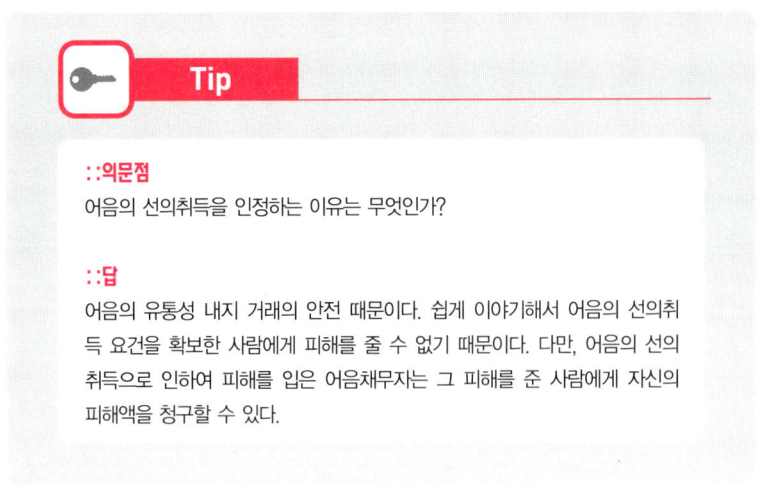

::의문점
어음의 선의취득을 인정하는 이유는 무엇인가?

::답
어음의 유통성 내지 거래의 안전 때문이다. 쉽게 이야기해서 어음의 선의취득 요건을 확보한 사람에게 피해를 줄 수 없기 때문이다. 다만, 어음의 선의취득으로 인하여 피해를 입은 어음채무자는 그 피해를 준 사람에게 자신의 피해액을 청구할 수 있다.

10 | 어음의 지급이 거절되면 소구권을 행사하라

🗝 이 변호사와 홍 대리의 이야기 엿듣기

홍 대 리	어음채무자에게 어음금을 달라고 했는데, 지급거절을 하면 어떻게 되지?
이변호사	바로 앞서 배서를 한 사람이나, 보증인 등에게 소구를 하면 되지.
홍 대 리	소구?
이변호사	응. 어음채무자가 지급을 거절할 때 다른 어음상의 의무자들에게 어음금을 달라는 것을 소구라고 해.
홍 대 리	그렇구나. 내가 소구를 당했다면 어쩌지?
이변호사	네가 소구를 당했다면, 네 바로 앞에 배서를 한 사람에게 소구를 할 수 있지. 그걸 재소구라고 해. 이것도 저것도 안 되면 이득상환청구라는 것도 있고.
홍 대 리	이득상환청구?
이변호사	응. 소구권이나 어음채권이 시효로 소멸하면 다른 방법이 없어지거든. 이때 일정요건을 갖추면 어음상 권리가 소멸됨으로써 이득을 얻는 자에게 이득상환청구라는 것을 할 수 있지.
홍 대 리	그렇구나.

제1편 **87**

🔴 나 법률적 쟁점 정리

(1) 소구와 재소구

(가) 소구의 의미와 소구의 당사자

소구란 어음의 만기에 지급 거절되었거나 만기 전에 인수거절 또는 지급가능성이 현저하게 감소되었을 때에 어음소지인이 전자에 대하여 어음금액 기타 비용을 청구하는 것으로 어음금 지급의 확실성을 신뢰한 자를 보호하기 위한 법정담보책임이라 할 수 있다[63].

소구권자는 어음의 적법한 소지인, 어음소지인의 소구에 응하여 그 의무를 이행하고 어음을 회수한 배서인, 의무를 이행한 보증인, 어음채무를 변제한 무권대리인 등이 될 것이고, 소구의무자는 어음소지인의 전자인 배서인(환어음, 약속어음, 수표의 경우), 발행인(환어음, 수표의 경우), 보증인 등이 될 것이다.

약속어음의 발행인과 환어음의 인수인은 주채무자로써 소구의무자가 아니다.

(나) 소구의 요건

1) 실질적 요건[64]

어음소지인이 만기에 지급될 것이 불확실한 일정한 경우에 만기 전 소구가 가능하고, 만기 후에는 정당한 어음상의 권리자가 제급제

---

63 정찬형, 상법강의(하), 박영사, 2007. 338면 이하
64 어음법 제43조

시 기간 내에 적법한 절차와 장소에서 지급제시를 하였음에도 지급을 거절하여야 소구가 가능하다.

2) 형식적 요건[65]

인수 또는 지급의 거절은 공정증서에 의하여 증명되어야 하는데, 위와 같은 공정증서는 그 작성기간 내에 작성되어야 한다. 다만, 거절증서의 작성이 면제된 경우에는 거절증서의 작성이 필요 없다.

(다) 소구의 내용

1) 소구의 통지

어음소지인과 배서인의 소구와 관련된 통지의무가 있으나[66], 통지는 소구권행사의 요건이 아니므로 통지를 하지 않았다고 하여 소구권을 잃지 않으나, 손해배상책임을 부담할 수는 있다[67].

2) 소구금액

소구금액은 지급되지 않은 어음금액, 이자의 기재가 있으면 그 이자, 연 6푼의 만기 후의 이자, 거절증서작성비용과 통지비용이 포함된다.

재소구금액은 지급한 총금액, 총금액에 대한 연 6푼의 지급일 이후의 이자, 기타 비용이 포함된다.

3) 소구방법

소구의무자의 채무부담 순서에 상관없이 전원에 대하여도 소구를

---

65 어음법 제44조, 제46조
66 어음법 제45조 제1항
67 어음법 제45조 제6항

할 수 있다.

소구권자는 어음을 제시하고, 소구의무자는 어음, 거절증서, 영수를 증명하는 계산서와 상환으로 소구의무를 이행한다.

(라) 재소구

1) 재소구의 의미

재소구란 어음소지인 또는 자기의 후자에 대하여 소구의무를 이행하고 어음을 환수한 자가 다시 자기의 전자에 대하여 소구하는 것을 의미한다.

2) 재소구의 요건

소구의무자가 적법하게 소구의무자에게 지급제시를 하고 지급거절을 당하여 거절증서를 작성한 소구권자에게 소구의무를 유효하게 이행했어야 하며, 소구의무자는 유효한 어음, 거절증서, 영수를 증명하는 계산서를 소구권자로부터 교부받아 소지하고 있어야 한다[68].

(2) 이득상환청구권[69]

(가) 의미 및 성질

이득상환청구권이란 어음 또는 수표상의 권리가 보전절차의 흠결 또는 소멸시효로 인하여 소멸한 경우에 어음 또는 수표의 소지인이 증권상의 채무자(발행인, 인수인, 배서인)에 대하여 그 받은 이익의 상

---

[68] 어음법 제50조 제1항
[69] 어음법 제79조

환을 청구할 수 있는 권리를 의미한다[70].

이득상환청구권은 법률규정에 의하여 어음의 효력이 소멸할 당시 소지인에게 부여된 지명채권이라 할 수 있다(판례취지[71]).

(나) 당사자

어음상의 권리가 절차의 흠결 또는 시효로 인하여 소멸할 당시의 정당한 어음소지인이 권리자가 되고, 어음상권리의 소멸로 인하여 실질적 이익을 얻은 자(발행인, 배서인, 인수인 등)가 의무자가 된다.

(다) 발생원인

어음상의 권리가 절차의 흠결(소구권 보전을 위한 소구요건을 흠결한 경우) 또는 시효로 인하여 소멸해야 하고, 어음소지인이 다른 구제수단을 갖지 아니해야 하며, 어음상 권리의 소멸로 인하여 어음채무자가 어음상채무가 아닌 원인관계에서 현실로 재산상 이득을 취득해야 한다.

(라) 양도

양도는 지명채권양도 방식(양도인의 통지 또는 채무자의 승낙)에 의해야 한다. 이득상환청구권에 대한 선의취득은 인정되지 않으며, 어음상 권리에 존재하는 담보, 보증 등은 특약이 없는 한 이득상환청구권을 담보하지 않는다.

---

[70] 정찬형, 상법강의(하), 박영사, 2007, 394면 이하
[71] 대법원 69다1370 판결

(마) 행사

이득상환청구권은 그 행사를 위해 증권을 필요로 하지 않으며, 약속어음을 소지하고 이득상환청구권을 행사하는 사람은 권리발생의 모든 요건을 입증해야 한다.

(바) 소멸시효

이득상환청구권의 성질이 지명채권임을 고려하면, 그 소멸시효는 10년으로 보아야 할 것이다.

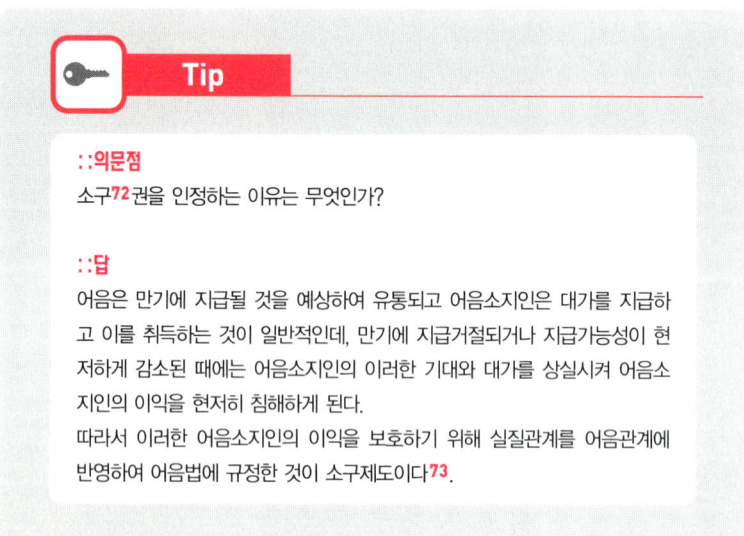

::의문점
소구[72]권을 인정하는 이유는 무엇인가?

::답
어음은 만기에 지급될 것을 예상하여 유통되고 어음소지인은 대가를 지급하고 이를 취득하는 것이 일반적인데, 만기에 지급거절되거나 지급가능성이 현저하게 감소된 때에는 어음소지인의 이러한 기대와 대가를 상실시켜 어음소지인의 이익을 현저히 침해하게 된다.
따라서 이러한 어음소지인의 이익을 보호하기 위해 실질관계를 어음관계에 반영하여 어음법에 규정한 것이 소구제도이다[73].

---

[72] '소구'를 '상환청구'라고도 한다.
[73] 정찬형, 상법강의(하), 박영사, 2007. 338면

11 | 담보에는 물적담보와 인적담보가 있다

🆖 이 변호사와 홍 대리의 이야기 엿듣기

홍 대 리 담보, 담보 하는데, 담보에는 어떤 것이 있지?

이변호사 크게 보면, 인적담보와 물적담보가 있지. 인적담보에서 가장 많이 활용되는 것이 연대보증이고, 물적담보에서 가장 많이 활용되는 것이 저당권이나 근저당권이지.

홍 대 리 연대보증이나 저당권은 사실 많이 들어봤지만 정확한 의미는 잘 모르겠어.

이변호사 음… 연대보증이란 연대보증인이 주채무자와 연대하여 채무를 부담하는 것으로 주채무자와 똑같은 채무를 부담한다고 보면 좀 쉬울 거야. 주채무자가 먼저 갚아야 되는 것이 아니거든. 채권자는 돈 많은 사람을 연대보증인으로 세울 것을 요구할 것이고. 주채무자가 스스로 돈을 갚지 않으면, 주채무자보다 돈이 많은 연대보증인에게 바로 돈을 달라고 할 수 있고, 연대보증인은 채권자에게 주채무자에게 먼저 돈을 요구하라고 말할 수 없어. 그냥 줘야 되는 거지.

홍 대 리 단순보증하고 다른 거지?

이변호사 그렇지, 단순보증은 보증인이 채권자에게 주채무자에게 먼저 청구하라고 요구할 수도 있거든.

홍 대 리 그렇구나. 저당권은?

이변호사 돈을 빌린 다음에 자기가 가진 부동산에 저당권을

	설정해주면, 그 부동산을 계속 사용하는 것은 가능하지만, 돈을 갚지 않으면 채권자가 등기부상 저당권을 근거로 소송 없이 경매를 신청할 수 있고, 경매로 부동산을 판 돈에서 자기의 채권을 확보하는 구조지.
홍 대 리	음… 질권이라는 것도 있던데… 질권은 물건까지 넘겨주는 것인가?
이변호사	그렇지. 저당권은 저당권을 설정해준 채무자가 부동산을 사용할 수 있는 장점이 있지만, 질권은 질권을 설정해준 동산 등을 채권자에게 넘겨주게 돼. 그런 면에서는 저당권이 좀 더 실용적이라고 할 수 있지.
홍 대 리	물상보증인이라는 것도 있던데?
이변호사	저당권을 채무자가 설정해주는 것이 일반적이겠지만, 채무자가 자기 부동산이 없으면, 가족 등의 부동산에 저당권을 설정해주기도 하지. 저당권을 설정해준 채무자의 가족 등을 물상보증인이라고 해. 물건으로 보증을 서주었다는 의미지.
홍 대 리	그렇구나.

나 법률적 쟁점 정리

(1) 담보의 의의

(가) 담보의 의미

담보란 금전채권자가 금전채권의 일반적 효력에 만족하지 않고 그것을 더 보강해서 채권의 실현을 확보하기 위한 수단을 말한다.

(나) 인적담보와 물적담보의 의미

인적담보는 금전채권의 실현에 있어서 그 거점이 되는 책임재산으로서 채무자의 재산뿐만 아니라 다른 제3자의 책임재산도 추가하는 방법에 의한 담보제도인 반면, 물적담보는 책임재산을 이루고 있는 재화 중의 어느 특정의 것을 가지고 채권의 담보에 충당하는 제도라고 할 수 있다.

인적담보제도는 담보로서의 효력이 불확실하나 그 절차가 간편[74]하며, 물적담보제도는 채권자의 지위를 확실하게 하나 절차가 복잡하고 번거로운 결점[75]이 있다.

(2) 인적담보의 종류 및 의미

(가) 인적담보의 종류

인적담보에는 채권의 효력을 강화하는 작용 내지 담보적 기능을 하는 연대채무와 불가분채무가 있고, 오로지 채권담보를 위한 보증채무가 있다.

보증채무에는 연대보증, 공동보증, 근보증, 부보증, 구상보증, 배상보증 등이 있다.

---

[74] 인적담보는 대체적으로 계약서에 서명하는 것으로 족한 경우가 대부분이다.
[75] 등기부에 (근)저당권 등의 담보설정을 기입하거나 질권 등의 경우 통지 또는 승낙 및 질물 인도 등의 절차가 필요하다.

(나) 각 인적담보의 의미

1) 연대채무[76]

수인의 채무자가 동일한 내용의 급부에 관하여 각각 독립해서 전부의 급부를 해야 할 채무를 부담하고 그 중 1인의 채무자가 전부의 급부를 하면 모든 채무자의 채무가 소멸하는 다수당사자의 채권관계를 의미한다[77].

2) 부진정연대채무

연대채무와 유사하나, 채무자 사이에 구상관계가 존재하지 않은 점(이 부분은 견해가 대립함)과 채권을 만족시키는 사유를 제외하고 절대적 효력 사유가 없는 점이 연대보증과 차이가 있어, 연대채무에 비하여 채권담보 효력이 크다[78]. 다만, 연대보증의 경우 연대채무자 사이에 구상관계가 있음은 의문이 없으나, 부진정연대채무의 경우에는 채무자 사이의 구상관계인정 여부에 대하여 다툼이 있다[79].

3) 불가분채무

수인이 불가분 급부를 이행해야 할 채무를 의미[80]하는데, 예를 들

---

[76] 민법 제413조, 제414조
[77] 송영곤, 민법기본강의, 유스티니아누스, 2004. 933면
[78] 송영곤, 민법기본강의, 유스티니아누스, 2004. 945면
[79] 부진정연대채무의 경우에 채무자 사이에 구상권을 인정하지 않는 것이 학설의 다수설로 보이나, 부진정연대채무라고 하여 당연히 구상권이 부정되는 것은 아니며, 구체적 사정에 따라 다르게 판단되어야 할 것이다. 판례도 차량충돌 사고와 같은 공동불법행위자의 연대책임에 있어 각 그 운전자의 과실 정도에 따라 부담부분이 정해질 것이므로 그 중 어느 한편이 단독으로 피해자에게 손해를 배상하였다면 그는 다른 한편에 대한 구상권에 의하여 부담부분을 청구할 수 있다고 한다(대법원 96다50896 판결).
[80] 송영곤, 민법기본강의, 유스티니아누스, 2004. 931면

어 갑과 을이 공유하는 건물을 병에게 파는 경우 갑과 을의 건물인도 채무는 불가분채무이다.

4) 단순보증[81]

주된 채무자가 그의 채무를 이행하지 않는 경우에 이를 이행하여야 할 채무를 의미하는 것으로 채권자와 보증인 사이의 보증계약에 의하여 성립하며, 채권자가 보증인에게 청구를 하면 보증인은 최고와 검색의 항변(보충성)을 할 수 있다[82]. 즉 채권자가 주된 채무자에게 청구하지 않고 보증인에게 먼저 청구하면, 보증인은 주된 채무자에게 먼저 청구할 것(최고)과 주된 채무자의 재산을 확인해볼 것(검색)을 요구할 수 있다.

5) 연대보증

보증인이 채권자에 대하여 주채무자와 연대하여 채무를 부담함으로써 주채무의 이행을 담보하는 보증채무[83]로, 단순보증과 다른 점은 최고와 검색의 항변을 할 수 없고(보충성이 없음)[84], 공동보증인 상호간에 분별의 이익이 없다는 점이다. 다만, 단순보증과 마찬가지로 부종성은 인정된다.

6) 공동보증

동일한 주채무에 대하여 수인이 보증채무를 부담하는 것으로 원칙

---

[81] 민법 제428조 제1항
[82] 송영곤, 민법기본강의, 유스티니아누스, 2004. 951면 이하
[83] 송영곤, 민법기본강의, 유스티니아누스, 2004. 972면
[84] 즉, 연대보증인은 채권자가 주된 채무자에게 먼저 청구하지 않고 바로 연대보증인에게 청구할 경우 '주된 채무자에게 먼저 청구해보고 나에게 오라.'는 취지의 요구를 할 수 없고, 채권자의 요구에 따라 채무를 이행하여야 한다.

적으로 보충성과 분별의 이익이 있다. 공동보증은 반드시 수인의 보증인의 존재를 전제하나 연대보증은 보증인이 수인일 필요가 없다[85].

7) 근보증(계속적 보증 또는 신용보증)

계속적 금융거래, 계속적 매매와 같은 계속적 거래에 기하여 발생하고 일정한 시기의 결산에 의하여 확정하는 주채무를 위한 보증을 의미한다[86].

계속적 보증에 있어 보증인은 대체적으로 회사의 이사 등이 회사를 살리기 위해 하는 경우가 많다. 판례는 위와 같은 사정을 고려해, 일정한 경우 보증채무범위와 보증책임 및 보증채무의 상속성에 제한을 가하고 있다.

즉, 이사가 계속적 보증을 했다가 그 직을 그만둔 경우에 보증의 기초된 사정에 중대한 변경이 있는바 해지권을 인정[87]함으로써 보증채무범위를 제한하며, 채무의 액수가 보증인이 보증 당시에 예측한 범위를 상회하고, 그 같은 주채무 과다발생의 원인이 채권자가 주채무자의 자산상태가 현저히 악화된 사실을 잘 알면서도 이를 모르는 보증인에게 아무런 통지나 의사타진도 없이 고의로 거래규모를 확대함에 연유하는 등 신의칙에 반하는 특별한 사정이 인정되는 경우에 한하여 보증책임을 제한[88]하며, 보증한도액이 정해진 경우에는 특별

---

[85] 송영곤, 민법기본강의, 유스티니아누스, 2004. 972면
[86] 송영곤, 민법기본강의, 유스티니아누스, 2004. 979면
[87] 대법원 92다10890 판결. 다만, 확정된 채무를 보증한 경우에는 이사직을 사임해도 그에 대한 책임을 부담한다.
[88] 대법원 91다9091 판결 등

한 사정이 없는 한 상속인들이 보증인의 지위를 승계하는 것이고, 보증기간과 보증한도액의 정함이 없는 계속적 보증계약의 경우에는 보증인의 지위가 상속인에게 상속된다고 할 수 없고 다만 기왕에 발생된 보증채무만이 상속된다[89]고 하여 보증채무의 상속성을 제한하고 있다.

8) 부보증

보증채무를 다시 보증하는 것을 의미한다.

9) 구상보증(역보증)

보증인이 채권자에게 변제한 때에 가지게 되는 주채무자에 대한 구상채권을 보증하는 것으로 보증인과 구상보증인 사이의 계약으로 성립한다.

10) 배상보증

채권자가 주채무자로부터 이행을 받지 못한 부분에 관해서만 보증하는 것으로 주채무자로부터 이행받지 못했음을 채권자가 입증해야 한다.

(3) 물적담보의 종류 및 의미

(가) 물적담보의 종류

1) 제한물권의 법리에 의한 것

법정담보물권으로 유치권, 법정질권, 법정저당권, 우선특권(근로기

---

[89] 대법원 2000다47187 판결

준법상 임금우선특권, 주택임대차보호법 및 상가건물임대차보호법상 보증금 우선특권, 상법상 각종 우선특권 등) 등이 있다.

약정담보물권으로 질권, 저당권, 전세권 등이 있다.

2) 소유권이전 법리에 의한 것

양도담보, 환매, 재매매의 예약, 대물변제의 예약, 매매의 예약, 소유권유보부매매, 가등기 담보 등이 있다.

(나) 각 물적담보의 의미

1) 유치권[90]

유치권이란 타인의 물건 또는 유가증권을 점유한 자가 그 물건이나 유가증권에 관하여 생긴 채권을 가지는 경우에 그 채권의 변제를 받을 때까지 그 물건 또는 유가증권을 유치할 수 있는 권리를 의미한다[91].

2) 질권[92]

질권이란 채권자가 채권의 담보로서 채무자 또는 제3자(물상보증인)로부터 받은 동산 또는 재산권을 채무의 변제가 있을 때까지 유치함으로써 채무의 변제를 간접적으로 강제하는 동시에 변제가 없는 때에는 그 목적물로부터 우선적으로 변제받는 권리를 의미한다[93].

3) (근)저당권

채무자 또는 제3자(물상보증인)가 채무의 담보로 제공한 부동산 기

---

[90] 민법 제320조 제1항
[91] 송영곤, 민법기본강의, 유스티니아누스, 2004. 694면
[92] 민법 제329조, 제345조
[93] 송영곤, 민법기본강의, 유스티니아누스, 2004. 705면

타의 목적물을 채권자가 제공자로부터 인도받지 않고서 그 목적물을 다만 관념상으로만 지배하여 채무의 변제가 없는 경우에 그 목적물로부터 우선변제를 받는 담보물권을 의미한다[94].

4) 전세권[95]

전세금을 지급하고서 타인의 부동산을 그의 용도에 좇아 사용·수익하는 용익물권이며 전세권이 소멸하면 목적부동산으로부터 전세금의 우선변제를 받을 수 있는 효력이 인정되는 담보물권성을 보유한 권리이다[96].

5) 양도담보

양도담보란 채권담보를 위해 담보목적인 재산권을 채권자에게 이전하고 채무불이행시는 채권자가 그 목적물로부터 우선변제를 받지만, 채무이행시에는 목적물을 그 소유자에게 반환하는 방법에 의한 비전형담보를 의미한다[97].

6) 소유권유보부매매

매매대금을 일정기간 동안에 분할하여 일정기마다 계속하여 지급할 특약이 붙은 매매인 할부매매 중에서 대금채권의 확보를 위해 소유권을 매도인에게 유보시킨 매매를 의미한다.

---

[94] 송영곤, 민법기본강의, 유스티니아누스, 2004. 723면
[95] 민법 제303조 제1항
[96] 송영곤, 민법기본강의, 유스티니아누스, 2004. 663면
[97] 송영곤, 민법기본강의, 유스티니아누스, 2004. 791면 이하

7) 가등기담보

가등기 담보란 채권자와 채무자 사이에 담보목적물에 대하여 대물변제의 예약이나 매매예약 등을 하고 채무불이행시에 채권자가 그 소유권을 취득할 수 있도록 소유권이전청구권보전의 가등기를 하는 방법에 의한 물적 담보수단을 의미한다[98].

::의문점
단순보증은 보충성과 분별의 이익이 있고, 연대보증은 보충성과 분별의 이익이 없다는데, 보충성 및 분별의 이익의 의미가 무엇인가?

::답
예를 들어보자. 갑이 을에게 채권 300만 원을 가지고 있다. 이때, A, B, C가 보증을 서주었다. 이때 갑이 채권자, 을이 주채무자, A, B, C가 보증인이 된다.

단순보증을 가정하자. 변제기가 되면 갑은 보증인에게 돈을 달라고 하기 전에 먼저 을에게 돈을 달라고 해야 한다(보충성이 있음). 을이 돈이 없다면, 그 다음에 갑은 보증인인 A에게 100만 원, B에게 100만 원, C에게 100만 원을 달라고 할 수 있을 뿐이다(분별의 이익이 있음).

연대보증을 가정하자. 변제기가 되면 갑은 을에게도 돈을 달라고 할 수 있지만 을에게 돈을 달라고 하기 전에 보증인에게 먼저 돈을 달라고 할 수 있다(보충성이 없음). 또 갑은 보증인인 A, B, C 모두에게 각각 300만 원을 달라고 할 수 있다(분별의 이익이 없음). 갑은 을, A, B C 중 어느 누구로부터도 돈 300만 원을 받으면 되는 것이다.

---

98 송영곤, 민법기본강의, 유스티니아누스, 2004. 783면 이하

제2편

임의회수

 임의회수의 기본

 key point

- 채무자가 약속된 날짜에 채무를 이행하지 않을 경우에 채무이행 독촉을 해야 할 것인데, 독촉장을 내용증명우편으로 보내는 것이 나중에 소송으로 가는 것을 고려했을 때 유용하다.
- 채무자의 채권 즉 채무자가 다른 사람에게 가지고 있는 채권을 양도받는 방법으로도 채권회수를 할 수 있다. 이때에는 채무자가 그 다른 사람에게 통지를 하든지, 그 다른 사람이 채권자나 채무자에게 승낙을 해야 한다.
- 채무자의 물건을 양도받음으로써 채권을 회수할 수도 있다.
- 채무자의 채무를 다른 사람에게 인수시켜 그 사람으로부터 채권을 회수할 수도 있다. 이때 채권을 회수하는 채권자의 입장에서는 면책적 채무인수보다 병존적 채무인수가 좋다.
- 채무자로부터 채무자가 다른 사람에게 가지고 있는 채권을 대신 변제받을 수 있는 권한 즉 변제수령대리권을 채무자로부터 부여받아 채권을 회수할 수도 있다.
- 회사에 채권을 가지고 있는데, 그 회사가 다른 회사에 합병되었다면, 특별한 사정이 없는 한 회사를 합병한 그 다른 회사에 채권을 청구할 수 있다.

- 채무자가 사망했다면, 그 상속인에게 채권을 청구하면 된다. 다만, 상속인이 상속포기를 했다면, 동순위의 다른 상속인이나 차순위 상속인에게 채권을 청구해야 하고, 상속인이 한정승인을 했다면 피상속인(사망한 채무자)의 남은 재산을 대상으로 해서만 채권을 확보할 수 있다.
- 어음을 분실했다면 분실신고 후에 제권판결을 받아야 한다. 제권판결을 받으면 어음을 분실해서 현재 어음을 소지하지 않고 있더라도, 어음금을 청구할 수 있다.
- 다른 채권자가 부동산 등에 강제집행을 실시할 때 배당을 신청하는 방법 등으로 채권을 회수할 수 있다.
- 채권행사는 그 채권이 살아있어야 한다. 즉 채권이 소멸시효에 걸려버렸다면 권리행사를 해도 채권을 확보할 수 없다. 따라서 각 채권의 소멸시효기간을 확인하여 소멸시효기간이 지나기 전에 권리행사를 해야 한다.

홍 대리가 영업팀에서 법무팀으로 옮긴 지 3일째 되는 날이다.

홍 대리가 근무하는 회사는 주방용품을 제작·판매하는 작은 회사라서 법무팀에는 두 명이 근무하고 있었는데, 최근 한 명이 회사를 옮기면서, 홍대리가 법무팀으로 가게 된 것이다.

기존에 법무팀장은 박 팀장으로 홍 대리와 함께 일하게 되었다.

박 팀장은 법대를 나와 법무팀에서 일한 기간만 7년이 된 베테랑이었다.

박 팀 장   법무팀에서 채권독촉을 해보니까 어때?
홍 대 리   전화로 한다고 해도 사람을 대하는 거라서 그런지 쉽지는 않은 것 같습니다. 욕설을 퍼붓는 사람도 있고요.
박 팀 장   그렇지? 우선 우리가 주로 하는 업무가 물품대금을 회수하는 일이니까, 추심에 대해 각별한 관심이 필요하고, 공부도 좀 해야 될거야.
홍 대 리   알겠습니다.
박 팀 장   우선 채권회수의 기본은 임의회수라고 할 수 있는데, 일이 그리 어려운 것은 아니야. 하지만 처음 일하는 입장에서는 주의할 것도 많지. 차근차근 배워나가면 되니까, 너무 조급하게 생각하지 말고.
홍 대 리   알겠습니다.

하루종일 전화통을 붙들고 채권회수를 독촉하던 홍 대리는 일을 마치고 집으로 향했다.

집에 돌아온 홍 대리는 박 팀장이 말한 임의회수의 내용이 궁금해서, 조금 망설이다가 이 변호사에게 전화를 걸었다.

홍 대 리	이 변호사? 나야.
이변호사	어… 무슨 일 있니?
홍 대 리	무슨 일이 있는 것은 아니고, 오늘 우리 법무팀 팀장이 임의회수 이야기를 꺼내면서 공부를 하라는데, 뭘 어떻게 해야 할지 몰라서…. 우선 임의회수에 대해서 알고 싶어서 전화했어.
이변호사	음… 임의회수라…. 임의회수라면 말 그대로 소송 없이 채권자가 채무자로부터 돈을 받는다는 것 같은데… 임의회수라는 법률용어가 별도로 있는 것은 아니거든….
홍 대 리	아… 그래?
이변호사	임의회수라고 해서 생각할 수 있는 것은 우선 전화독촉이겠지, 너희 회사 같으면 전화로 물품대금을 빨리 갚으라는 전화 말이야.
홍 대 리	요즘 내가 하고 있는 것인데….
이변호사	전화독촉, 그리고 대면접촉해서 돈을 달라는 것하고, 또 그래도 돈을 갚지 않으면 내용증명우편을 통해서 돈을 달라고 할 수도 있고….
홍 대 리	내용증명우편?
이변호사	응… 내용증명우편이라는 것은 돈을 언제까지 갚기로 했는데, 현재 주지 않고 있다는 내용과 그에 따른 이자 등을 언제까지 갚고, 돈을 우리가 제시한 날짜까지

갚지 않으면, 법적절차에 착수하겠다는 내용의 편지를 보내는 것인데, 우체국에서 그 편지를 보관함으로써 내용이 증명되는 것이라고 보면 돼. 나중에 소송에서 증거자료로 활용하기도 좋고.

홍 대 리 아~.

이변호사 상대방이 당장 돈이 없다면, 상대방이 다른 사람에게 가지고 있는 채권을 우리가 양도받을 수도 있는데, 이를 채권양도라고 하지. 변제수령대리권 즉 돈을 받는 대리권을 양도받을 수도 있고…. 돈을 받는 대리권을 양도받게 되면, 대신 수령한 돈으로 상계해서 채권을 회수할 수도 있고…. 이것도 임의회수로 볼 수 있겠지.

홍 대 리 채권양도와 변제수령대리권이라….

이변호사 그리고, 상대방이 돈이 없을 뿐만 아니라 상대방이 다른 사람으로부터 받을 채권도 없다면, 상대방의 채무를 상대방의 가족 등에게 인수시킬 수도 있어. 상대방의 채무를 대신 갚겠다는 거지. 이를 채무인수라고 해….

홍 대 리 채무인수라…. 근데 왜 상대방의 가족들이 채무를 대신 갚겠다고 하지?

이변호사 여러 사정이 있을 수 있지…. 상대방이 처음부터 돈을 줄 생각 없이 우리 물품을 가져갔다면 사기죄가 될 수도 있는데, 실제 그렇다면 우리가 사기로 고소하겠다고 하면서 채무인수를 해달라고 하면 해줄 수도 있는 것이고, 여러 가지 이유가 있을 수 있지.

홍 대 리	그렇구나.
이변호사	상대방이 아예 돈이 없고, 사기친 것도 아니라면 상대방의 동산을 양도받을 수도 있지. 또 다른 방법으로 생각할 수 있는 것은 우리 말고 다른 채권자가 상대방의 부동산 등을 경매신청한 경우에 거기서 배당하고 남은 돈을 받을 수도 있고…. 그런데 경매까지 갔다면 사실상 배당금이 남아 있지는 않을 거야.
홍 대 리	많기도 하네… 그런데 상대방이 죽으면 어떻게 되지?
이변호사	상속인이 채무자가 되는 것이니까 상속인에게 청구해야겠지…. 회사가 합병될 때도 마찬가지로 합병된 회사에 대해 채권이 있다면 합병을 한 회사에 채권을 청구하면 되지.
홍 대 리	상대방이 회사일 때 합병 말고, 특히 주의할 것이라도 있나?
이변호사	상대방이 회사라면, 회사가 껍데기에 불과한지를 파악하고, 대표자 등 임원으로부터 연대보증을 받아두는 것이 필요해. 나중에 문제되면 임원의 개인재산을 강제집행하면 되니까.
홍 대 리	갑자기 생각난 것인데 어음 말이야. 우리가 받아둔 어음을 잃어버리면 어떻게 되니?
이변호사	분실신고 하고 제권판결이라는 것을 법원으로부터 받으면 큰 문제없이 해결할 수 있어.
홍 대 리	그렇구나….
이변호사	그리고 뭐니 뭐니 해도 채권에서 가장 중요한 것은 소

	멸시효라고 할 수 있지.
홍대리	소멸시효?
이변호사	너희 회사는 주로 물품대금채권을 가지고 있으니 3년 안에 권리행사를 해야 돈을 받게 돼.
홍대리	물품대금을 주기로 한 날로부터 3년을 말하는 거니?
이변호사	그렇다고 봐야지. 각 채권의 성격에 따라 시효기간이 다르니까 그때그때 파악해서 권리행사를 해야지.
홍대리	권리행사라면 어떤 것을 의미하는 거지?
이변호사	내용증명우편 보내는 것도 권리행사이고 전화로 독촉하는 것도 권리행사인데, 전화로 독촉한 것은 소송으로 가면 입증이 어려우니까 최소한 내용증명우편을 보내야지. 내용증명우편 보내는 것을 법에서는 최고라고 하는데, 내용증명우편 보내는 것으로는 약간 불충분하고 보낸 후 6개월 내에 가압류를 하든지 소송을 제기하든지 해야 진정한 권리행사가 된다고 보면 돼.
홍대리	그렇구나. 당장은 잘 모르겠지만 많은 도움이 됐다. 다음에 연락할게.
이변호사	그래….

❖ 실전 임의회수

1 | 채무이행을 독촉하는 내용증명우편을 발송하라

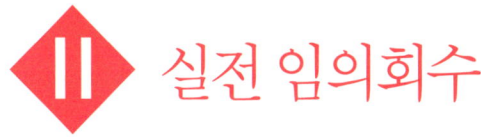 이 변호사와 홍 대리의 이야기 엿듣기

홍 대 리   내용증명우편말야. 보내는 방법하고, 내용증명우편을 활용하면 어떠한 효과가 있는지 궁금해서~.

이변호사   내용증면우편 보내는 것은 그리 어렵지 않아. 편지를 써서 보내는데, 편지에 채무를 독촉하는 내용을 쓰는 것뿐이거든. 편지 원본 1통과 복사본 2통을 가지고 우체국에 가서 내용증명우편 보내러 왔다고 하면 만 원 안팎의 돈을 내고 상대방에게 내용증명우편을 발송하게 되지. 내용증명우편이라는 취지의 도장을 찍어서 1통은 보내는 사람이, 1통은 우체국이 각자 보관하고, 1통은 상대방에게 보내는 거지. 내용증명우편을 활용하는 이유는 아무래도 서면으로 최고를 하면 돈을 주는 경우도 있고, 또 소송으로 갈 경우에 증거자료를 만들어두는 의미도 있지.

홍 대 리   내용증명우편이 소송에서 증거가 된다고?

이변호사   내용증명우편의 내용이 증거로 활용될 수 있는 것이지. 그런데 내용증명우편에 쓴 내용이 자신에게 유리한 증거가 되려면, 상대방이 그 내용을 법정에서 인정하든지,

아니면 내용증명우편에 대한 답변에 채무를 인정하는 취지의 글이 적혀 있어야 하지. 내용증명우편을 보냈다고 그 내용이 무조건 인정되는 것은 아냐. 실제 돈을 빌렸는데도 불구하고, 소송을 하기 전에는 나중에 갚겠다고 하다가, 소송을 하면 돈을 빌린 적이 없다고 생떼를 쓰는 경우가 있는데, 소송 전에 내용증명우편 등을 보내서 돈을 빌렸는데 갚겠다는 답변을 서면 등으로 받아두면 법정에서 엉뚱한 거짓말을 못하는 것이지.

홍대리 그렇구나.

나 법률적 쟁점 정리

(1) 내용증명의 의미[99]

내용증명이란 우편물의 특수한 취급제도의 하나로서 우정사업본부에서 당해 우편물의 내용인 문서내용을 등본에 의하여 증명하는 제도를 의미한다[100].

내용증명은 문서를 보냈다는 증거가 되며, 우체국에서 찍은 도장에 날짜가 표시됨으로써 그 내용증명우편에 확정일자를 부여하는 효

---

[99] 내용및배달증명우편이라는 것이 있다. 대체로 내용증명우편을 활용하면 좋지만, 상대방에게 나의 내용증명우편이 도달했음을 입증하기에는 내용및배달증명우편이 더 좋을 수 있다. 그러나 내용증명우편을 보낸 후 우체국 사이트에서 내가 보낸 내용증명우편이 상대방에게 도달하였음을 확인할 수 있을 뿐만 아니라, 도달 내역에 대한 출력도 가능하므로 굳이 내용및배달증명우편을 활용할 필요는 없다.

[100] 황찬욱, 한문철, 고소장·내용증명의 법률지식, 청림출판, 2002, 233면 이하 참조

과가 있다.

(2) 내용증명의 기능

시효를 중단시키기 위한 '최고('독촉'이라는 표현을 써도 무방하다.)'의 방법으로 내용증명우편을 활용하면 소송에서 시효중단을 위한 최고 사실을 입증하기 편리하고, 채무자에게 채무를 서면으로 독촉함으로써 심리적 압박을 통한 채권추심의 가능성이 높아질 수 있는 등의 기능이 있다.

(3) 내용증명의 작성 및 발송방법

내용증명우편의 작성에 일정한 형식이 있는 것은 아니지만, 독촉 내용을 복사지 등에 작성하여 사본 2부를 만들어 총 3부를 우체국에 가져가서 내용증명우편을 보내겠다고 하고, 등기우편으로 발송한다.

우체국에서는 편지의 말미에 '내용증명우편으로 제출하였음을 증명'하는 문구 및 '날짜'를 기재(실질적으로는 위와 같은 문구의 도장을 찍음)하여 1통은 우체국이 보관하고, 1통은 상대방에게 발송하며, 1통은 영수증과 같이 발송인에게 내준다.

내용증명을 분실한 경우 3년 내에 우체국에 등본 교부를 신청하면 등본을 받을 수 있다.

(4) 내용증명을 수령한 경우의 대응방법

내용증명은 그 시효중단 의미로서의 최고 또는 법적인 의사표시의 증명 이외에 특별한 법적의미는 없다. 결국 내용증명을 받은 사람은 그 내용을 파악하고 법률적 대응을 위한 준비를 하거나, 법률적 검토

후 상대방이 보낸 내용증명우편에 대한 대응으로 내용증명우편을 보낼 것인지 여부를 판단할 필요가 있다.

(5) 내용증명과 권리의 남용

내용증명을 보낼 때 주의할 것은 그 내용의 적법성일 것이다.

내용증명우편에 협박을 하는 내용이나 법률적으로 옳지 않는 내용이 포함되어 있을 경우에 내용증명우편을 보내는 사람이 오히려 어려움을 겪을 수 있다.

(6) 내용증명과 시효

시효중단사유에 '최고'라는 것이 있는데, 내용증명우편은 최고의 역할을 수행한다.

다만, 최고의 경우에는 최고 후 6개월 이내에 별도의 가압류, 소송 등의 절차를 거쳐야 하므로 내용증명을 통한 시효중단은 시효완성이 임박한 경우에 효과적일 것이다.

소멸시효가 완성되는 것이 얼마 남지 않은 긴박한 경우에 소송을 준비하는 것은 시간상 무리일 경우가 있으므로, 내용증명을 통해 한시적으로 시효를 중단시킨 후에 치밀하게 천천히 준비하여 소송 등으로 시효중단을 명확히 할 수 있기 때문이다.

(7) 내용증명의 용도

내용증명을 통하여 소멸시효를 중단시킬 수 있고, 계약해지, 계약해제, 계약취소 등을 명확히 할 수 있으며, 채권양도 통지를 내용증명우편으로 함으로써 확정일자를 부여받을 수 있다.

다 관련 서식 및 서식 설명

물품대금채권을 보유하는 사람이 채무자에게 대하여 내용증명우편으로 채무를 독촉하는 내용의 서신을 작성해보았다.

서식 9

독촉장[101]

발신인 : 경기도 (   )시 (   )면 (   )리 (   )번지
　　　　(주) (   ) 금속 대표이사 이채권
수신인 : 서울시 (   )구 (   )동 (   )번지
　　　　(주) (   ) 유통 대표이사 오채무

제 목 : 채무이행의 독촉

1. 당사에서는 2010년 ( )월 ( )일 귀사에 납품한 물품대금 10,000,000원과 이에 대한 연체이자 10%가 변제되지 않아, 귀사에 수차례에 걸쳐 변제를 요구한 사실이 있습니다.

2. 그럼에도 불구하고 귀사는 변제기일이 4개월이 지난 현재까지 전혀 변제를 하지 않고 있습니다.

3. 상기 1. 물품대금을 2010년 (   )월 (   )일까지 변제하여주시기 바라며, 만약 위 기간 내에 변제가 되지 않을 경우에는 당사에서 부득이 귀사에 민·형사[102]상 조치를 취할 수밖에 없음을 알려드립니다. 아무쪼록 귀사와 당사의 물품대금 문제가 원만히 해결되기를 기원하며, 귀사의 무궁한 발전을 기원합니다.

( )년 ( )월 ( )일

발신인 (주) ( ) 금속
대표이사 이채권 (인)

Tip

::의문점
내용증명우편을 보내면서, 이에 대한 답변을 하지 않으면 나의 주장을 모두 인정하는 것으로 알겠다고 적는 경우가 있는데, 법적으로 타당한 말인가?

::답
법적으로 타당한 말이 아니다. 내용증명우편은 법적으로는 원칙적으로 시효를 중단시키는 '최고' 또는 '법적인 의사표시' 등으로서의 의미밖에 없다.
가끔 필자의 의뢰인들이 상대방으로부터 받은 내용증명우편을 가지고 와서 그 내용증명 우편의 말미에 적혀 있는 위와 같은 문구에 대하여 질문을 하면서, 반드시 답변을 해야 하느냐고 묻는 경우가 있는데, 반드시 답변을 할 필요는 없는 것이다.
다만, 내용증명우편의 내용을 확인한 후에 반박할 내용이 있다면 그에 대한 반박내용을 적어서 보낼 것인가 여부를 고민할 필요가 있을 뿐이다.

---

101 내용증명우편의 제목은 특별한 형식이 없다.
102 형식적인 문제가 발생할 상황은 아닌 경우가 대부분이지만 대체로 이와 같이 쓰고 있다.

2 | 채권을 양도받아라

🔴가 이 변호사와 홍 대리의 이야기 엿듣기

홍 대 리 채무자의 채권을 양도받으면 담보를 취득한 것과 유사한 효과를 볼 수 있다고 하던데, 사실이니?

이변호사 음… 그렇다고 볼 수 있지. 채권자가 채무자가 가지고 있는 확실한 채권을 양도받는다면 채무를 변제받은 것과 별 차이가 없겠지.

홍 대 리 어떤 방법으로 채권을 양도받아야 하지? 부동산이라면 저당권등기를 해서 담보를 받으면 될 것 같은데, 채권양수는 어떻게 하는지 잘 모르겠네.

이변호사 채권양도는 특별한 방법이 있다고 볼 수 없지만, 대항요건이라는 것이 있고, 그 대항요건을 갖추어야 권리를 제대로 행사할 수 있어.

홍 대 리 대항요건?

이변호사 응. 채권자가 채무자의 채무자, 즉 제3채무자에 대한 채권을 양도받는 것인데, 이때 채권을 양도한 채무자가 자신의 채무자인 제3채무자에게 채권을 양도했다는 통지를 하거나, 제3채무자가 채권양도자체를 채권자 또는 채무자에게 승낙하는 방식으로 채권양도를 하면 돼. 통지의 경우는 내용증명우편을 활용하고, 승낙의 경우는 채권자, 채무자, 제3채무자가 승낙서를 함께 작성하고 공증사무소에서 공증을 받아야 확정일자가 부여되지.

홍 대 리	확정일자?
이변호사	응. 내용증명우편을 보내면 우체국에서 도장을 찍어주는데, 거기에 보낸 날짜가 찍히거든. 그것을 확정일자라고 하고, 공증사무소에서 도장을 찍어주는데, 거기에 찍힌 날짜가 확정일자야. 확정일자를 받아야 차후에 채무자의 채권을 압류한 사람들에게 권리주장이 가능하지. 그 채무자의 제3채무자에 대한 채권은 채권자의 채권이라고 주장할 수 있다는 것이지.
홍 대 리	채권양도를 받아놓으면, 채권자가 원래 채무자에 대해서 가지고 있던 채권이 없어지는 것인가?
이변호사	그럴 수도 있고, 안 그럴 수도 있지. 그러니까, 채권양도계약서 작성할 때 주의해야지. 채권을 양도받을 때, 채권을 양도받는 이유가 '~대금을 지급하기 위하여' 또는 '~대금을 담보하기 위하여'라고 적혀 있으면 채권자의 원래채권과 양수받은 채권이 모두 살아 있게 되지만, '~대금의 지급에 갈음하여'라고 적으면, 원래채권은 없어지고 양수받은 채권만 살아 있지. 아무튼 '~대금의 지급에 갈음하여'란 표현을 적지 않는다는 점만 주의하면 될 거야.
홍 대 리	그렇구나.

🟥 나 법률적 쟁점정리

(1) 지명채권양도의 의의

지명채권의 양도란 지명채권을 그의 동일성을 유지하면서 양도인으로부터 양수인에게 이전하는 법률행위를 의미[103]하는데, 여기서 지명채권이란 채권자가 특정되어 있는 채권을 말한다.

채권양도는 일정한 방식을 필요로 하지 아니하며, 물권변동 자체를 목적으로 하는 준물권행위이며, 처분행위이다.

예를 들어보자. 내가 갑에게 받을 돈이 있다. 그런데 갑이 나에게 줄 돈이 없다. 갑은 자신이 을에게 가지고 있는 대여금 채권을 나에게 넘기겠다고 한다. 갑의 대여금 채권이 채권양도의 대상이 될 수 있는 것이다. 이때 나는 채권자, 갑은 채무자, 을은 제3채무자라는 표현을 사용한다. 갑을 기준으로 하면 갑이 채권자이고 을은 채무자이며, 나는 갑의 채권자가 될 수도 있다. 이와 같이 용어 사용을 주의하면서 채권양도를 공부하면 좀 쉽게 느껴질 수 있다.

(2) 지명채권의 양도성

채권의 속성상 지명채권의 양도가 인정[104]되나, 일정한 제한이 있다. 채권양도가 제한된다는 것은 채권양도가 자유롭지 못하다는 것이며, 심하게는 채권양도가 안 된다는 이야기이다.

---

[103] 송영곤, 민법기본강의, 유스티니아누스, 2004. 989면 이하
[104] 민법 제449조 제1항 전문

(가) 채권의 성질에 의한 양도제한[105]

특정한 사람을 가리키는 채권처럼 채권자가 변경되면 급부의 내용이 전혀 달라지는 채권, 위임인의 채권과 같이 채권자가 변경되면 권리의 행사에 큰 차이가 생기는 채권, 상법상 상호계산에 편입된 채권처럼 특정채무자와의 사이에서 결제되어야 할 특별한 사유가 있는 채권, 임금채권 등이 있다. 이와 같은 채권의 경우는 채권양도가 자유롭지 못하다.

대법원은 임금채권과 관련하여 임금채권 양도를 금지하는 법 규정이 없기 때문에 임금채권을 양도할 수 있다고 하면서도 임금채권의 양수인이 사용자에 대하여 직접 임금의 지급을 청구할 수는 없다고 한다[106].

(나) 당사자의 의사표시에 의한 양도제한[107]

채권양도에 대하여 특약으로 양도를 금지할 수 있다. 다만, 채권을 양수받은 사람이 양도금지를 몰랐다면(선의, 선의에 대한 경과실), 양수가 가능하다.

당사자 사이에 양도금지의 특약이 있는 채권이라도 압류 및 전부명령에 의하여 이전할 수 있고, 양도금지의 특약이 있는 사실에 관하여 압류채권자가 선의인가 악의인가는 전부명령의 효력에 영향을 미치지 못한다.

---

[105] 민법 제449조 제1항 후문
[106] 대법원 87다카2803 판결
[107] 민법 제449조 제2항

참고로 '선의'란 선한 마음을 뜻하는 것이 아니고 '몰랐다'는 뜻이다. '악의'도 악한 마음을 뜻하는 것이 아니며, '알았다'는 뜻이다. 일반적으로 쓰는 용어와 다름에 유의한다.

(다) 법률규정에 의한 양도제한

법률은 채권자의 생활 보장 등을 목적으로 일정한 채권의 양도를 금지하고 있다. 양도금지채권은 대개 압류도 금지되며, 또한 많은 경우에 질권 설정 등 모든 처분행위가 금지된다.

(3) 지명채권양도의 대항요건

(가) 채무자(제3채무자)에 대한 대항요건

1) 채무자(제3채무자)에의 통지 또는 채무자의 승낙

지명채권의 양도는 양도인이 채무자에게 통지하거나 채무자가 승낙하지 아니하면 채무자 기타 제3자에게 대항하지 못한다[108]. 다만 채무자가 통지를 받거나 승낙할 것을 미리 포기하면 통지나 승낙이 불필요하다.

통지의 경우 양수인이 양도인의 대리인으로 통지하는 것은 가능하고, 채무자의 승낙은 양도인, 양수인 어느 쪽에 해도 무방하다.

주채무자에 통지를 했다면, 보증채무자에게 통지를 할 필요는 없다.

2) 통지·승낙이 없는 경우의 효력

채무자(제3채무자)의 채권자(채무자)는 양도인이므로 채무자는 양수인(채권자)에게 변제할 의무가 없다.

---

[108] 민법 제450조 제1항

3) 통지·승낙의 효과

통지가 있으면 채무자(제3채무자)는 그 통지를 받은 때까지 채권자(채무자)에게 대항할 수 있는 사유로서 양수인(채권자)에게 대항할 수 있다.

채무자가 이의를 보류하지 않고 승낙을 한 경우에 양도인에게 대항할 수 있는 사유로써 양수인에게 대항할 수 없다.

승낙을 한 경우에 승낙 당시 이미 상계를 할 수 있는 원인이 있었던 경우에는 아직 상계적상에 있지 아니하였다 하더라도 그 후에 상계적상이 생기면 채무자는 양수인에 대하여 상계로 대항할 수 있다.

(나) 채무자(제3채무자) 이외의 제3자에 대한 대항요건

1) 확정일자 있는 증서에 의한 통지·승낙

지명채권양도에 대한 통지 및 승낙은 확정일자 있는 증서에 의하지 아니하면 채무자 이외의 제3자에게 대항하지 못한다(강행법규)[109].

확정일자의 예로는 공증인 또는 법원서기가 확정일자인을 찍은 경우의 일자, 공정증서에 기입한 일자, 공무소에서 사문서에 어느 사항을 증명하고 기입한 일자 예컨대 내용증명우편일자 등이다.

2) 제3자의 범위

제3자란 채권에 관하여 양수인의 지위와 양립할 수 없는 법률상의 지위를 획득한 자 또는 채권에 관하여 법률상 이익을 가지는 자만을 의미한다.

---

[109] 민법 제450조 제2항

3) 대항요건의 경합

채권이 이중으로 양도되거나, 채권이 양도되었는데 그 채권에 질권이 설정되거나, 채권이 양도되었는데 그 채권이 압류 및 전부되었다는 등의 경우에 그들 상호간의 우열을 결정하는 기준이 무엇인지의 문제가 대항요건 경합의 문제이다.

① 제1양도는 단순통지(승낙), 제2양도는 확정일자 있는 증서에 의한 통지 등인 경우
제2양도가 우선하고, 단, 제1양도가 있고, 그 채권이 변제 등으로 소멸한 후 이중양도행위(제2양도)가 행해진 경우 확정일자가 있는 제2양도는 효력이 없다.

② 제1·2 양도 모두 단순통지(승낙)한 경우
확정일자 있는 증서에 의하지 아니하였더라도 채무자가 일단 채권양도의 통지를 받고 그 양수인에게 변제할 것을 승낙하였다면 그 후에 채권이 이중양도되어 채무자가 다시 위 채권의 양도통지(확정일자 없는 통지)를 받고 그 이중양수인에게 변제를 하였다고 하더라도 채무자는 제1양수인에게 채무를 변제할 의무가 있다.

③ 제1·2양도 모두 확정일자 있는 증서에 의한 경우
채권이 이중으로 양도된 경우의 양수인 상호간의 우열은 채권양도에 대한 채무자의 인식 즉 확정일자 있는 양도통지가 채무자에게 도달한 일시 또는 확정일자 있는 승낙의 일시의 선후에

의하여 결정되어야 하고, 이러한 법리는 채권양수인과 동일 채권에 대하여 가압류명령을 집행한 자 사이의 우열을 결정하는 경우에 있어서도 마찬가지이다.

승낙이 같은 날 도달하면, 선후에 대한 입증이 없는 한 동시도달로 추정되며, 확정일자 있는 채권양도의 통지와 그 채권에 대한 가압류 결정의 정본이 채무자에게 동시에 도달한 경우에 채권양수인과 가압류채권자는 모두 채무자에 대하여 대항력을 갖추고 있으므로 그들 상호간에는 우열이 없으며 채무자는 양수인, 전부명령 또는 추심명령을 얻은 압류채권자 어느 누구에 대하여도 유효하게 변제할 수 있고 변제를 받은 양수인 또는 전부명령 혹은 추심명령을 얻은 채권자는 공평의 원칙에 의하여 각 채권액에 안분하여 이를 내부적으로 정산할 의무가 있다[110].

(4) 채권양도의 효과

채권양도에 의하여 채권은 그 동일성을 상실하지 않고 양도인으로부터 양수인에게 이전된다.

채권에 붙은 담보권이 당연히 이전되는 것은 아닌바, 예를 들어 저당권부 채권을 양도한다면 채권양도와 동시에 저당권 이전의 등기를 하여야 채권양도의 효력이 발생한다.

주채무자에 대한 채권이 이전되면 원칙적으로 보증인에 대한 채권도 이전한다.

채권양도는 채권자의 지위의 양도와 구별되므로 채권자의 지위에

---

[110] 대법원(전합) 93다24223 판결

기하여 인정되는 취소권, 해제권, 해지권 등은 채권양도가 있더라도 여전이 양도인이 행사할 수 있을 뿐이다.

채무자가 채권자에게 채무변제와 관련하여 다른 채권을 양도하는 경우에 '채무변제를 위한 담보' 또는 '변제의 방법'으로 양도되는 것으로 추정되므로, 변제에 갈음한 것으로 볼 수 없다. 따라서, 채권양도가 있더라도 바로 원채권이 소멸하는 것이 아니며, 채권자가 양도 받은 채권으로부터 실제 변제를 받은 범위 내에서 채무자가 면책되는 것으로 보아야 한다[111].

다 관련 서식 및 서식 설명

채권양도와 관련하여 승낙을 포함한 채권양도계약서와 채권양도계약서 및 채권양도통지서를 작성하여 보았다.

(1) 승낙을 포함한 채권양도계약서

서식10

채권양도계약서[112]

양도인(채무자) (주) 채무 대표이사 오채무와 양수인(채권자) (주) 채권 대표이사 이채권은 양도인이 양수인에 대하여 부담하고 있는 채무금 10,000,000원의 변제를 위하여[113] 양도인이 2010년 (   )월 (   )일 물품매매계약에 의하여 제3채무자 (주) 제삼 대표이사 나제삼에게 가지고 있는 물품대금채권 금 10,000,000원을 양수인에게 양도한다.

이 채권양도계약과 관련하여 양도인(채무자)은 다음의 사항을 준수하여야 한다.

다 음

1. 양도인(채무자)은 즉시 제3채무자로부터 채권양도 승낙을 받아야 한다.
2. 양도인(채무자)은 제3채무자가 채권의 불성립, 채권 미존속, 변제완료 등으로 채무자에게 대항할 사유가 없음을 보증한다.
3. 양도인(채무자)은 제3채무자에 대한 채권이 제3자에게 양도되거나 담보로 제공되었거나 압류 등이 되어 있지 않았음을 보증한다.
4. 양도인(채무자)은 제3채무자가 양도인(채무자)에 대해 상계할 수 있는 반대채권을 가지고 있지 않음을 보증한다.
5. 양도인(채무자)은 양수인(채권자)이 제3채무자로부터 채권을 추심하여 추심에 소요된 비용, 연체이자 등을 제한 후 채무변제에 충당하여도 이의를 제기하지 않는다.

( )년 ( )월 ( )일

양도인 주소:
(주) 채무
대표이사 오채무 (인)
양수인 주소:
(주) 채권
대표이사 이채권 (인)

위 채권양도를 이의 없이 승낙함.

제3채무자 주소:
(주) 제삼
대표이사 나제삼 (인)

(2) 채권양도계약서

서식11

채권양도계약서

양도인(채무자) (주) 채무 대표이사 오채무와 양수인(채무자) (주) 채권 대표이사 이채권은 양도인이 양수인에 대하여 부담하고 있는 채무 금 10,000,000원의 변제를 위하여[114] 양도인이 2010년 (   ) 월 (   )일 물품매매계약에 의하여 제3채무자 (주) 제삼 대표이사 나제삼에게 가지고 있는 물품대금채권 금 10,000,000원을 양수인에게 양도한다.

이 채권양도계약과 관련하여 양도인(채무자)은 다음의 사항을 준수하여야 한다.

다 음

1. 양도인(채무자)은 제3채무자로부터 채무자에 대항할 사유가 없음을 보증하며 아래5항에 의한 통지의 효력 발생에 이르기까지 채권자의 권리 행사를 방해할 수 없다.
2. 양도인(채무자)은 제3채무자에 대한 채권이 제3자에게 양도되거나 담보로 제공되었거나 압류 등이 되어 있지 않았음을 보증한다.
3. 양도인(채무자)은 제3채무자가 채무자에 대하여 상계할 수 있는 반대채권을 가지고 있지 않음을 보증한다.
4. 양도인(채무자)은 양수인(채권자)이 제3채무자로부터 채권을 추심하여 추심에 소요된 비용, 손해금 등을 제한 후 채무변제에 충당하여도 이의를 제기하지 않는다.
5. 채권양도 통지는 양도인(채무자) 명의로 확정일자 있는 문서로 양수인(채권자)이 통지할 수 있도록 양도인(채무자)은 양수인(채권자)에게 위임한다[115].

( )년 ( )월 ( )일

양도인 주소:
(주) 채무
대표이사 오채무 (인)
양수인 주소
(주) 채권
대표이사 이채권 (인)

---

111 대법원 95다16660 판결
112 제3채무자(위 사례에서 (주) 제심) 이외의 제3자들에게 대항하기 위해서 공증을 통하여 확정일자를 받아두는 것이 필요하다.
113 '변제를 갈음하여'라고 쓰게 되면 채권자(양수인)가 채무자(양도인)에게 가지고 있던 원래의 채권이 소멸됨에 유의한다. 위 사례처럼 쓰는 것이 채권자에게 유리하다.
114 '변제를 갈음하여'라고 쓰게 되면 채권자(양수인)가 채무자(양도인)에게 가지고 있던 원래의 채권이 소멸됨에 유의한다. 위 사례처럼 쓰는 것이 채권자에게 유리하다.
115 채권양도의 통지는 양도인(채무자)이 하는 것이 원칙이다. 다만, 위 사례처럼 양수인이 양도인으로부터 채권양도 통지를 할 수 있는 권한을 얻게 되면, 즉 채권양도 통지의 대리권을 얻게 되면 양수인이 채권양도사실을 제3채무자에게 통지할 수 있다. 다만, 대위에 의한 통지는 할 수 없다.

(3) 채권양도통지서

서식12

채권양도통지서[116]

수신인 주소 :
(주) 제삼
대표이사 나제삼

당사가 귀사에 2010년 (   )월 (   )일자 물품공급계약에 의하여 2010년 (   )월 (   )일 납품완료한 (   )대금 금 10,000,000원의 청구 채권을 서울시 (   )구 (   )동 (   )번지 소재 (주) 채권 대표이사 이채권에게 양도하였음을 통지하오니 양수인인 (주) 채권 대표이사 이채권에게 대금을 지급하여주시기 바랍니다.

첨부서류: 채권양도계약서사본[117]

(   )년 (   )월 (   )일

발신인(채권양도인) 주소 :
(주) 채무 대표이사 오채무 (인)[118]

::의문점
임대보증금반환청구권을 양수할 때 주의할 점은 무엇인가?

::답
임대보증금을 양수할 때는 무조건 승낙한다는 취지의 채권양도계약서를 받고 공증을 받는 것이 좋다.

채무자가 주택 임차인일 때에 임차인의 임대인에 대한 보증금반환채권을 양수받을 수 있다. 이때 임대인에게 대항하려면 임차인이 통지(또는 채권자가 통지를 대리할 수 있다.)를 하거나 임대인이 승낙을 하면 된다. 임대인의 승낙을 받되 반드시 무조건의 승낙을 받고 공증을 받는 것이 채권자의 입장에서 유리한 것이다.

왜냐하면, 임대인은 임차인에 대하여 생긴 사유로 채권자에게 대항할 수 있으므로 임차인이 지불하지 않은 월세 등을 제하고 보증금을 주면 그만(보증금이 전혀 없을 수도 있다)이므로, 승낙을 받을 당시의 채권금액에 대하여 무조건적인 승낙을 받는다면, 위와 같은 위험을 줄일 수 있기 때문이다.

---

116 이 '채권양도통지서'는 '(주) 채권'의 대표이사 이채권이 '(주) 채무'의 대표이사 오채무를 대리(대리는 가능하나 대위는 불가능함)하여 '(주) 제삼'의 대표이사 나제삼에게 보내는 것이다. 이때 내용증명우편으로 발송을 해야 제3채무자가 아닌 제3자들에게 대항할 수 있는 확정일자가 부여됨을 유의한다.

117 채권양도사실과 채권양도통지에 대한 대리권 수여를 명확히 하기 위하여 첨부서류로 채권양도계약서복사본을 함께 보내는 것도 좋은 방법이다.

118 채권양도계약서를 작성하면서 채권양도인으로부터 채권양도통지서에 도장을 미리 받아두어야 편리하다. 다만, "(주) 채무 대표이사 오채무의 대리인 (주) 채권 대표이사 이채권 (인)"처럼 대리권을 표시하고 대리인의 도장을 찍어도 상관없다.

3 | 채무자의 물품을 양도받아라

🈷 이 변호사와 홍 대리의 이야기 엿듣기

홍 대 리	상대방이 거의 파산지경이라서 물품대금을 받기는 어려운데, 우리가 공급한 물품 일부를 다시 가져오거나, 상대방이 가지고 있는 공장 내부의 기계장치 등의 고가의 물건들을 가져와서 우리 채권을 확보할 수는 없을까?
이변호사	음… 할 수 있지. 그런데 물건을 양도받는 방식으로 채권을 회수하려면, 신속하게 해야 돼. 상대방과 거래가 유지되고 있거나, 상대방을 만날 수 있는 상황이 되어야 하는 것이지. 우리 말고 다른 채권자가 가압류나 압류 등을 하기 전에 해야 하고.
홍 대 리	합의해서 그냥 미리 물건을 가져오면 되나?
이변호사	그렇게 하면 문제가 생길 수 있어. 정상적인 물품양수도계약서를 작성하고, 다른 채권자가 권리행사하기 전에 가져와야지. 우리가 준 물건이라도 무단으로 회수하면 절도죄나 강도죄가 될 수 있고, 소유권이 유보된 것이라도 건조물침입죄나 권리행사방해죄 등이 성립할 수 있거든.
홍 대 리	그렇구나.

🔴 법률적 쟁점 정리

(1) 동산의 양도

물건(동산)을 살 때에 돈을 주고 물건을 인도받으면 인도받은 사람이 소유권을 취득한다는 것은 누구나 알고 있다.

그러나 채권을 회수하는 방법으로써 하는 동산의 양수도는 다른 채권자들이라는 이해관계인이 있을 가능성이 많기 때문에 주의할 필요가 있다.

(2) 동산의 양도와 권리행사 방법상의 주의점

채무자가 파산 상황에 직면하였다고 가정하자. 채권자들은 그 채무자의 재산에 가압류 등의 법적 권리를 행사할 것이다. 그런데 가압류, 본안소송 및 집행을 통한 채권의 회수는 시간이 오래 걸릴 뿐만 아니라 절차도 복잡하고 비용도 많이 든다. 게다가 경매로 채무자의 재산이 매각되어도 그 매각대금을 여러 채권자가 나누어 갖는 문제점이 있다.

결국 채권자로서는 채무자의 동산이라도 우선적으로 양도받아 점유함으로써 우선변제를 받는 효과를 누릴 수 있다.

다만, 채권자가 공급한 물건(동산)이라도 무단으로 회수하면 형법상 범죄가 성립되어 채무자로부터 고소를 당할 우려가 있으므로 채무자와의 합의를 통하여 물품양수도계약서를 작성하고 물품을 양도받는 것이 현명하다.

다 관련 서식 및 설명

물품양수도계약서를 작성해보았다.

서식13

물품양수도계약서

제1. 양도인(채무자)은 양도인이 양수인(채권자)에 대하여 현재 부담하고 있는 채무 중 본 계약 제2.에 의하여 환가한 금액의 변제를 위하여[119] 다음의 물품을 양수인에게 양도한다.

품명:
규격:
수량:
기타:

제2. 양도받은 물품은 양수인(채권자)이 임의처분하여 환가하고 환가된 금액만큼만 변제에 충당된 것으로 한다[120].

제3. 양수인은 제2.의 환가한 금액에 대한 증빙 사본을 환가일로부터 7일 이내에 양도인에게 교부하기로 한다.

(　　　)년 (　　　)월 (　　　)일

양도인(채무자) 주소:
(주) 채무 대표이사 오채무 (인)
양수인(채권자) 주소:
(주) 채권 대표이사 이채권 (인)

::의문점
돈을 주지 않는 채무자를 방문할 때에 다소 흥분할 수 있다. 이때 유의할 점은 무엇인가?

::답
채무자가 돈을 주지 않는다고 채권자가 채무자의 사업장에 무단으로 즉 채무자가 거부하는데도 막무가내로 들어가면, 상황에 따라 건조물침입죄가 성립할 수도 있고, 그곳이 채무자의 집이라면 주거침입죄가 될 수도 있다.
그리고 내가 납품한 물건이라도 채무자가 돈을 주지 않는다고 강제로 빼앗아 온다면, 상황에 따라 절도죄 또는 강도죄 또는 권리행사방해죄가 성립할 수 있으므로 주의해야 한다.
악의적 채무자라면, 위 범죄를 형사기관에 고소하여 합의로 처리하려 할 것이다. 이렇게 되면 채권자가 형사처벌을 받으면서[121], 돈을 오히려 물어줄 수도 있다.

---

119 '변제에 갈음하여'라는 표현은 채권자의 입장에서는 바람직하지 않다. 물품의 지급으로 물품 자체의 시가만큼 변제된 것으로 볼 가능성이 있기 때문이다. 실제 매각하면 물품의 금액이 생각과 다를 수 있음을 유의하자.
120 위 사례는 환가를 하는 방법을 채택한 것이다. 즉 채권자가 채무자로부터 받은 물품을 팔아서 채권에 충당하겠다는 것이다. 그러나 채무자가 가지고 있는 물건을 받음으로써 채무를 소멸시킬 수도 있다. 이때는 '변제에 갈음하여'라는 표현을 쓰는 것이 옳다고 보이며, 계약문구도 많이 달라질 것이다. 다만, 채권자의 입장에서는 '변제에 갈음하여'라는 표현보다는 '변제를 위하여'라는 표현을 쓰는 것이 여러모로 유리하다.
121 합의를 하면 형사처벌을 받지 않는다고 생각하는 분들이 많은데, 합의를 해서 형사처벌을 받지 않는 범죄는 몇 개 되지 않는다. 합의를 하면 처벌이 되지 않는 범죄의 예로는 친고죄(간통죄 등)와 반의사불벌죄(폭행죄 등)가 있다.

4 | 제3자에게 채무를 인수시켜라

㉮ 이 변호사와 홍 대리의 이야기 엿듣기

홍 대 리	채무인수라는 것이 있잖아. 채무인수를 받아두면 담보를 얻은 것이라고 볼 수 있나?
이변호사	음… 그럴 수도 있고, 아닐 수도 있지. 채무인수는 면책적 채무인수와 병존적 채무인수가 있는데, 병존적 채무인수였다면, 인적담보를 받아두는 것과 비슷하다고 할 수 있어.
홍 대 리	면책과 병존이라….
이변호사	면책적 채무인수라는 것은 채무자가 자신의 채무를 면하고 인수자가 채무를 부담하는 것이기 때문에 채권자의 입장에서 면책적 채무인수계약을 체결하려면 인수하는 사람의 재력을 우선 검토해야지 문제가 안 생겨. 그런데, 병존적 채무인수는 연대보증처럼 원래의 채무자하고 인수인이 모두 채권자에게 채무를 부담하는 것이라서 채권자에게는 병존적 채무인수가 훨씬 좋지.
홍 대 리	그렇다면, 채권자 입장에서는 병존적 채무인수계약을 체결해두는 것이 좋겠네.
이변호사	그렇지.

나 법률적 쟁점 정리

(1) 면책적 채무인수[122]

(가) 의미

면책적 채무인수란 채무가 그 동일성을 유지하면서 그대로 제3자(인수인)에게 이전되고 원래의 채무자는 그 채무를 면하게 되는 것을 의미한다[123].

(나) 요건

1) 채무에 관한 요건

우선 채무가 존재해야 하고 채무의 이전성이 인정되어야 한다. 따라서 채무자의 개성 또는 기능이 중시되는 것은 채무의 성질상 이전이 불가능하므로, 채무인수대상이 될 수 없고, 채권자와 채무자의 특약으로 채무인수를 미리 배제할 수도 있다.

2) 채무인수계약

채권자와 인수인 사이에 계약으로 채무인수를 하는 경우에는 채무자의 동의나 채무자에 통지조차도 필요 없다. 다만, 이해관계 없는 제3자는 채무자의 의사에 반하여 채무를 인수하지 못한다[124].

채무자와 인수인 사이의 계약으로 채무인수를 하는 경우에는 채권자의 승낙(사전 및 묵시적 승낙 가능)이 필요하다[125].

---

[122] 민법 제453조
[123] 송영곤, 기본민법강의, 유스티니아누스, 2004. 108면 이하
[124] 민법 제453조 제2항
[125] 민법 제454조 제1항

채권자와 채무자 및 인수인이 함께 채무인수계약을 체결함에는 제한이 없다.

(다) 효과

1) 채무의 이전

종전 채무자는 더 이상 채무자가 아니며, 인수인이 채무자가 된다.

인수인은 종전의 채무자가 채권자에게 주장할 수 있었던 대항사유를 여전히 채권자에게 주장할 수 있으나, 채무의 발생원인이 되는 계약을 해제하거나 취소할 수 있는 권리는 인수인에게 이전되지 않는다.

채무인수의 의사표시는 시효중단의 사유인 채무승인에 해당하기 때문에 면책적 채무인수가 있는 경우에 인수채무의 소멸시효 기산점은 채무인수일이 된다[126].

2) 담보의 이전

전채무자의 채무에 대한 보증이나 제3자가 제공한 담보는 채무인수로 인하여 소멸한다. 그러나 보증인이나 제3자가 채무인수에 동의한 경우에는 보증이나 담보는 소멸하지 않고 살아 있게 된다[127].

물적담보를 제공한 제3자가 채무인수에 동의하는 경우 그 물적담보는 종전의 순위와 효력을 가지고 그대로 존속한다. 다만, 저당권의 경우에는 채무자 변경이 있기 때문에 저당권 변경의 부기등기가 필요하다.

---

[126] 대법원 99다12376 판결
[127] 민법 제459조

(2) 병존적 채무인수

(가) 의미

병존적 채무인수란 원래의 채무자가 채무를 면하지 않고 여전히 채무자로 있으면서 이와 아울러 제3자가 동일한 채무를 부담하는 경우를 의미한다(연대채무 유사의 법률관계[128]) [129].

(나) 요건

1) 채무에 관한 요건

채무가 존재해야 하며, 면책적 채무인수와 달리 그 채무의 이전성을 요하지는 않는다. 다만, 일신전속적 또는 비대체적 급부를 내용으로 하는 채무는 채권자의 동의가 없는 한 원칙적으로 인수의 대상이 될 수 없다.

2) 채무인수계약

채권자와 채무자 및 인수인 사이의 계약으로 성립할 수 있음에는 의문이 없다.

채권자와 인수인간의 계약으로 이루어질 경우에는 종래의 채무자의 동의를 요하지 아니하고, 채무자의 의사에 반하여도 할 수 있다.

채무자와 인수인 사이의 계약에 의해 이루어진 병존적 채무인수는 일종의 제3자를 위한 계약이며, 따라서 채권자의 수익의 의사표시가 필요하다. 다만, 채권자가 인수인에게 채무를 청구하면 그것이 수익

---

[128] 대법원은 원채무자와 병존적 채무인수인 사이에 주관적 공동관계가 있는 사안에 관하여 양 채무는 연대채무관계에 있다고 판시한 바 있다(대법원 96다56443 판결).

[129] 송영곤, 기본민법강의, 유스티니아누스, 2004. 1014면 이하

의 의사표시가 된다.

(다) 효과
1) 채무의 부담

인수인은 채무자와 동일한 채무를 부담한다. 이때 채권자는 채무자에게 먼저 청구해야 하는 제한이 없다(보충성이 필요 없는바 연대보증과 동일).

병존적 채무인수가 이루어진 후에 종래의 채무를 발생시킨 법률관계가 취소되면 채무인수는 소급하여 그 효력을 잃는다.

인수인은 종래의 채무자가 그 채무관계에 있어 가졌던 모든 항변사유로 채권자에게 대항할 수 있다.

2) 담보권의 존속

본래의 채무가 그대로 존속하기 때문에 본래의 채무의 이전에 의한 담보소멸 및 이전문제가 발생하지 않는다.

(라) 면책적 채무인수와의 구별

채무인수가 병존적인가 면책적인가는 당사자의 의사해석의 문제지만, 명확하지 않은 경우에는 원칙적으로 채권자를 보호하기 위하여 병존적 채무인수로 해석한다[130].

---

[130] 대법원 88다카13806 판결

다 관련 서식 및 서식 설명

면책적채무인수계약서와 병존적(중첩적)채무인수계약서를 작성해 보았다.

(1) 면책적채무인수계약서

서식 14

면책적채무인수계약서[131]

채권자를 갑으로, 채무자를 을로, 채무인수인을 병으로 하여 다음과 같이 면책적 채무인수계약을 체결한다.

제1조 병은 을이 갑에 대하여 2010년 (   )월 (   )일 현재 부담하고 있는 다음 채무를 인수받아 변제할 것을 약정하고 갑과 을은 이를 승낙한다.

다 음

갑이 을에게 2010년 (   )월 (   )일에 변제기 2010년 (   )월 (   )일, 지연이자 연 15%로 하여 공급한 물품대금 원금 10,000,000원과 그 지연이자

제2조 본 계약으로 병은 제1조 다음에 명기된 채무를 부담하며 을은 채무를 면한다.

(   )년 (   )월 (   )일

갑(채권자) 주소:
(주) 채권 대표이사 이채권 (인)
을(채무자) 주소:
(주) 채무 대표이사 오채무 (인)
병(채무인수인) 주소:
(주) 제삼 대표이사 나제삼 (인)

(2) 병존적(중첩적)채무인수계약서

서식15

병존적채무인수계약서[132]

채권자를 갑으로, 채무자를 을로, 채무인수인을 병으로 하여 갑, 을, 병은 다음과 같이 채무인수계약을 체결한다.

제1조 병은 을이 갑에 대하여 2010년 ( )월 ( )일 현재 부담하고 있는 다음 채무를 인수받아 을과 연대하여 이행할 것을 약속하고, 갑은 이를 승낙한다.

다 음

갑이 을에게 2010년 ( )월 ( )일에 변제기 2010년 ( )월 ( )일, 지연이자 연 15%로 하여 공급한 물품대금 원금 10,000,000원과 그 지연이자

제1조 갑은 제1조의 채권에 대하여 을과 병에 대하여 동시에 또는 순차로 변제를 청구할 수 있다.

( )년 ( )월 ( )일

갑(채권자) 주소:
(주) 채권 대표이사 이채권 (인)
을(채무자) 주소:
(주) 채무 대표이사 오채무 (인)
병(채무인수인) 주소:
(주) 제삼 대표이사 나제삼 (인)

---

131 공증이 필요할까? 공증이 특별히 필요한 것은 아니지만, 공증을 받아둔다면 차후 분쟁이 발생하여 소송으로 비화될 경우에 입증책임 면에서 유리하다. 쉽게 이야기해서 공증을 받아둔 서류를 입증책임이 있는 사람이 법원에 제시하면 법원에서는 그 서류를 믿어주는 경향이 강하다는 것이다.

Tip

::의문점
채권자의 입장에서 병존적 채무인수가 좋은가? 아니면 부동산을 담보로 잡는 것이 좋은가?

::답
병존적 채무인수보다는 부동산에 저당권을 설정받는 것이 좋다. 다만, 병존적 채무인수는 계약서에 서명하는 것으로 간단히 해결되지만, 부동산에 저당권을 설정받는 것은 등기부에 저당권이 기입되므로 절차가 복잡해진다.
결국 그 상황에 맞게 골라서 하면 되는 것인데, 상대방(병존적 채무인수 또는 담보를 설정해줄 사람)이 확실한 재력가 또는 신용이 있는 사람, 누구라도 믿는 사람이라면 병존적 채무인수를 받으면 족할 것이다.

---

132 여기서 '병'은 연대보증인과 유사한 책임 및 채무를 부담한다. 다만, 위 사례에서 갑에 대한 을과 병의 채무에 대한 연대보증인을 별도로 세울 수도 있다.

5 | 변제수령의 대리권을 받아라

🕗 이 변호사와 홍 대리의 이야기 엿듣기

홍 대 리	채권양도는 통지나 승낙과 같은 절차를 거치는데, 그런 절차 없이 채권자가 채무자의 채권을 행사해서 돈을 받는 방법이 없을까?
이변호사	음… 채권자가 채무자의 제3채무자(채무자의 채무자)에 대한 변제수령권에 대한 대리권을 받아서, 채무자의 돈을 확보한 후 상계처리하면 채권양도의 절차 등이 필요 없지.
홍 대 리	상계처리라고?
이변호사	응. 채권자가 채무자의 돈을 대신 받아서, 자신의 채권을 그 돈으로 대신 받는 것으로 처리하는 것을 상계처리라고 해.
홍 대 리	그거 좋은 생각이네.
이변호사	그런데 채무자의 채권이 압류나 가압류가 되었다면, 채권자가 변제수령권의 대리권을 받아도 돈을 받지 못해. 왜냐하면 이런 경우에는 압류 또는 가압류의 영수(수령) 금지 효력 때문에 채무자도 채무자의 돈을 달라고 할 수 없기 때문에 채권자가 변제수령 대리권을 채무자로부터 받았다고 해도 그 대리권은 무용지물이 되거든. 그리고, 변제수령 대리권을 이용해서 상계처리를 할 수는 있는 경우라고 하더라도 다른 채권자가 채권자와 채무자의 행동이 사해행위라고 주장하면 좀

| 홍 대 리 | 곤란해져. 사해행위 취소소송이라는 것이 있거든.
사해행위 취소? |
| --- | --- |
| 이변호사 | 응. 사해행위 취소소송이 들어오면 골치 아플 수도 있지. 그런데, 변제수령 대리권이라는 것이 대체로 은밀하게 이루어져서 취소소송이 들어오긴 쉽지 않지. 소송이 들어와도 소송을 한 다른 채권자가 항상 이기는 것도 아니고. 그러니까, 변제수령 대리권을 받아서 돈을 확보하고 상계하는 것이 좋은 방법이 될 수도 있어. |
| 홍 대 리 | 그렇구나. |

4 법률적 쟁점 정리

(1) 변제수령 대리권 부여를 통한 채무자 채권의 귀속

채권자가 채무자로부터 변제수령 대리권을 받아 채무자의 채권 즉 채무자의 채무자로부터 돈을 받았다면, 그 돈은 채무자의 것이다.

(2) 상계를 통한 우선적 채권회수와 사해행위 여부

변제수령 대리권을 수여받은 채권자가 채무자의 채무자로부터 돈을 받았고, 상계의 요건을 갖추었다면, 상계를 함으로써 다른 채권자보다 우선적으로 자신의 채권을 확보할 수 있다.

다만, 채무자의 채권자에 대한 변제수령 대리권 부여행위가 상황에 따라 사해행위가 될 수 있음을 유의해야 한다.

그러나 변제수령 대리권 부여는 은밀하게 일어나기 때문에 사해행위 취소소송이 들어오기 쉽지 않을 뿐만 아니라, 최종적으로 사해행위 취소소송에서 다른 채권자가 100% 승소할 수 있는 것도 아니다.

(3) 상계에 대하여

(가) 상계의 의미

채권자와 채무자가 서로 동종의 채권 및 채무를 가지는 경우에 그 채권과 채무를 대등액에서 소멸케 하는 일방적 의사표시[133]로서 상호담보작용 및 간이결제기능을 수행한다.

(나) 상계의 요건

1) 상계적상

상계의 의사표시를 하고자 하는 채권자의 채권을 자동채권이라고 하고, 채무자의 채권자에 대한 채권을 수동채권이라고 하는데, 자동채권과 수동채권이 서로 대립하고 있어야 한다(채권의 대립).

자동채권과 수동채권은 동종의 목적을 가져야 하므로 종류채권에 한정되며 주로 금전채권이 이에 해당한다(양 채권이 동종 목적일 것).

성질상 부작위 채무[134], 하는 채무[135] 그리고 자동채권에 항변권이 붙은 경우에는 성질상 상계가 허용되지 않는다[136](채권의 성질이 상계

---

[133] 송영곤, 민법기본강의, 유스티니아누스, 2004. 1057면 이하
[134] 채무자가 채권자에 대한 관계에서 일정한 행위를 하지 않을 의무 또는 일정한 상태를 유지할 의무를 지는 경우에 부작위 채무가 발생한다.
[135] 채무자가 일정한 행위를 해야 할 의무를 지는 경우를 하는 채무 또는 하는 급부라고 한다.
[136] 예를 들어보자. 내가 상계를 하려 하는데 상대방이 동시이행항변권이 있다면, 나는 상계를 할 수 없다는 것이다. 여기서 나의 채권은 자동채권이다. 즉 자동채권에 동시이행항변권이 붙어 있다면 상계가 성질상 금지된다. 이와 같은 경우에 상계를 인정한다면, 상대방은 상계자의 일방적 의사표시에 의하여 항변권을 박탈당하는 결과가 되어 부당하기 때문이다.

가 허용되는 것일 것).

상계가 금지되는 채권이어서는 안 된다.

2) 상계적상의 현존

상계적상은 원칙적으로 상계의 의사표시가 행하여지는 당시에 현존해야 하나, 소멸시효가 완성된 채권이 그 완성 전에 상계할 수 있었던 것이면 그 채권자는 상계할 수 있다[137].

(다) 상계의 금지

1) 당사자의 의사표시에 의한 금지

계약자유의 원칙상 당사자 사이의 상계금지특약이 가능하나, 선의의 제3자('선의의 제3자'란 '그 사정을 모르는 사람'이라는 뜻임)에게 대항하지 못한다.

2) 법률에 의한 금지

① 수동채권이 고의의 불법행위에 의한 손해배상 채권인 경우[138]

수동채권이 고의의 불법행위에 의한 손해배상채권인 경우에는 상계가 금지된다. 예를 들어 갑이 을로부터 1천만 원을 받을 것이 있는데, 을이 돈을 줄 생각은 커녕 마음대로 하라면서 갑을 놀리기까지 한다고 가정하자. 이때, 갑은 을에게 폭력을 행사하고 을에 대한 치료비 채무와 자신의 채권을 상계하면 어떨까라는 황당한 생각을 할 수 있다.

위 사례에서 갑의 1천만 원 채권을 자동채권이라고 하고, 을의 치료비 채권을 수동채권이라 하는데, 위와 같은 경우에는 법에서 갑의

---

[137] 민법 제495조
[138] 민법 제496조

상계를 금지하고 있는 것이다. 갑의 상계를 인정할 경우 갑과 같은 상황에 처한 채권자가 을을 폭행할 가능성이 많아질 것이다.

② 수동채권이 압류금지채권인 경우[139]

채권이 압류하지 못할 것인 때에는 그 채무자는 상계로 채권자에게 대항하지 못한다. 이는 압류금지의 취지 즉 채무자 보호를 관철하기 위해 상계가 금지되는 것이다.

예를 들어, 갑이 을에게 1천만 원의 채권을 가지고 있다. 그리고, 을은 갑에게 임금채권을 가지고 있다. 이때, 갑은 자신의 1천만 원 채권(자동채권)으로 상계를 하고 을에게 임금을 전혀 주지 않으면 어떨까? 을은 굶어 죽을 것이다. 따라서 법은 위와 같은 경우에 상계를 제한한다.

③ 지급금지채권을 수동채권으로 하는 상계[140]

지급을 금지하는 명령(가압류, 압류 명령)을 받은 제3채무자는 그 후에 취득한 채권에 의한 상계로 그 명령을 신청한 채권자에게 대항하지 못한다. 이는 가압류 및 압류의 효력을 유지하기 위한 것이다.

참고로, 압류 또는 전부명령 송달시 상계적상에 있어야 할 필요는 없고 수동채권인 피압류채권의 변제기보다 자동채권인 제3채무자가 채무자에 대하여 갖는 채권의 변제기가 먼저 도래하거나 적어도 동시에 도래하면 상계할 수 있다[141].

---

[139] 민법 제497조
[140] 민법 제498조
[141] 대법원 82다카200 판결

(라) 상계의 방법

상계에는 조건이나 기한을 붙이지 못하며, 단독행위로서 상대방에 대한 의사표시로 한다.

(마) 효과

상계를 하면 대등액에서 채권과 채무가 소멸한다.

쌍방의 채무가 서로 상계를 하는 데 적합하였던 때에 소급하여 효력[142]이 생기며, 상계는 쌍방의 채무의 이행지가 다른 경우에도 할 수 있다. 다만, 그로 인한 손해를 배상해야 한다.

::의문점
변제수령 대리권을 부여받아 변제를 대신 수령한 후 상계 처리하여 채권을 회수할 경우에 사해행위취소대상이 될 가능성이 있다는 의미는 무엇인가?

::답
채권자가 채무자로부터 변제수령 대리권을 부여받았다는 것은 다른 채권자의 입장에서는 짜고 친다고 생각할 가능성이 많다. 결국 다른 채권자가 위 사실을 알게 되면 채권자취소소송을 제기할 수도 있다는 것이다.
다만, 채권자취소권은 소송으로만 행사할 수 있는 권리(본서의 '제4편 채권의 보전'에서 언급하고 있음)이고, 채권자취소권을 행사하는 사람이 채무자의 사해 의사를 입증해야 하는데, 입증이 그리 쉽지는 않다.

---

[142] 민법 제493조 제2항

6 | 회사의 경우는 대표이사 등의 임원에게 연대보증을 요구하라

🈑 이 변호사와 홍 대리의 이야기 엿듣기

홍 대 리 우리가 갑회사에게 물품대금채권이 있는데, 그 갑회사가 흔들흔들해. 그래서 갑회사에게 돈을 빨리 갚으라고 독촉을 했는데, 좀 기다려달라고 하네. 그리고 갑회사의 모든 직원들이 월급을 삭감하면서 재활의지를 다지고 있어.

이변호사 그래서?

홍 대 리 우리가 판단하기에 시간을 좀 주면 갑회사가 살아날 것 같기도 하거든. 갑회사를 봐주면서, 채권회수에 문제가 없도록 할 방법은 없을까?

이변호사 대표이사나 임원들의 재산은 혹시 확인해봤니?

홍 대 리 아니?

이변호사 직원들이 월급을 삭감하면서 일을 할 정도라면, 대표이사나 임원들도 책임감이 강할 것 같으니까, 갑회사의 채무에 대해 임원들의 연대보증을 받는 것도 한 방법이 될 수 있겠네. 임원들이 자신의 재산에 저당권 등을 설정해주면 더 좋겠지만, 그렇게까지 하면 무리일 수도 있으니까.

홍 대 리 그렇게 하면 되겠네.

나 법률적 쟁점 정리

(1) 연대보증의 의미

연대보증이란 보증인이 채권자에 대하여 주채무자와 연대하여 채무를 부담함으로써 주채무의 이행을 담보하는 보증채무를 의미한다[143]. 현실적으로 단순보증에 비하여 훨씬 빈번하게 이용된다.

(2) 연대보증과 단순보증의 차이

연대보증이 단순보증과 다른 점은 ⓐ 연대보증에 대하여는 보증채무의 보충성이 인정되지 아니하므로 연대보증인은 최고·검색의 항변권이 인정되지 않으며 ⓑ 연대보증인이 여러 명인 경우에 보증연대의 특약이 없다고 하더라도 보증인 각자가 채무 전부에 대한 변제의 책임을 지는 연대보증 본래의 취지에 따라, 공동보증인 상호간에 분별의 이익이 인정되지 않는다. ⓒ 다만, 연대보증도 보증이므로 보증채무의 부종성[144]은 인정된다.

다 관련 서식 및 서식 설명

물품거래를 하면서 담보를 설정해달라고 요구하면, 물품을 매수하는 입장에서 물건을 사지 않겠다고 나올 가능성이 많다. 따라서 물품거래 초기에 담보를 받기는 쉽지 않다.

---

[143] 송영곤, 민법기본강의, 유스티니아누스, 2004. 972면
[144] 부종성의 의미를 주채무자가 채권자에게 채무를 이행하면 연대보증인의 채무도 없어진다는 것으로 이해하면 쉽다.

그러나 상대방의 대금 미지급으로 물품거래가 종료될 상황까지 왔다면, 채무자가 회사일 경우에 확정된 물품대금채무에 대한 대표이사 또는 임원 등의 연대보증을 받을 수는 있을 것이다.

이에 착안하여 물품대금채무에 대한 연대보증계약서를 작성해보았다.

서식16

연대보증계약서

채무자는 채권자에 대하여 물품대금채무 금 30,000,000원을 지급할 의무가 있습니다. 채무자는 위 금원을 2010년 ( )월 ( )일까지 채권자에게 지급할 것입니다. 또한, 위 기일까지 채무자가 변제를 하지 않을 경우 연 15%에 해당하는 지연이자를 지급하겠습니다.

위 채무자의 채무에 대하여 채무자의 대표이사 오채무 및 채무자의 이사 나연대는 개인적으로 각 연대보증채무를 부담할 것을 약속합니다.

( )년 ( )월 ( )일

채권자 (주) 채권 대표이사 이채권 (인)
주소:
채무자 (주) 채무 대표이사 오채무 (인)
주소:
연대보증인 오채무 (인)
주소:
연대보증인 나연대 (인)
주소:

::의문점
채권자가 여러 연대보증인 중에서 한 사람의 연대보증인에 대한 채권만을 포기할 수 있을까?

::답
포기할 수 있다. 그렇게 할 경우라도 채권자는 주채무자나 다른 연대보증인에게 채권의 변제를 요구할 수 있다. 이와 관련하여 판례는 연대보증인 1인에 대한 채권포기는 주채무자나 다른 연대보증인에게는 효력이 미치지 않는다고 판시한 바 있다[145].

---

[145] 대법원 94다37202 판결

7 | 회사가 합병된 경우에 합병한 법인에게 채권을 청구하라

가 이 변호사와 홍 대리의 이야기 엿듣기

홍 대 리	우리가 거래하던 갑법인이 을법인으로 흡수합병이 되었는데, 갑법인한테 받을 물품대금채권을 을법인에게 행사하면 되나?
이변호사	그렇지. 합병이 되면 합병한 법인이 합병당한 법인의 모든 권리와 의무를 승계하게 되거든.
홍 대 리	합병이 진짜로 된 것인지 아닌지는 어떻게 알아보지?
이변호사	법인등기부등본을 확인하면 알 수 있어. 합병은 존속회사 또는 신설회사가 그 본점소재지에 합병등기를 해야 효력이 발생하기 때문에 법인등기부를 확인하면 되는 것이지.
홍 대 리	그런데 대뜸 을법인에게 갑법인의 채무를 갚으라면 좀 이상하지 않나?
이변호사	이상할 것까지는 없는데, 채무문제 등에 대하여 어떻게 할 것인지를 정리해서 우리, 갑법인, 을법인, 이렇게 삼자가 기명하고 날인한 합병각서 등이라도 받아두면 좋겠지.
홍 대 리	그렇구나.

나 법률적 쟁점 정리

(1) 합병의 의미

합병이란 2개 이상의 회사가 상법의 특별규정에 의하여 청산절차를 거치지 않고 합쳐서 그 중 한 회사가 다른 회사를 흡수하거나(흡수합병), 신회사를 설립함으로써(신설합병), 1개 이상의 회사의 소멸과 권리의 포괄적 이전을 생기게 하는 회사법상의 법률요건을 말한다[146].

(2) 합병과 영업양도의 비교

합병은 모든 권리의무가 당연히 이전되나 영업양도는 개개 재산에 대한 별도의 물권적 처분을 필요로 한다.

흡수합병의 경우에 흡수되는 회사가 해산되고 사원이 신회사에 흡수되나, 영업양도에서는 회사의 해산이 없으며, 사원의 변동도 없다.

합병의 경우는 권리의무가 포괄적으로 승계되나 영업양도의 경우는 일부 재산을 양도재산에서 제외할 수 있다.

합병의 경우에는 채권자보호절차가 필요하나, 양업양도는 그러한 절차가 필요 없다.

합병당사자는 회사에 한정되나, 영업양도는 회사에 한정되지 않는다.

합병에서는 재산이전대가로 사원권을 취득하나, 영업양도의 대가는 사원권이 아니다.

결국, 영업양도는 합병과 달리 영업양도가 이루어졌다고 해서 영업양도인의 채권자가 영업양수인에게 채권을 청구할 수는 없다. 다만, 영업양수인이 영업양도인의 상호를 사용하는 등 일정요건을 갖추었다면 영업양도인과 영업양수인이 영업양도인의 채권자에게 함께 채무(부진정연대채무)를 부담할 가능성이 있을 뿐이다[147].

(3) 합병과 채권자 보호절차

합병이 있게 되면 소멸회사 및 존속회사의 채권자는 자신의 책임재산에 변동이 생기는 것이므로 합병자체에 이해관계를 가지게 된다. 따라서 상법은 일정한 채권자보호절차를 요구한다.

즉, ⓐ 회사는 채권자들에 이의를 제기할 수 있도록 공고 또는 통지를 해야 한다[148]. ⓑ 채권자가 정해진 기간 내에 이의를 제기하지 아니하면 합병을 승인한 것으로 의제된다[149]. ⓒ 채권자가 이의를 제출한 때에는 회사는 그 채권자에게 변제하여 주거나 상당한 담보를 제공해야 한다[150]. 사채권자가 이의를 제기하기 위해서는 사채권자집회의 결의가 있어야 한다[151].

(4) 합병의 효과

합병이 이루어지면 회사의 소멸과 신설이라는 효과가 발생하고 사원의 수용 및 권리의무의 포괄적 승계가 이루어진다.

---

[146] 정찬형, 상법강의(상), 박영사, 2007. 455면 이하
[147] 상법 제42조
[148] 상법 제527조의 5
[149] 상법 제527조의 5 제3항, 제232조 제2항
[150] 상법 제527조의 5 제3항, 제232조 제3항
[151] 상법 제530조 제2항, 제439조 제3항

Tip

::의문점

회사의 합병을 승인하지 않은 채권자(특히, 소멸회사의 채권자)가 회사합병의 무효를 주장할 수 있을까?

::답

회사합병의 무효를 주장할 수 있고, 그 무효주장은 소송을 통하여 해야 한다. 이때 합병무효의 판결이 확정되면 단일화되었던 회사가 장래에 향하여 다시 종전의 복수의 회사로 환원된다.

즉, 소멸회사는 부활하고, 소멸회사가 당시 가지고 있었던 재산으로서 현존하는 재산은 당연히 소멸회사에 귀속된다. 다만, 합병무효의 소는 합병등기가 있은 날로부터 6개월 내에 하여야 한다[152].

---

[152] 정찬형, 상법강의(상), 박영사, 2007. 469면 내지 471면

8 | 채무자가 사망하면 상속인에게 채권을 청구하라

🟥 가 이 변호사와 홍 대리의 이야기 엿듣기

홍 대 리	우리가 물품대금 받을 사람이 최근에 죽었거든. 이럴 때 상속인들을 찾아서 돈을 달라고 해야 하나?
이변호사	우선 그렇다고 봐야지. 그런데 상속인이 정말로 재산 상속을 했는지 알아봐야지.
홍 대 리	그건 무슨 말이지? 사람이 죽으면 우선 자식들하고 아내가 재산 상속인이 되는 것 아닌가?
이변호사	맞아. 그런데 한정승인과 상속포기라는 것이 있거든. 단순승인도 있고.
홍 대 리	한정승인과 상속포기, 단순승인이라….
이변호사	한정승인을 하면, 우리가 받을 수 있는 채권을 전부 회수하지 못할 수도 있어. 죽은 사람 재산으로만 채무를 정산하거든. 우리 채권이 1억 원인데, 죽은 사람재산이 5천만 원이라면, 우리는 5천만 원만 받고 끝나는 것이지. 그런데 단순승인을 했다면, 상속인에게 추가로 5천만 원을 받을 수 있어. 자식이 하나고 아내가 살아 있다면, 죽은 사람 재산으로부터 5천만 원을 받고, 자식한테서 2천만 원, 아내한테서 3천만 원을 받는 것이지.
홍 대 리	상속을 포기하면, 어떻게 되지?
이변호사	자식하고 아내하고 상속을 모두 포기하면, 그다음 상속순위의 사람이 한정승인, 상속포기, 단순승인

	등을 해야 하지. 계속 돌고 도는 것이지. 그래서 죽은 사람이 채무가 많을 때는 상속인들이 한정승인을 많이 해.
홍 대 리	그렇구나. 그럼 상속인들이 한정승인, 상속포기, 단순승인 등을 하는지 기다렸다가 채권을 청구해야 되나?
이변호사	뭐… 그럴 필요까지는 없고, 사망하고 나서 4~5개월 정도 지나고 상속인들에게 내용증명으로 채권을 청구하면, 자신이 한정승인 내지 상속포기를 했는지 답변이 올 거야. 그 답변을 보고 결정하면 돼.
홍 대 리	4~5개월 지나야 되는 이유라도 있나?
이변호사	한정승인이나 상속포기는 원칙적으로 사망사실을 안 날로부터 3개월 내에 해야 되니까 그때까지 기다려보는 거지. 괜히 일찍 청구를 해서 한정승인을 하라고 우리가 알려줄 필요는 없잖아. 상속인들이 사망자의 채무나 재산 상태를 모르는 경우도 많거든.
홍 대 리	그렇구나.

나 법률적 쟁점 정리

(1) 상속의 의미

 상속이란 자연인[153]이 사망하였을 때에 그의 재산이 배우자와 자녀들에게 무상으로 승계되는 것[154]이라 할 수 있는데, 사망자를 피상속인이라고 하며, 상속받는 사람을 상속인이라고 한다.

(2) 상속의 순위[155]

1순위는 피상속인의 직계비속과 배우자, 2순위는 피상속인의 직계존속과 배우자, 3순위는 피상속인의 형제자매, 4순위는 피상속인의 4촌 이내의 방계혈족이다.

배우자의 경우는 함께 상속받는 직계비속(1순위일 때) 또는 직계존속(2순위일 때)이 1을 상속받을 때 1.5를 상속받는다.

예를 들어보자. 갑이 배우자와 자식 2명을 두고 사망했는데, 재산이 7천만 원이었다면, 자식은 각각 2천만원을 상속하고, 배우자는 3천만 원을 상속하는 것이다. 이때 자식이 전혀 없었고, 배우자만 있었다면, 사망자의 부모와 사망자의 배우자가 상속인이 되는 것이다.

(3) 한정승인과 단순승인 및 상속포기에 대하여[156]

원칙적으로 자연인의 사망으로 상속이 개시되면 피상속인의 적극재산(재산 및 채권 등)과 소극재산(채무)은 모두 상속인에게 승계된다(단순승인). 그러나 상속으로 얻은 재산의 한도 내에서만 변제하겠다

---

[153] 자연인은 법인에 대립되는 개념으로 흔히 말하는 '사람'을 의미한다.
[154] 박동섭, 친족상속법, 박영사, 2007. 431면 이하
[155] 민법 제1000조
[156] 채무자인 갑이 사망하였는데, 갑은 배우자와 아들이 하나 있었다. 이때 갑은 자신의 재산보다도 더 많은 채무를 부담한 상태였고, 갑의 배우자는 이와 같은 상황을 알고 있었다. 갑의 아들은 이제 고등학생이다. 이럴 때 갑의 배우자는 어떻게 해야 할까? 갑의 배우자는 한정승인을 하고 갑의 아들은 상속포기를 하면 깔끔하다. 갑의 배우자와 갑의 아들이 모두 상속포기를 하게 되면, 갑의 2순위 상속인이라 할 수 있는 갑의 부모가 또다시 한정승인 내지는 상속포기 등을 해야 하는 문제 등이 발생하기 때문이다.

는 상속인의 일방적 의사표시가 한정승인이라 할 수 있고, 그에 따른 효과가 부여된다.

상속포기는 상속인의 모든 상속재산(상속의 이익과 불이익)의 승계를 전면적으로 부인하는 의사표시이다. 이때 상속인은 일부 포기를 할 수 없다.

한정승인과 상속의 포기는 상속개시를 안 날로부터 3개월 이내에 가정법원에 신고를 하여야 효력이 있다. 상속개시를 안 날로부터 3개월 이내에 가정법원에 한정승인 또는 상속의 포기를 신고[157]하지 않으면, 단순승인을 한 것으로 간주한다[158].

다 관련 서식 및 서식 설명

상속인에게 물품대금을 청구하는 서식(상속인에 대한 물품대금청구서)을 작성해보았다.

우선 전화로 독촉을 하고 채무를 인식하지 못하고 있거나, 단순승인 상태임에도 불구하고 채무를 갚을 의도가 없을 경우에는 내용증명우편을 통한 물품대금 청구를 하는 것도 한 방법일 것이다.

이때 상황에 따라, 피상속인(사망자)의 채무내용과 관련된 증빙서류를 첨부할 수도 있다.

---

[157] 민법 제1019조 제1항
[158] 민법 제1026조

서식17

물품대금청구서[159]

발신인 이채권 (전화: 010-1234-4321)
주소:

수신인 나상속
주소:

　발신인은 수신인의 남편인 피상속인 망 오채무에 대한 물품대금 채권을 보유한 채권자입니다. 이에 발신인은 수신인에게 전화상으로 피상속인으로부터 상속한 채무를 갚도록 수신인에게 수차례 독촉한 바 있습니다.
　망 오채무의 채무 변제기는 전화상으로 미리 알려드린 바와 같이 2009년 (　)월 (　)일로서 이미 그 기간이 지난 상태인바, 위 채무를 (　)년 (　)월 (　)일까지 변제하여주실 것을 요청합니다.
　위 기간내에 변제가 이루어지지 않을 경우 부득이 모든 민·형사상[160] 조치를 취할 것임을 알려드립니다.
　감사합니다.

(　　)년 (　　)월 (　　)일

위 발신인 이채권 (인)

Tip

::의문점
상속인의 채권자가 상속인의 한정승인이나 상속포기의 무효를 주장하면서 무효확인의 소송을 제기할 수 있을까[161]?

::답
판례는 상속채권자 등은 한정승인신고 수리심판 그 자체에 대하여 독립한 무효확인 청구를 할 수 없고, 만일 청구하여도 확인의 이익이 없어 부적법하다고 판시[162]했다. 다만 상속인의 채권자는 상속인에게 상속채무의 이행을 청구하는 소송을 제기하면서, 선결문제로 한정승인 등의 무효를 주장할 수 있다.

결국 상속채권자는 한정승인 등이 무효라고 판단될 경우에 무효확인소송을 제기하지 않고, 상속인을 상대로 상속채무이행을 청구하면서 한정승인 등이 무효라는 주장을 하면 된다.

---

[159] 내용증명우편으로 보내는 것이 합리적이다.
[160] 형사상 조치가 별도로 있을 가능성은 희박하지만, 이와 같은 문구를 쓰는 것이 일반적이다.
[161] 박동섭, 친족상속법, 박영사, 2007. 615면 내지 616면
[162] 부산고법 2002나8001 판결

9 | 어음을 분실하면, 분실신고 후 제권판결을 받아라

🔴 가 이 변호사와 홍 대리의 이야기 엿듣기

홍 대 리	약속어음을 분실했는데, 어떻게 하지?
이변호사	제권판결을 받아야지.
홍 대 리	제권판결?
이변호사	응. 그냥 놔두면 어음을 선의로 취득한 사람이 나타날 경우에 어음금을 받지 못할 수도 있거든.
홍 대 리	제권판결은 어떻게 하는데?
이변호사	법원에 공시최고신청이라는 것을 하고 나서, 그것이 받아들여지면, 법원이 공시최고를 해. 어음을 소지한 사람이 있으면 빨리 신고하라는 내용의 공고를 내는 것이지. 신고하는 사람이 없으면 대개 제권판결이 선고가 되지. 그렇게 되면 잃어버린 어음이 무효가 되는 거야. 결국 제권판결을 받아서 어음을 무효로 해두면 제권판결을 얻은 사람이 어음금을 받을 수 있는 구조지.
홍 대 리	그렇구나. 그럼, 어떤 사람이 어음을 선의취득 했는데, 법원의 공시최고에 자기의 권리를 신고하지 않은 경우에는 어떻게 되지?
이변호사	법원에서는 제권판결을 취득한 사람의 손을 들어주고 있어. 선의취득자가 권리행사를 하지 않은 것이니까.
홍 대 리	그렇구나.

나 법률적 쟁점 정리

(1) 어음의 분실과 도난에 대하여

어음은 권리를 표창하는 수단이지 권리 그 자체는 아니기 때문에 어음을 분실하거나 도난을 당했다고 해도 권리 그 자체를 상실하는 것은 아니다. 그러나, 어음의 지시증권성 및 상환증권성으로 인하여 어음상의 권리자는 어음상의 권리를 행사할 수 없게 된다.

게다가 위와 같은 경우에 어음을 선의취득 한 제3자가 있을 때에 어음상 권리를 상실하게 된다. 이를 방지하기 위해 인정되는 것이 공시최고에 의한 제권판결이라 할 수 있다[163].

(2) 공시최고절차

(가) 공시최고의 의의

어음의 분실 등의 경우에 하는 공시최고는 특정한 어음이 상실된 것이고 소정의 기간 내에 이해관계인이 신고하지 않으면 그 증권을 무효로 한다는 공고[164]라고 할 수 있다[165].

(나) 대상

어음의 분실 또는 어음도난 등의 경우에 할 수 있고, 사취나 편취 당한 경우에는 공시최고의 대상이 되지 않는다.

---

[163] 민사소송법 제475조 이하
[164] 민사소송법 제495조
[165] 정찬형, 상법강의(하), 박영사, 2007. 410면 내지 414면

(다) 신청권자

어음의 최종소지인과 기타 증서에 관하여 그 증서에 의하여 권리를 주장할 수 있는 자이다[166]. 다만, 법원은 약속어음의 발행인도 어음상의 채무를 면하기 위해 어음의 도난 내지 분실 등을 이유로 공시최고를 신청할 수 있다고 한다[167].

(라) 신청장소

어음에 표시된 지급지의 지방법원 전속관할이다[168].

(마) 신청절차

일정한 증거절차를 거쳐 공시최고의 신청을 한다[169]. 이 신청은 신청원인과 제권판결을 구하는 취지를 명시한 서면으로 해야 한다[170].

(바) 결정

공시최고법원은 결정으로 허용여부에 대한 재판을 하며[171], 공시최고결정을 한 경우에는 신청인, 신고최고, 실권경고, 공시최고기일 등을 표시하여[172] 3개월 이상의 기간 동안 대법원규칙이 정하는 바에 따라 공고한다[173].

---

[166] 민사소송법 제493조
[167] 대법원 89다카16215 판결
[168] 민사소송법 제476조 제2항 본문, 제476조 제3항
[169] 민사소송법 제494조
[170] 민사소송법 제477조 제1항, 제2항
[171] 민사소송법 제478조 제1항
[172] 민사소송법 제749조

(3) 제권판결

(가) 절차

신청인의 제권판결신청이 이유가 있으면, 법원은 제권판결을 선고하고[174], 공고할 수 있다[175]. 법원에 다투는 신고가 접수된 경우에는 그 권리에 대한 재판이 확정될 때까지 공시최고절차를 중지하거나 신고한 권리를 유보하는 제권판결을 선고해야 한다[176].

(나) 효력

제권판결을 받은 어음은 제권판결시부터 장래에 향하여 무효가 되며[177], 선의취득도 할 수 없다.

제권판결을 받은 사람은 어음채무자에 대하여 어음이 없이도 권리를 주장할 수 있다[178]. 이는 어음을 소지하는 것과 동일한 지위를 회복시켜주는 것에 그칠 뿐이고 실질적 권리자임을 확정시켜주는 것이 아니다.

(다) 선의취득자와 제권판결취득자와의 권리우선관계

제권판결결정 전에 어음상 권리를 선의취득한 사람이 법원에 권리

---

[173] 민소소송법 제480조, 제481조
[174] 민사소송법 제487조 제1항
[175] 민사소송법 제489조
[176] 민사소송법 제485조
[177] 민사소송법 제496조
[178] 민사소송법 제497조

신고를 하지 않은 경우에 제권판결이 선고될 수 있다. 이때는 제권판결을 취득한 사람이 우선한다.

(라) 백지어음과 제권판결

백지어음의 경우에 제권판결을 취득한 자는 백지부분에 대하여 어음 외의 의사표시에 의하여 보충권을 행사하고 그 어음금의 지급을 구할 수 있다[179].

다 관련 서식 및 서식 설명

어음분실 또는 어음도난 등의 경우에 법원에 공시최고를 신청하게 된다. 그에 따른 공시최고신청서를 작성해보았다.

서식18

공시최고신청서[180]

신청인 (주) 채권 대표이사 이채권
　　　　서울시 (　　)구 (　　)동 (　　)번지

무효를 구하는 약속어음(또는 수표)의 표시

종 류	번 호	금 액	발행일자	발행인	지급장소	최종소지인

신청취지

위 표시 약속어음(또는 수표)에 대하여 공시최고 기일 내에 권리신고가 없을 때에는 무효를 선고한다는 제권판결을 구합니다.

신청이유

신청인은 (   )년 (   )월 (   )일 경기도 화성시 송산면 사강리에서 신청인 직원의 부주의로 증서를 분실한 후 백방으로 탐색하였으나 회수하지 못한바, 공시최고 후 권리신고가 없을 때에 무효를 선고하는 제권판결을 하여주시기 바랍니다.

소명방법

1. 소갑 제1호 증(약속어음 사본[181]) 1통
1. 소갑 제2호 증(미지급증명원[182]) 1통
1. 소갑 제3호 증(분실신고접수증[183]) 1통
1. 소갑 제4호 증(목록) 10통

2011. (   ). (   ).

위 신청인 (주)채권
대표이사 이채권 (인)

서울 중앙지방법원 귀중

---

[179] 대법원 97다57573 판결
[180] 수표의 경우에는 공시최고신청에 의한 제권판결이 종종 있지만, 약속어음에 대한 공시최고신청과 그에 따른 제권판결은 그 성질상 많지 않은 것으로 보인다.
[181] 어음 또는 수표의 사본이나 은행의 어음 또는 수표용지의 교부증명서와 발행인의 발행증명서 등을 받는다.

Tip

::의문점
어음을 상실하여 공시최고에 의한 제권판결을 받은 사람이 어음의 발행인에 대하여 어음의 재발행을 청구할 수 있을까184?

::답
주권은 위와 같은 경우에 재발행요구규정이 상법185에 있어 문제가 없으나, 어음은 재발행에 대한 명문규정이 없어 그 가능성이 문제된다. 이에 대하여는 견해가 대립하나, 어음은 주권과 달리 계속적인 권리관계를 표창하는 것이 아니고, 금전의 지급이라는 1회적인 권리관계를 표창하는 것인데, 제권판결에 의해 어음상실자는 어음의 1회적 권리관계 표창이라는 어음목적에 대한 문제해결이 가능하다.
따라서 원칙적으로는 재발행을 부정하는 것이 타당하다.
다만, 백지어음의 경우에는 백지보충을 위한 재발행의 실익이 있으므로 백지어음 상실자에게만 예외적으로 백지어음의 재발행을 청구할 수 있다고 보는 것이 타당하다.
다만, 앞서 본 바와 같이 대법원186은 백지어음에 대하여 제권판결을 취득한 자는 '어음 외 의사표시'에 의하여 보충권을 행사하고 그 어음금의 지급을 구할 수 있다고 한다. 위 판례는 백지어음에 대한 제권판결시 재발행이 되지 않은 것을 전제한 것으로 보인다.

---

182 약속어음 또는 수표의 지급인인 은행 등이 발행해주는 증명서이다.
183 경찰에 약속어음 또는 수표 분실신고를 하고 나서 받는다.
184 정찬형, 상법강의(하), 박영사, 2007. 414면
185 상법 제360조 제2항
186 대법원 97다57573 판결

10 | 다른 채권자의 강제집행절차에 적극 참여하라

🟥 가 이 변호사와 홍 대리의 이야기 엿듣기

홍 대 리	채무자의 재산이 채무자 소유의 집밖에 없는데, 다른 채권자가 경매를 신청할 경우에 우리가 채권을 확보할 수 있을까?
이변호사	할 수 있지. 우리가 지급명령신청을 해서 확정되었거나 소송을 통해서 승소했다면, 그 자료를 가지고 배당을 요구할 수 있지.
홍 대 리	배당이라고?
이변호사	응. 다른 채권자가 신청한 것이 임의경매라면, 경락대금에서 그 채권자가 먼저 자기 채권을 배당받고 남은 돈을 우리가 배당받을 것이고, 강제경매라면 평등하게 배당받을 가능성이 많지.
홍 대 리	임의경매… 강제경매?
이변호사	응. 임의경매는 부동산에 저당권이나 근저당권이 설정되어 있는데 채무자가 돈을 갚지 않아서 경매로 저당권 등으로 담보된 채권을 회수하는 것을 의미하고, 강제경매는 돈을 안 줄때 소송에서 승소한 다음에 그 승소판결문을 근거로 부동산을 경매에 부쳐서 채권을 회수하는 것이야. 임의경매는 그 부동산 자체를 담보로 취득한 것이라서, 우선변제권 즉 담보권자가 우선적으로 돈을 받을 권리가 있지만, 강제경매는 승소판결문을 근거로 부동산을 찾아 경매에 부치는 것이기

	때문에 우선변제권이 없어. 결국, 임의경매를 신청한 채권자는 우선변제권이 인정되지만, 강제경매는 그렇지가 않아.
홍 대 리	그렇구나. 그래서 강제경매의 경우에 평등배당되는 것이구나.
이변호사	그렇지. 우리가 주의할 것은 법원에서 미리 정해둔 배당요구종기까지 배당요구를 해야 된다는 것이야. 잘 확인해야지.
홍 대 리	그런데 그와 같은 것들을 어디서 확인하지?
이변호사	부동산이나 자동차처럼 등기나 등록이 되는 물건은 등기부나 등록부를 확인하면 경매가 개시되었는지 확인할 수 있고, 등기부나 등록부에 사건 번호가 나오니까 대법원사건 검색 사이트를 확인하면, 배당요구종기도 알 수 있을 것이야.
홍 대 리	그렇구나.

나 법률적 쟁점 정리

(1) 강제경매와 임의경매

(가) 강제경매의 의미

승소판결문과 같은 집행권원에 기초하여 진행되는 경매를 강제경매라고 한다. 강제경매는 채무자의 일반재산에 대한 집행절차라는 점에서 인적책임을 추구하는 절차이다.

(나) 임의경매의 의미

담보권 또는 법률규정에 기초하여 진행되는 경매를 임의경매라고 한다. 임의경매는 담보권의 목적이 된 특정물에 대한 집행절차라는 점에서 물적책임을 추구하는 절차이다.

담보권설정은 채무불이행시 집행에 대한 사전적 동의라는 의미를 갖는다는 점에서 담보권에 기한 경매를 임의경매라고 한다.

(2) 배당요구

(가) 배당요구의 의미

배당요구란 다른 채권자의 신청에 의하여 개시된 집행절차에 참가하여 동일한 재산의 매각대금에서 변제를 받으려는 집행법상의 행위인데, 다른 채권자의 강제집행절차에 편승하는 종속적인 행위라는 점에서 이중경매신청 행위와 다르다[187].

(나) 배당요구를 하지 않아도 당연히 배당에 참가하는 채권자

1) 이중경매신청인[188]
2) 경매개시결정 등기 전에 등기된 가압류채권자[189]
3) 경매개시결정 기입등기 전에 등기된 담보권자, 최선순위가 아닌 용익권자[190]

---

[187] 사법연수원, 민사집행법, 2005. 180면 이하
[188] 민사집행법 제148조 제1호
[189] 민사집행법 제148조 제3호
[190] 민사집행법 제148조 제4호

4) 경매개시결정 등기 전에 체납처분에 의한 압류권자

(다) 배당요구를 하여야 배당에 참가할 수 있는 채권자[191]
1) 집행력 있는 정본을 가진 채권자
2) 경매개시결정이 등기된 뒤에 가압류를 한 채권자
3) 민법이나 상법 그 밖의 법률에 의하여 우선변제권이 있는 채권자
① 법이 우선변제권을 인정하고 있으나 등기가 되어 있지 않아 배당요구를 하지 않으면 채권의 존부나 액수를 알 수 없는 채권으로서 주택임대차보호법[192]이나 상가건물임대차보호법[193]에 의하여 우선변제권이 인정되는 임차보증금반환채권, 임금채권이 이에 해당한다.
② 경매개시결정의 기입등기를 한 뒤에 저당권과 같은 제한물건이나 등기된 임차권을 취득한 채권자 및 최선순위 전세권자도 배당요구가 필요하다.
③ 경매개시결정 전에 체납처분절차에 의한 압류등기를 하지 못한 조세 기타 공과금채권은 배당요구의 종기까지 체납처분의 예에 의한 교부청구를 해야 배당을 받는다.

(라) 배당요구를 할 수 있는 기한
집행법원은 배당요구종기를 첫 매각기일 이전으로 잡는다. 배당요

---

[191] 민사집행법 제88조 제1항
[192] 주택임대차보호법 제3조의2 제1항, 제8조 제1항
[193] 상가건물임대차보호법 제5조 제2항, 제14조

구는 배당요구종기까지 해야 한다[194]. 따라서 임금채권, 주택임대차 보증금(소액포함) 반환청구권 등 우선변제권이 있는 채권자라 하더라도 위의 시기까지 배당요구를 하지 않으면 매각대금으로부터 배당을 받을 수 없고 그 뒤 배당을 받은 후순위자를 상대로 부당이득반환청구도 할 수 없다.

(마) 배당요구의 방식

배당요구는 채권의 원인과 액수를 적은 서면으로 하여야 하며, 배당요구의 자격을 소명하는 서면을 붙여야 한다.

(바) 배당요구의 통지

배당요구가 있으면 그 사실을 배당절차와 관계 있는 이해관계인에게 통지하나[195], 국세 등의 교부청구가 있는 경우까지 통지할 필요는 없다.

(사) 배당요구의 효력

배당을 받을 권리 및 배당기일의 통지를 받을 권리[196] 및 배당표에 대한 이의신청권[197]이 인정된다.

집행력 있는 정본으로 배당요구를 한 채권자는 경매절차의 이해관

---

[194] 민사집행법 제84조 제1항, 제88조 제2항
[195] 민사집행법 제90조
[196] 민사집행법 제146조
[197] 민사집행법 제151조

계인이 되므로[198] 이해관계인으로서의 권리가 인정되며[199], 압류에 준하여 시효중단의 효력도 인정된다.

(아) 배당요구의 철회

배당요구에 따라 매수인이 인수해야 할 부담이 바뀌는 경우, 배당요구를 한 채권자는 배당요구의 종기가 지난 뒤에 이를 철회할 수 없다[200].

다 관련 서식 및 서식 설명

부동산 경매에서 사용되는 배당요구신청서를 작성해보았다.

서식19

배당요구신청서

사 건 2010타경(　　　)호 부동산강제경매사건[201]
채권자(신청인) 이승소
    주소:
채무자(피신청인) 오채무
    주소:
배당요구채권자 이채권
    주소:
    전화:

배당요구채권의 표시

1. 금 (   ) 원

서울중앙지방법원 2010가단 (   )호 청구사건의 집행력 있는 판결정본에 의한 채권 금 (   )원의 변제금

2. 위 금액에 대한 2010. (   ). (   ). 이후 다 갚을 때까지 연 20%의 지연손해금

배당요구원인

배당요구 채권자는 채무자에 대하여 전기 집행력 있는 정본에 기한 채권을 가지고 있으므로, 위 채권자·채무자 간의 귀원 2010타경(   )호 부동산강제경매사건의 매각대금에서 배당을 받고자 배당요구를 함.

첨부서류

1. 집행력 있는 판결정본[202] 1통

2010. (   ). (   ).

배당요구채권자 이채권 (인)

서울중앙지방법원 귀중

---

[198] 민사집행법 제90조 제1호
[199] 민사집행법 제110조, 제116조 제2항, 제120조, 제129조
[200] 민사집행법 제88조 제2항
[201] 이 사례는 타인이 '강제'경매를 신청한 사건에서 승소판결문을 근거로 배당요구를 한 사례이다.

Tip

::의문점
집행력 있는 (판결) 정본은 무엇이고, 집행력 있는 (판결) 사본은 무엇인가?

::답
집행력 있는 정본이란, 승소 판결문과 같은 집행권원(채무명의)에 집행을 할 수 있다는 취지의 집행문을 부여받을 것을 의미한다. 승소판결문 등에 집행할 수 있다는 취지의 문구(집행문)를 집행문이라 한다.
즉, 집행력 있는 정본은 법원에서 보내준 승소판결문 자체에 집행문을 부여받을 것을 의미하며, 집행력 있는 사본은 그 정본의 복사본을 말한다.

202 배당요구를 할 때에는 집행력 있는 (판결) 정본을 소지한 경우에도 배당요구서에 반드시 집행력 있는 (판결) 정본을 붙일 필요는 없고 그 사본, 그 밖에 배당요구의 자격을 소명하는 서면을 붙이면 된다. 참고로 강제집행을 신청할 때에는 신청서에 반드시 집행력 있는 (판결) 정본을 붙인다.

11 | 소멸시효가 경과되기 전에 채권을 행사하라

🈚 이 변호사와 홍 대리의 이야기 엿듣기

홍 대 리   소멸시효라는 것이 있던데.

이변호사   있지. 일정한 기간을 정해두고 그 기간 안에 권리행사를 하지 않으면 그 권리가 없어지는 것이라고 보면 돼. 오랜 기간 동안 자신의 권리를 행사하지 않은 사람에게 그 권리를 행사하도록 할 필요가 없다고 보는 것이지.

홍 대 리   취지는 알겠는데, 어쩔 수 없이 돈을 못 받는 경우도 있을 텐데….

이변호사   음… 어쩔 수 없이 돈을 못 받은 경우라면, 권리를 행사했는데, 상대방이 돈이 없거나 도망을 다니거나 등을 생각할 수 있을 텐데, 그런 경우에는 구제가 돼. 소멸시효중단이라는 말을 쓰는데, 권리행사한 후부터 다시 기간을 따지는 거지. 소멸시효가 10년인 채권이라면 시효중단 후 다시 처음부터 10년을 계산하는 것이지.

홍 대 리   그래야지 맞는 것 같다. 소멸시효기간이 여러 가지 있는 것 같던데, 채권마다 시효기간이 다른 특별한 이유라도 있나?

이변호사   보통 채권은 10년인데 상사채권은 5년이야. 아무튼 시효기간이 다양해. 이유는 권리관계를 빨리 확정시킬 필요가 있는 것들이 짧은 것 같아. 입법자들이 그렇게 정한 것이지.

홍 대 리	그렇구나.
이변호사	시효기간이 지나면 권리가 사라지기 때문에 소송을 해도 돈을 못 받아. 시효기간 안에 권리행사를 한다는 것이 굉장히 중요한 것이지. 하지만 채무자가 시효기간이 지났는데도 알아서 주는 것은 받아도 되고.
홍 대 리	그렇구나.

나 법률적 쟁점 정리

(1) 소멸시효의 의미

소멸시효란 권리자가 권리행사를 할 수 있음에도 불구하고 일정한 기간 동안 권리불행사가 계속된 경우에 그 권리를 소멸케 하는 제도를 의미한다[203].

소멸시효를 인정하는 이유는 사회질서의 안정 및 유지, 과거사실의 증명곤란으로부터 소유자 및 당사자 구제, 오랫동안 자기 권리를 행사하지 않은 태만에 대한 제재 등이 언급되고 있다.

(2) 소멸시효의 요건

(가) 소멸시효에 걸리는 권리

소유권을 제외한 물권과 채권 등의 재산권에 대하여 소멸시효가 인정된다. 다만, 가족권 및 인격권 같은 비재산권은 소멸시효의 대상이 아니다.

---

[203] 송영곤, 민법기본강의, 유스티니아누스, 2004. 330면 이하

부동산 매수인의 소유권이전청구권의 경우 소멸시효에 걸리는데, 매수인이 목적물을 인도받아서 사용 및 수익을 하고 있다면 시효에 걸리지 않는다[204].

부동산을 취득시효로 취득한 사람의 등기청구권의 경우 그가 목적물에 대한 점유를 계속하는 한 시효로 소멸되지 아니한다[205].

(나) 소멸시효의 기산점(권리의 불행사)

소멸시효는 권리를 행사할 수 있는 때로부터 진행한다[206]. 권리행사의 장애는 법률상 장애와 사실상 장애로 구별할 수 있는데, 소멸시효의 기산점인 권리를 행사할 수 있는 때라 함은 원칙적으로 법률상의 장애가 없어진 때만을 의미한다[207].

법률상 장애의 예로는 정지조건의 미성취와 이행기의 미도래를 들 수 있다. 단지 권리자 개인의 사정이나 법률지식 부족 등은 사실상 장애로써 소멸시효의 진행을 막지 못한다[208].

(다) 소멸시효기간

일반채권은 10년[209], 상행위로 인한 채권은 5년[210]이며, 채권 및

---

[204] 대법원(전합) 76다148 판결
[205] 대법원 94다28468 판결
[206] 민법 제166조 제1항
[207] 대법원 98다42929 판결
[208] 대법원 80다2626 판결
[209] 민법 제162조 제1항
[210] 상법 제64조

소유권 이외의 재산권은 20년[211]이다.

1) 3년의 시효에 걸리는 권리[212]

① 이자, 부양료, 급료, 사용료 기타 1년 이내의 기간으로 정한 금전 또는 물건의 지급을 목적으로 한 채권

1년 이내의 기간으로 정한 채권이란 1년 이내의 정기에 지급되는 채권을 말하고 변제기가 1년 이내의 채권을 말하는 것이 아니다[213].

② 의사, 조산원, 간호원 및 약사의 치료, 근로 및 조제에 관한 채권

약사의 약 판매로 인한 대금채권은 조제에 대한 채권이 아니라 상인이 판매한 상인의 대가에 해당하나 결론적으로 시효가 3년이 적용되므로 논의 실익이 없다.

③ 도급받은 자, 기사 기타 공사의 설계 또는 감독에 종사하는 자의 공사에 관한 채권

도급받은 자의 공사에 관한 채권이란 도급받은 공사 채권뿐만 아니라 그 공사에 부수되는 채권을 포함한다[214].

④ 변호사, 변리사, 공증인 및 법무사에 대한 직무상 보관한 서류의 반환을 구하는 채권

다만, 변호사 등이 받은 서류의 소유권이 의뢰인 소유라면 이에 해당하지 않는다.

---

[211] 민법 제162조 제2항
[212] 민법 제163조
[213] 대법원 64다1731 판결
[214] 대법원 86다카2549 판결

⑤ 변호사, 변리사, 공증인, 계리사 및 법무사의 직무에 관한 채권 공인중개사의 소개료는 10년의 시효에 걸린다[215].

⑥ 생산자 및 상인이 판매한 생산물 및 상품의 대가

이들은 상법상 상인이어서 5년이 적용됨이 원칙이나, 상법의 단서 규정[216]에 의해 3년이 적용된다.

⑦ 수공업자 및 제조업자의 업무에 관한 채권

2) 1년의 시효에 걸리는 권리[217]

이에는 여관, 음식점, 대석, 오락장의 숙박료, 음식료, 대석료, 입장료, 소비물의 대가 및 체당금의 채권, 의복, 침구, 장구, 기타 동산의 사용료의 채권, 노역인, 연예인의 임금 및 그에 공급한 물건의 대금채권, 학생 및 수업자의 교육, 의식 및 임금 및 그에 공급한 물건의 대금채권, 학생 및 수업자의 교육, 의식 및 숙박에 관한 교주, 숙주, 교사의 채권 등이 있다.

3) 판결 등에 의하여 확정된 소멸시효기간

판결 및 판결과 동일한 효력이 있는 것에 의하여 확정된 채권은 단기의 소멸시효에 해당하는 것이라도 그 소멸시효는 원칙적으로 10년으로 한다[218].

확정된 지급명령은 기판력은 없고 단지 집행력만이 있으므로 판결

---

[215] 대법원 70다2931 판결
[216] 상법 제64조 단서
[217] 민법 제164조
[218] 민법 제165조

과 동일한 효력이 있는 것에 해당하지 않으나, 개정 민사소송법 제474조는 지급명령이 확정될 경우 "확정판결과 동일한 효력이 있음"을 인정하였다. 따라서, 민법 제165조 제2항에 의하여 지급명령확정시로부터 10년의 소멸시효가 적용된다[219].

예를 들어보자. 약사가 약을 팔았는데, 손님이 돈을 주지 않아 그 손님에게 지급명령을 신청하여 확정되었다(약사의 약판매로 인한 대금채권의 소멸시효는 3년이다). 지급명령이 확정되었음에도 불구하고 그 손님이 약 값 즉 돈을 또다시 계속 주지 않는다. 이 경우에 지급명령 확정일로부터 10년 내에 권리행사를 하면 충분한가? 그렇다.

주채무자에 대한 시효중단은 보증인에게도 효력이 있으나, 채권자와 주채무자 사이에 판결 등에 의하여 채권이 확정되어 그 소멸시효가 10년으로 되었다고 하더라도 연대보증채권의 소멸시효기간은 여전히 종전의 소멸시효기간에 따른다[220].

예를 들어보자. 약사가 약을 팔았는데, 손님이 돈을 주지 않아 지급명령신청을 이용하지 않고 정식 민사소송을 제기하여 승소했다(지급명령신청을 이용하던지 정식 민사소송을 이용하든지에 상관 없이 주채무자인 손님에 대한 시효는 3년이 아니라 10년으로 연장됨). 이때 그 손님의 약값을 보증한 사람이 있었다. 그 보증인은 3년의 시효적용을 받는다.

---

[219] 본서 제5편 II. 2. 나. (3)에 자세한 설명을 해두었다.
[220] 대법원 86다카1569 판결

4) 각종 소멸시효기간 정리

소멸시효기간	소멸시효대상권리(소멸시효기산점: 권리를 행사할 수 있는 때)
20년	• 채권 및 소유권 이외의 재산권 즉, 지상권, 지역권 등의 용익물권[221]
10년	• 일반 채권 즉, 소유권이전등기청구권, 부당이득반환청구권, 채무불이행에 의한 손해배상청구권, 대여금채권, 농협 등 협동조합에서 비사업자가 돈을 빌린 경우, 공인중개사 수수료 등 • 판결에 의하여 확정된 채권 즉, 지급명령, 판결, 조정조서, 배상명령, 인락조서 등의 집행권원(지급명령은 2002. 7. 1.부터 적용[222])
5년	• 상사채권[223] 즉, 은행 등으로부터 돈을 빌린 경우인 상사대여금 기타 상법상 소멸시효기간인 5년보다 단기의 시효규정이 없는 상사채권 등 • 상행위와 관련된 부당이득반환청구권의 경우 견해가 대립함(부당이득의 성질을 갖는 상사채권의 경우에 10년이 아닌 5년의 시효를 적용한 판례가 다수 있는 것으로 보이는데, 상인과 관련하여 발생한 채권이라도 상행위와 무관하다고 볼 수 있는 부당이득반환청구권은 상사시효에 걸리지 않는다는 반대설이 다수설로 보인다(필자)[224])
3년	• 이자, 부양료, 급료, 사용료 기타 1년 이내의 기간으로 정한 금전 또는 물건의 지급을 목적으로 한 채권 • 의사, 조산원, 간호원 및 약사의 치료, 근로 및 조제에 관한 채권 • 공사대금채권, 공사에 부수된 채권 • 변호사, 변리사, 공증인 및 법무사에 대한 직무상 보관한 서류의 반환을 구하는 채권 • 변호사, 변리사, 공증인, 계리사 및 법무사의 직무에 관한 채권 • 생산자 및 상인이 판매한 생산물 및 상품의 대가 즉, 외상매출채권 • 수공업자 및 제조업자의 업무에 관한 채권 • 근로자의 임금채권[225] • 주채무자(환어음의 인수인, 약속어음의 발행인)에 대한 어음상 권리[226]
2년	• 보험금 청구권, 보험료 반환청구권, 적립금 반환청구권[227] • 자동차손해배상보장법상 직접청구권[228]

---

[221] 전세권도 용익물권이지만 민법 제312조에 의하면 전세권의 존속기간은 10년을 넘지 못하므로 20년의 소멸시효에 걸리지는 않을 것이다.
[222] 2002. 1. 26.자 개정 민사소송법 및 본서 제5편 Ⅱ. 2. 나. (3) 참조.
[223] 상법 제64조

1년	- 보험료 청구권229
- 여관, 음식점, 대석, 오락장의 숙박료, 음식료, 대석료, 입장료, 소비물의 대가 및 체당금의 채권, 의복, 침구, 장구, 기타 동산의 사용료의 채권, 노역인, 연예인의 임금 및 그에 공급한 물건의 대금채권, 학생 및 수업자의 교육, 의식 및 임금 및 그에 공급한 물건의 대금채권, 학생 및 수업자의 교육, 의식 및 숙박에 관한 교주, 숙주, 교사의 채권 등
- 소구권(환어음의 경우 배서인과 발행인에 대한 소구권, 약속어음의 경우 배서인에 대한 소구권)230
- 수표채권의 경우 지급보증인에 대한 수표상 권리231
- 운송주선인의 책임232
- 운송주선인의 위탁자 또는 수하인에 대한 채권233
- 임치물의 멸실 또는 훼손으로 인하여 생긴 창고업자의 책임234
- 창고업자의 임치인 또는 창고증권소지인에 대한 채권235
6개월	- 공중접객업자의 책임236
- 수표의 경우 소구권 및 재소구권237
기타	- 불법행위손해배상청구권: 손해 및 가해자를 안 날로부터 3년, 불법행위를 한 날로부터 10년 중에서 어느 하나(3년과 10년)의 기간이 충족되면 소멸시효가 완성됨.
소멸시효에 걸리지 않는 권리	- 소유권
- 소유권에 기한 물권적 청구권
- 상린법상의 제권리238
- 공유물분할 청구권239
- 점유권과 유치권240
- 질권과 저당권 등의 담보물권241

---

224 정찬형, 상법강의(상), 박영사, 2007, 202면
225 근로기준법 제49조
226 어음법 제70조 제1항, 제77조 제1항 제8호
227 상법 제662조
228 자동차손해배상보장법 제10조
229 상법 제662조
230 어음법 제70조 제2항, 제77조 제1항 제8호
231 수표법 제58조
232 상법 제121조

(3) 소멸시효 완성의 효력

소멸시효가 완성하면 권리가 소멸하고, 소멸시효는 그 기산일에 소급하여 효력이 생긴다.

소멸시효가 완성되기 전에는 시효의 이익을 포기할 수 없고, 완성 후에는 포기할 수 있다.

유효한 포기가 되려면 포기한 사람이 시효완성의 사실을 알면서 하는 것이어야 하며, 시효완성 후에 채무승인을 한 경우에는 시효완성사실을 알고 그 이익을 포기한 것으로 추정한다[242].

(4) 소멸시효의 중단과 정지

(가) 소멸시효의 중단

1) 소멸시효중단의 의미

시효중단이란 법이 정하는 일정한 사유의 발생에 의하여 그때까지 진행된 시효기간을 없었던 것으로 하고 시효기간이 전혀 진행하지

---

[233] 상법 제122조
[234] 상법 제166조
[235] 상법 제167조
[236] 상법 제154조
[237] 수표법 제51조
[238] 민법 제216조 이하
[239] 민법 제268조
[240] 점유권과 유치권은 점유를 상실하지 않는 한 권리 그 자체가 소멸시효대상이 되지는 않는다. 예를 들어, 유치권의 경우 피담보채권이 시효로 소멸하면 반사적 효과로서 유치권이 소멸될 뿐이다.
[241] 담보물권은 그 자체가 소멸시효의 대상이 되지는 않는다. 담보물권의 전제인 피담보채권이 시효로 소멸하면 반사적 효과로서 담보물권이 소멸될 뿐이다.
[242] 대법원 92다4796 판결

않았던 것으로 만드는 것을 의미한다. 소멸시효의 중단은 일단 진행된 기간의 유효성을 인정하는 소멸시효의 정지와 다르다.

2) 시효중단의 사유[243]

① 청구

청구란 권리자가 그의 권리를 주장하여 행사하는 것을 의미하며, 재판상 청구, 파산절차참가, 지급명령, 화해를 위한 소환, 임의출석, 최고 등이 있다.

다만, 최고는 내용증명우편으로 채무이행을 독촉하는 것으로 종국적인 시효중단사유가 아니며, 최고가 있은 후 6개월 이내에 다른 시효중단사유가 발생하지 않으면 시효중단의 효력이 상실된다.

② 압류, 가압류, 가처분

압류는 금전채권의 만족을 위하여 확정판결 기타의 집행권원(채무명의)에 기하여 행하는 강제집행의 첫 단계로서 채무자가 강제집행의 대상이 되는 재산을 처분하는 것을 금지하는 내용을 가지며, 가압류나 가처분은 집행권원(채무명의) 없이 하는 강제집행보전처분이다.

십행력 있는 집행권원의 정본을 가진 채권자가 다른 채권자의 신청에 의하여 개시된 경매절차를 이용하여 하는 배당요구는 압류에 준하여 시효중단사유가 된다.

③ 승인(채무승인)

시효의 이익을 받을 자가 시효에 의하여 권리를 잃는 사람에 대하여 그 권리가 존재함을 알고 있음을 표시하는 것으로 특별한 방식을 요하지 않는다.

---

[243] 민법 제168조

3) 시효중단의 효력

시효중단의 효과는 당사자 및 그 승계인에만 발생[244]하며, 승계의 경우 특정승계인지 포괄승계[245]인지를 불문한다.

시효가 중단된 후에는 중단사유가 종료한 때로부터 다시 새로이 시효가 진행된다[246].

중단사유가 종료된 때라 함은 파산절차종료시, 지급명령확정시, 압류 등의 절차 종료시, 승인이 상대방에 도달한 때, 재판이 확정된 때, 화해 등이 성립한 때 등이다.

(나) 소멸시효의 정지

1) 소멸시효 정지의 의미

소멸시효의 정지란 권리자의 중단행위에 곤란한 사정이 발생한 경우에 일정한 유예기간 동안 시효진행을 멈추게 하였다가 다시 나머지 기간을 진행시키는 것으로 이미 경과한 시간을 없었던 것으로 하는 소멸시효의 중단과 다르다.

2) 시효정지의 사유

① 무능력자[247]

소멸시효의 기간 만료 전 6개월 내에 무능력자의 법정대리인이 없

---

244 민법 제169조
245 특정승계란 개개의 권리가 각각의 취득원인에 의하여 취득되는 것을 의미하며, 포괄승계란 하나의 취득원인에 의하여 다수의 권리가 일괄해서 취득되는 것을 의미한다. 포괄승계의 예로는 상속, 포괄유증, 합병 등이 있다.
246 민법 제178조 제1항 후단
247 민법 제179조 제180조 제1항

는 때는 그가 능력자가 되거나 법정대리인이 취임한 때로부터 6개월 내에는 시효가 완성되지 않으며, 재산을 관리하는 부, 모 또는 후견인에 대한 무능력자의 권리는 그가 능력자가 되거나 후임의 법정대리인이 취임한 때로부터 6개월 내에는 소멸시효가 완성되지 않는다.

② 부부간 권리[248]

부부 일방의 타방에 대한 권리는 혼인관계가 종료한 때로부터 6개월 내에 소멸시효가 완성되지 않는다.

③ 상속재산에 관한 권리[249]

상속재산에 속한 권리나 상속재산에 대한 권리는 상속인의 확정, 관리인의 선임 또는 파산선고가 있는 때로부터 6개월 내에는 소멸시효가 완성되지 않는다.

④ 천재 기타의 사정[250]

천재 기타 사변으로 인하여 소멸시효를 중단할 수 없는 때에는 그 사유가 종료한 때로부터 1개월 안에는 시효가 완성되지 않는다.

다 관련 서식 및 서식 설명

소멸시효 중단 사유의 하나인 최고장(내용증명우편)을 작성해보았다.

---

[248] 민법 제180조 제2항
[249] 민법 제181조
[250] 민법 제182조

최고장[251]

발신인 이채권
　　주소:

수신인 오채무
　　주소:

　발신인은 수신인으로부터 변제기가 지난 대여금 10,000,000원 및 이에 대한 이자 및 변제기로부터 연10%[252]를 받을 권리가 있습니다.

　이에 발신인은 수신인에게 대면상 및 전화상으로 여러 차례 채무이행 독촉을 한 사실이 있습니다.

　그럼에도 불구하고 수신인은 대여금에 대한 지급을 차일피일 미루기만 하여 부득이하게 독촉장을 보내오니 (　　)년 (　　)월 (　　)일까지 위 금원 모두를 아래 계좌에 입금하시기 바랍니다.

　위 기일까지 변제가 이루어지지 않을 경우에 발신인은 수신인에 대하여 민·형사상 모든 조치를 강구할 수밖에 없음을 알려드립니다. 수신인의 성의 있는 행동을 촉구합니다.

　　발신인 계좌: (　　)은행 : 계좌번호:　　　　　　(예금주: 이채권)

　　　　　　(　　　)년 (　　)월 (　　)일

　　　　　　　　　　　　　　　　　　　　발신인 이채권 (인)

Tip

::의문점

일반 개인이 시중의 은행으로부터 돈을 빌리면 5년의 소멸시효가 적용되는데, 농협과 같은 협동조합에서 돈을 빌려도 5년의 소멸시효가 적용되는가?

::답

은행은 상인으로써 은행이 대출을 해주면 그 대출채권은 상법에 의하여 5년의 소멸시효가 적용되지만, 농업협동조합과 같은 협동조합은 상인이 아니어서 대출이 이루어졌다고 해도 그 대출채권은 일반채권에 해당하여 10년의 시효에 걸린다.

다만, 농업협동조합이 사업자등록을 한 사람(즉, 상인)에게 자영업자 대출을 했다면 상법에 의하여 5년의 소멸시효가 적용된다. 쉽게 생각해서 상사시효는 채권채무의 당사자 중 일방 당사자만 상인이면 상사시효가 적용된다.

---

251 내용증명우편으로 보내면 시효를 중단하였다는 증거자료로 사용될 수 있다. 시효중단으로서의 최고장 발송은 그 후 6개월 내에 다른 시효중단사유조치를 취해야 함에 유의한다.

252 '연 몇 퍼센트'의 이자라는 표현보다는 그 이자를 계산해서 적는 것이 오히려 좋을 수가 있다. 상황에 따라 판단하면 될 것인데, 돈을 줄 가능성이 많다면 계산해서 적는 것이 좋을 것이다.

12 | 형사고소를 통하여 대위변제를 유도하라

🔴 가 이 변호사와 홍 대리의 이야기 엿듣기

홍 대 리	채무자가 돈을 갚지 않을 때 형사고소를 할 수 있나?
이변호사	형사고소야 할 수 있지. 처벌이 가능한가는 별다른 문제고.
홍 대 리	그럼 처벌이 안 된다는 것이니?
이변호사	대체로 범죄가 성립되지 않아서 처벌이 안 돼. 잘못하면 오히려 무고죄가 될 수도 있고.
홍 대 리	그럼 형사고소를 전혀 할 수 없나?
이변호사	상황에 따라 달리 판단해야지. 사기죄가 되거나, 강제집행면탈죄 같은 것은 성립될 수도 있거든.
홍 대 리	강제집행면탈?
이변호사	채권자가 채무자 재산을 집행하려고 할 때에 채무자가 재산을 숨기면 강제집행면탈죄가 성립할 수 있어. 채무자가 처음부터 돈 줄 생각 없이 돈을 빌렸다면 사기죄도 가능하고.
홍 대 리	그렇구나.
이변호사	사기죄나 강제집행면탈죄가 가능하다 싶으면 고소를 하는 것도 한 방법이야. 이런 경우에는 대개 실질적으로 채무자가 돈이 없는 경우가 많은데, 최소한 고소취소를 제시하면 채무자의 가족이 돈을 대신 갚기도 하거든.
홍 대 리	그렇구나.

나 법률적 쟁점 정리

(1) 형사고소를 통한 대위변제

대체적으로 채무자의 채무불이행이 범죄를 구성하지는 않지만, 무고죄가 되지 않는 한도 내에서 채무자를 압박하는 수단으로 형사고소를 택할 수도 있다.

다만, 형사고소를 통한 채권의 회수는 되도록 최후의 수단으로 삼는 것이 합리적이다. 잘못하면 고소를 한 채권자가 무고죄로 처벌될 수도 있기 때문이다.

형사고소를 한 후에 채무자에게 고소취소를 제시하면서 채무의 변제를 독촉하면 채무자의 지인들이 채무를 갚기도 한다.

채무불이행과 관련된 범죄는 대개 친고죄나 반의사불벌죄가 아니기 때문에 범죄가 성립한다면, 합의서 또는 고소취소장을 제출하여도 공소권이 없음의 결정을 받거나 공소기각결정이 내려지는 것은 아니지만, 검사가 기소를 유예하거나, 약식명령으로 종결할 수도 있고, 법원에서 집행유예나 벌금형으로 종결될 수도 있다.

(2) 채무불이행과 성립 가능한 주요 범죄

(가) 사기죄

돈을 빌리거나, 물건을 살 때에 돈 갚은 생각이 전혀 없었고, 돈 갚을 능력도 없었다면 사기죄가 성립한다[253].

---

[253] 형법 제347조

(나) 배임죄

채권자로부터 사무처리를 위탁받았는데, 채권자의 이익에 반하여 사무를 처리하고 재산상 이득을 취득하면 배임죄가 된다[254].

(다) 강제집행면탈죄

채권자가 강제집행의 기세를 보일 때에 채무자가 자신의 재산을 빼돌렸다면, 강제집행면탈죄가 된다[255].

다 관련 서식 및 서식 설명

소멸시효사기죄와 강제집행면탈죄에 대한 고소장 및 합의서를 작성해보았다.

(1) 사기죄 고소장

서식21

고소장[256]

고소인 이채권
　　주소:
　　전화:
피고소인 이채무
　　주소:
　　전화:

고소취지

고소인은 피고소인으로부터 금 10,000,000원을 편취당한 사실이 있어 이를 고소하오니 피고소인을 철저히 조사하여 엄벌에 처하여 주시기 바랍니다[257].

고소이유

1. 고소인은 2010년 (   )월 (   )일 피고소인으로부터 금 10,000,000원을 받고 고소인이 취급하는 물건인 (   )를 피고소인에게 매도하기로 하고, 고소인이 피고소인에게 위 물품을 인도하였습니다.

2. 그럼에도 불구하고 피고소인은 고소인에게 위 대금을 지급하기로 한 날에 전혀 지급하지 않았을 뿐만 아니라 5개월이 지난 현재까지도 나몰라라 하고 있습니다.

3. 피고소인은 위 물품에 대한 대금 변제기 직후에는 조금만 기다려 달라고 하더니, 최근에는 돈이 없어 줄 수 없으니 마음대로 하라고 생떼를 쓰고 있습니다.

4. 이에 고소인은 피고소인이 처음부터 돈을 주지 않을 의도였던 것인지 의심하지 않을 수 없었고, 피고소인과 거래를 했던 사람들을 수소문하였는바, 피고소인은 상습적으로 물품대금을 주지 않기로 유명한 사람이었습니다.

5. 게다가 고소인과 거래를 할 당시에도 여러 채권자로부터 채무독촉을 받는 상황임을 인지할 수 있었습니다(소갑 제1호증의 1, 2, 3(각 진술서)).

6. 결국 피고소인은 물품대금을 줄 의사와 능력이 없음에도 불구하고 고소인으로부터 물품을 인도받은 후 물품대금을 전혀 지급하

지 않고 있는바, 이는 사기죄[258]에 해당한다고 할 것입니다.

소명방법

1. 소갑 제1호 증의 1, 2, 3(각 진술서[259])

2011. ( ). ( ).

고소인 이채권 (인)

서울중부경찰서 귀중

---

[254] 형법 제355조 제2항, 제356조
[255] 형법 제327조
[256] 고소장은 경찰서나 검찰청에 직접 제출해도 되고 등기우편으로 제출해도 된다. 내용증명우편으로 제출할 필요는 없다.
[257] 고소장 기재에 특별한 형식이 있는 것은 아니므로, 고소취지를 '사기죄로 처벌해 주십시오'라고 간략하게 적어도 무방하다.
[258] 사기죄의 핵심은 처음부터 사기칠 의도(즉, 변제의사 없음) 및 변제능력 없음 등이 인정되어야 한다. 따라서, 일부 대금을 지급하였다면 사실상 사기죄로 처벌되기 어렵다.
[259] 고소인이 물건을 팔 당시에 다른 채권자들이 피고소인으로부터 돈을 전혀 받지 못했으며, 피고소인이 다른 채권자들에게도 돈을 줄 수 없으니 마음대로 하라고 했다는 진술을 받을 수 있다면 사기죄가 성립될 가능성이 있다.

(2) 강제집행면탈죄 고소장

서식 22

고소장

고소인 이채권
      주소:
      전화:
피고소인 이채무
      주소:
      전화:

고소취지

고소인은 피고소인으로부터 금 10,000,000원을 받을 채권이 있어, 집행권원을 획득하였고, 피고소인의 부동산을 강제집행하려 하였으나, 피고소인은 자신의 부동산을 강제집행 직전에 피고소인의 친동생에게 저당권을 설정한바, 이는 허위채무부담에 의한 강제집행면탈행위이므로, 이를 철저히 조사하여 엄벌에 처해주시기 바랍니다.[260]

고소이유

1. 고소인은 2011월 (   )월 (   )일 피고소인으로부터 금 10,000,000원을 받고 고소인이 취급하는 물건인 (   )를 피고소인에게 매도하기로 하고, 고소인이 피고소인에게 위 물품을 인도하였습니다.

2. 그럼에도 불구하고 피고소인은 고소인에게 위 대금을 지급하기

로 한 날에 전혀 지급하지 않았을 뿐만 아니라 5개월이 지난 현재까지도 나몰라라 하고 있습니다.

3. 피고소인은 위 물품에 대한 대금 변제기 직후에는 조금만 기다려 달라고 하더니, 나중에는 돈이 없어 줄 수 없으니 마음대로 하라고 생떼를 썼습니다.

4. 이에 고소인은 민사소송을 진행하여 승소판결문을 받았고, 피고소인의 유일한 부동산에 강제집행하려 하였는데, 위 부동산에 전에 없던 피고소인과 유사한 이름이 채권자로 기재된 저당권이 설정되어 있었습니다(소갑 제1호 증(부동산등기부등본)).

5. 고소인이 백방으로 알아본 결과 그 저당권자는 피고소인의 친동생이었는바, 고소인이 승소판결문을 근거로 피고소인의 부동산을 매각하더라도 피고소인 친동생의 저당채권이 변제되고 나면 고소인의 채권확보가 불확실한 상황에 놓이게 되었습니다(소갑 제2호 증(가족관계등록부)).

6. 이에 고소인은 피고소인의 행위를 의심하지 않을 수 없었고, 여기 저기에서 수소문한 결과 피고소인의 친동생은 대학생으로 피고소인의 채권자의 위치에 있을 수 있는 자력이 없음을 확인하였습니다.

7. 이에 피고소인의 행위는 허위채무부담행위에 해당한다고 판단되는바, 피고소인의 행위는 강제집행면탈죄[261]에 해당한다고 할 것입니다.

소명방법
1. 소갑 제1호 증(부동산등기부등본)
1. 소갑 제2호 증(가족관계등록부[262])

2011. (   ). (   ).
고소인 이채권 (인)

서울중부경찰서 귀중

---

[260] 고소취지를 '피고소인이 허위채무를 부담하였는바, 강제집행면탈죄로 처벌을 원합니다.'라는 식으로 간략히 적어도 무방하다.
[261] 강제집행면탈죄는 강제집행을 면탈할 목적으로 재산을 은닉, 손괴, 허위양도, 허위채무 부담 등을 하여 채권자를 해할 우려가 인정되면 성립하는 범죄이다(위험범).
[262] 피고소인의 부동산에 저당권을 설정받은 사람이 피고소인의 동생이라는 사실을 증명할 수 있는 서류이다.

(3) 사기죄 고소후 작성한 합의서

서식23

합의 및 고소취하서[263]

피해자 이채권(주민등록번호:)
    주소:
    전화:

가해자 오채무(주민등록번호:)
    주소:
    전화:

1. 피해자는 가해자를 2011년 (   )월 (   )일에 사기죄로 서울 중부경찰서에 고소한바 있습니다(사건번호: 2010형제(   )).

2. 최근 피해자와 가해자는 위 사건에 대하여 원만히 합의하였습니다.

3. 이에 피해자는 가해자에게 본건과 관련하여 어떠한 이의를 제기하지 않을 것이며, 기타 민사 및 형사상 문제제기도 하지 않을 것입니다.

4. 따라서 피해자는 가해자의 처벌도 원하지 않습니다.

2010. (   ). (   ).

위 피해자 이채권 (인)
위 가해자 오채무 (인)
입회인 마당발 (인)
주소:
전화번호:

서울중부경찰서 귀중

Tip

::의문점
돈을 갚지 않는 것 자체가 범죄인가?

::답
돈을 갚지 않는 것 자체는 범죄가 아니며, 처벌할 수도 없다. 다만, 돈을 갚지 않는 과정 또는 채무성립 전후의 상황을 고려할 때 사기죄가 성립되거나, 강제집행면탈죄, 배임죄 등이 성립할 수 있게 될 뿐이다.

---

263 사기죄는 고소취소가 되어도 범죄혐의가 인정되면 처벌되는 범죄이다. 즉 친고죄나 반의사불벌죄가 아니다. 다만, 위와 같은 합의서가 제출되면 검사가 기소유예를 하거나 벌금을 내려달라는 약식명령청구를 할 가능성이 많은바, 처벌이 완화된다.

제3편

담보관리

 담보관리의 기본

 key point

- 공사를 진행하였는데, 도급인이 공사대금을 주지 않는다면, 그 건물을 유치 즉, 점유함으로써 공사대금을 확보할 수도 있다. 즉 건물에 유치권을 행사함으로써 채권회수를 할 수 있다.
- 채무자의 다른 사람에 대한 채권에 질권을 설정받음으로써 채권의 담보를 확보할 수 있다. 채무자가 채무를 갚지 않을 경우 그 질권(채권질권)을 실행하여 채권회수를 하는 것이다.
- 채무자의 부동산이나, 채무자의 지인들의 부동산에 대하여 근저당권 등의 담보를 설정받을 수 있다. 담보를 설정받은 후에 채무자가 돈을 갚지 않으면 그 부동산을 경매에 부쳐(임의경매) 채권을 회수하는 것이다.
- 채무자가 운영하는 공장의 각종 설비들(동산)을 양도담보 설정받아 담보를 취득할 수 있다. 질권을 설정받게 되면 채권자가 설비들을 점유해야 하는데 반하여, 양도담보를 설정받으면 채권자가 설비들을 점유할 필요가 없어 채무자의 공장운영에도 효과적이므로 동산의 경우 질권보다는 양도담보 설정이 많다.
- 물건을 할부로 판매하면서 할부금을 모두 받을 때에 그 물건의 소유권이 넘어간다는 약정을 할 수 있는데, 이와 같은 약정은 소유권을 유보하는 것으로 담보의 기능을 한다.

- 채무자의 채무에 연대보증인을 세움으로써 담보(인적담보)를 확보할 수 있다.
- 채무자로부터 백지어음을 받으면서 제3자의 배서까지 받았다면 그 어음은 채무의 담보로 기능한다.

홍 대리가 법무팀에서 일한 지도 보름이 다 되었고, 전화를 통한 변제독촉은 어느 정도 익숙해졌다.

하지만 아직까지도 서면을 통한 대부분의 추심업무는 박 팀장이 하고 있었다.

홍 대리는 일을 진행하면서, 나름대로 채권회수와 관련된 책을 사서 읽기 시작했지만, 체계적인 설명의 필요성을 느꼈다.

또한 일을 하면서, 가끔 기존에 법무팀 사원이 작성한 서류 등을 볼 수 있었는데 근저당권계약서라는가, 양도담보계약서 등을 확인할 수 있었다.

채권회수 책을 통하여 대강의 내용을 알 수는 있었으나, 2% 부족했다.

홍 대리는 퇴근 후 집에서 채권회수 책을 읽다가 겸사겸사 이 변호사에게 전화를 걸었다.

홍 대 리	이 변호사? 나야….
이변호사	어… 집이니?
홍 대 리	응. 퇴근했어. 최근에 채권 추심책을 읽는데, 담보라는 내용이 여기저기 나오는데 잘 정리가 안 돼서 좀 물어보려고.
이변호사	담보는 크게 인적담보하고 물적담보로 나눌 수 있어. 우선 물적담보부터 이야기해볼까?
홍 대 리	물적담보라면, 담보로 물건을 제공하는 것이겠지…. 저당권 같은 거?
이변호사	그렇지. 쉽게 생각해서 우리가 물품대금을 받아야 되

는데, 돈을 안 주고 있다고 가정할 때, 상대방이 자신의 부동산에 저당권을 설정해주겠다고 할 수 있고, 그 부동산을 담보로 받을 수 있어. 이렇게 부동산을 담보로 잡아두면, 나중에 연기된 물품대금지급기일에 대금을 주지 않을 때, 법원에 담보부동산에 대해 경매를 신청해서 그 경매대금으로부터 물품대금을 받을 수 있지. 소송 없이 물품대금을 확보할 수 있는 것이지. 결국, 부동산 즉 물건을 담보로 잡는다고 해서 저당권 같은 것을 물적담보라고 하는 것이야.

홍 대 리 물적담보에 저당권 말고 다른 것도 있겠지?

이변호사 그럼, 저당권도 있고, 근저당권도 있고, 유치권, 질권, 양도담보, 소유권 유보 등 많지.

홍 대 리 듣고 보니 여러 가지네. 저당권하고 근저당권하고는 다른 것인가?

이변호사 다르지. 저당권은 특정된 채권을 담보하기 위한 것이지만, 근저당권은 특정된 채권을 담보하는 것이 아니라 장래 증감변동하는 채권을 담보하기 위한 것이야.

홍 대 리 무슨 말인지 모르겠다.

이변호사 개인들 간에 돈을 빌려주고 받는 것은 대개 저당권인 경우가 많아. 예를 들어 3천만 원 빌려주면서 돈 갚는 날을 정하지. 그리고 나서 3천만 원을 근거로 저당권을 잡는 것이지. 이때 돈을 갚기로 한 날에 돈을 갚지 않으면, 3천만 원을 근거로 해서 경매를 신청하고 경매비용과 이자 및 3천만 원을 담보물의 경매대금으로

	부터 저당권자가 받는 것이지. 그런데 근저당권은 조금 달라.
홍 대 리	어떻게 다른데?
이변호사	근저당권은 은행에서 대출을 해줄 때 가장 많이 이용되는 것인데, 최고액이라는 것을 정해두고 돈을 빌려주지. 보통 실제채권액을 기준으로 130%를 최고액으로 잡아. 예를 들어 은행에서 돈 1억 원을 빌려주면서, 채무자의 부동산에 근저당권을 설정받을 때 최고액을 1억 3천만 원으로 하는 것이지. 돈을 갚는 날을 정해두고 그날이 되기 전에는 채무자가 돈을 다 갚아도 근저당권이 소멸되지 않아. 돈을 갚기로 약속한 날에 정산이 되는 형태지. 저당권은 이론적으로 돈 갚는 날 이전이라도 돈을 모두 갚으면 소멸되거든. 저당권의 이런 성질을 부종성이라고 하고, 근저당권은 부종성이 완화되었다고 해. 너무 어려워졌나?
홍 대 리	좀 어려워지긴 하는 것 같다. 다른 물적담보 중에 중요한 게 뭐가 있지?
이변호사	유치권이라는 것이 있는데, 좀 특별해.
홍 대 리	뭐가?
이변호사	저당권은 돈을 갚지 않으면 경매에 부쳐서 자기 돈만큼 찾아가잖아.
홍 대 리	그렇지.
이변호사	그런데 유치권은 돈을 갚지 않으면 경매에 부칠 수는 있는데, 원칙적으로 자기 돈만큼 찾아가질 못해. 이것

	을 경매신청권은 있지만 우선변제권이 없다고 하지. 저당권하고 차이가 나는 부분이야. 하지만, 유치권을 계속 주장함으로써 돈을 받는 경우도 많아. 유치권 말고 질권, 소유권 유보, 양도담보라는 것도 있는데, 저당권이나 근저당권과 비교하면 그리 많이 이용되는 것 같지는 않아.
홍 대 리	그럼 인적담보가 남았네.
이변호사	인적 담보라…. 인적담보 중에서 가장 많이 이용되는 것은 연대보증이라는 것이 있고, 그 밖에 단순보증, 보증연대 등이 있어.
홍 대 리	나도 연대보증은 많이 들어 봤는데, 정확한 내용은 잘 모르겠다.
이변호사	연대보증을 제대로 알려면 단순보증하고 구별하는 게 제일 쉽겠다. 내가 돈을 받을 것이 있다고 할 때 돈을 줄 사람을 채무자라고 하고, 그 채무자가 돈을 주지 않을 때 돈을 주겠다고 하는 사람을 보증인이라고 하거든. 그런데 단순보증은 내가 채무자에게 먼저 돈을 달라고 한 후에 채무자가 줄 돈이 없을 때 단순보증인에게 돈을 달라고 할 수 있는 반면에, 연대보증은 채무자가 돈이 있고 없고 상관 없이 내가 바로 연대보증인에게 돈을 달라고 할 수 있지. 이게 가장 큰 차이라고 보면 될 거야.
홍 대 리	그럼 연대보증이 채권자 입장에서는 유리하겠네.
이변호사	그렇지. 그래서 대부분 실제 사례에서는 연대보증이

이루어지고 있어.

홍 대 리 그렇구나. 아무튼 고맙다.

실전 담보관리

1 | 유치권을 활용하라

㉮ 이 변호사와 홍 대리의 이야기 엿듣기

홍 대 리 유치권이라는 것도 있던데?

이변호사 유치권이라…. 유치권도 담보를 확보하는 수단의 하나지.

홍 대 리 우리가 주로 물품대금을 받아야 하는 상황인데, 유치권을 활용할 수 있을까?

이변호사 물품대금채권을 확보하기 위해 유치권을 활용하는 방법이 딱히 떠오르지가 않네. 기본적으로 유치권은 채권과 물건의 관련성을 요구하는데, 물품대금채권자가 물품대금채권과 관련해서 어떤 물건을 점유하고 있는 경우가 많지 않거든.

홍 대 리 어떤 물건을 점유해야 한다고?

이변호사 응. 유치권은 물건을 점유했는데, 그 물건과 관계된 채권이 있을 때 그 채권을 확보하기 위해 물건을 주지 않음으로써 채권을 확보하는 것이거든. 어떤 사람이 내가 운영하는 자동차 정비소에 자동차를 맡겼는데, 내가 수리를 다했다고 가정하자. 이때, 자동차를 맡긴 사람이 정비비용도 주지 않으면서 자동차를 달라고 하면, 나는 정비비용을 주기 전까지 자동차를 줄 수 없다고 주장할 수 있어. 그 자동차가 유치권의 대상이 되는 유치권의 담보물인 것이지.

홍 대 리 그렇구나. 우리 같은 회사는 물건을 주고 돈을 달라는 입장이라서 유치권이 발생하는 상황이 별로 없겠네.

이변호사 그렇지. 그런데 공사대금채권 같은 것은 유치권이 발생할 수 있고, 실제로 유치권을 주장하는 사례도 많아. 공사업자 공사를 했는데 집주인이 돈을 안 주는 것이야. 이때 공사업자는 돈을 받을 때까지 유치권을 주장하면서 공사현장에 주둔하는 것이지. 주둔이 안 되면 최소한 플래카드라도 걸어서 공사업자 자신이 점유하고 있다고 주장하는 것이지. 집을 유치권 대상으로 삼는 거야.

홍 대 리 그렇구나.

나 법률적 쟁점 정리

(1) 유치권의 의미

유치권이란 타인의 물건 또는 유가증권을 점유하는 자가 그 물건 또는 유가증권에 관하여 생긴 채권의 변제를 받을 때까지 그 목적물을 유치하여 채무자의 변제를 간접적으로 강제하는 담보물권[264]을 말한다[265].

(2) 유치권의 성립 요건

(가) 목적물

동산, 부동산, 유가증권 모두 유치권의 대상 목적물이 되며, 목적물의 소유가 채무자에 한정되는 것이 아니다.

(나) 채권과 목적물 사이의 견련관계

목적물에 지급한 비용의 상환청구권 또는 목적물로부터 받은 손해의 배상청구권과 같이 채권이 목적물 자체로부터 발생한 경우이어야 한다.

매매계약이 취소된 경우 부당이득에 의한 매매대금의 반환청구권과 목적물의 반환의무처럼 채권이 목적물의 반환청구권과 동일한 법률관계 또는 동일한 사실관계로부터 발생한 경우이어야 한다.

건물의 임대차에 있어서 임차인의 임대인에 대한 보증금반환청구권[266]이나 또는 임차인이 건물을 임차목적대로 사용 못한 것을 이유로 임대인에 대해 가지는 손해배상청구권은 그 건물과의 견련성이 인정되지 않아 유치권이 인정되지 않는다.

---

[264] 민법 제320조 제1항
[265] 송영곤, 민법기본강의, 유스티니아누스, 2004. 694면 이하
[266] 대법원 4292민상229 판결

(다) 목적물의 점유

유치권이 성립하기 위해서는 목적물을 점유해야 한다. 이때의 점유는 직접점유 및 간접점유[267]를 불문하나, 불법행위로 인해 취득한 것이 아니어야 한다[268].

채권과 목적물의 점유와의 견련관계는 요하지 않는다.

(라) 채권의 변제기 도래 및 유치권 배제특약의 부존재

유치권자의 채권은 변제기에 있어야 하며, 유치권을 배제하는 특약이 없어야 한다.

(3) 유치권의 효력

(가) 유치권자의 권리

1) 목적물의 유치

유치권자는 자신의 채권을 변제받을 때까지 목적물의 반환을 거부할 수 있다. 유치권은 물권이므로 유치권자는 채무자 및 그 밖의 모든 사람에 대하여 대항할 수 있다.

2) 경매권과 우선변제권

유치권자는 채권의 변제를 받기 위하여 유치물을 경매할 수 있다[269]. 다만, 경매대금으로부터 우선변제를 받을 수는 없다.

---

[267] 간접점유의 예를 들어보자. 내가 내 소유의 집을 갑에게 임대해주었다. 이때 나는 내 소유의 집을 간접점유하고 있는 것이며, 갑은 내 소유의 집을 직접점유하고 있는 것이다. 이때 갑을 점유매개자라고 한다.
[268] 민법 제320조 제2항
[269] 민법 제322조 제1항

채무자나 제3자가 목적물을 인도받으려면 유치권자에게 변제해야 하므로[270] 실제로는 우선변제권이 있는 것과 마찬가지라고 할 수 있다.

예외적으로 간이변제충당[271]의 경우, 과실수취후 변제충당을 하는 경우[272], 채무자가 파산한 경우의 별제권의 경우에는 우선변제권이 있다.

3) 과실수취권

유치권자는 유치물의 과실을 수취하여 다른 채권보다 먼저 그 채권의 변제에 충당할 수 있다.

4) 유치물사용권

원칙적으로 유치권자는 목적물을 유치할 수 있을 뿐이며 유치물사용권은 없다. 그러나 채무자의 승낙이 있는 경우와 유치물의 보존에 필요한 경우에는 유치물사용권이 인정된다[273].

5) 비용상환청구권

유치권자가 필요비 또는 유익비를 지출한 경우 그 상환을 청구할 수 있다[274]. 이때의 필요비 또는 유익비청구권을 근거로 유치권을 주장할 수 있다. 다만, 유익비의 경우 소유자의 청구에 의하여 법원은 상당한 상환기간을 연장해줄 수 있으므로, 이 경우에 유치권을 행사할 수 없다. 왜냐하면, 변제기가 도래하지 않은 것이기 때문이다.

---

[270] 민사집행법 제91조 제5항
[271] 민법 제322조 제2항
[272] 민법 제323조 제1항 본문
[273] 민법 제324조 제2항
[274] 민법 제325조

(나) 유치권자의 의무

유치권자는 선량한 관리자의 주의로 유치물을 점유해야 하며[275], 채무자의 승낙없이 유치물을 사용, 대여 또는 담보제공을 하지 못한다[276]. 그러나 유치물 보존을 위한 사용은 가능하다.

유치권자가 위 의무를 위반하면 채무자가 유치권의 소멸을 청구할 수 있고[277], 채무자의 의사표시로 유치권이 소멸한다(형성권).

(4) 유치권의 소멸

(가) 일반적 소멸사유

목적물의 멸실, 토지수용, 혼동, 포기 등으로 소멸한다. 다만 유치권 자체가 시효로 소멸하지는 않는다.

피담보채권(유치권으로 담보된 채권)의 소멸로 유치권은 소멸한다(부종성).

(나) 특수한 소멸사유

앞서 언급한 바와 같이, 유치권자의 의무위반시 그리고, 채무자가 유치권소멸청구시 유치권이 소멸하며, 채무자가 상당한 담보를 제공하고, 유치권자가 승낙하면 유치권이 소멸한다. 다만, 유치권자가 승낙하지 않으면, 승낙에 갈음한 판결이 요구된다.

유치권은 점유의 상실로 소멸한다[278].

---

[275] 민법 제324조 제1항
[276] 민법 제324조 제2항
[277] 민법 제324조 제3항
[278] 민법 제328조

다 관련 서식 및 서식 설명

유치권에 우선변제권은 없지만, 경매신청권이 인정됨은 앞서 살펴보았다. 아래에서는 유치권자의 부동산 경매신청서를 작성해보았다.

서식 24

유치권에 의한 부동산 경매신청서[279]

신 청 인(채권자) (   )건설 주식회사 대표이사 이채권
    주소:
    전화:

피신청인(채무자) 이채무
    주소:
    전화:

경매할 부동산의 표시

별지목록 기재 부동산의 표시와 같음.

경매신청권의 표시

금 3억 원
공증인가 법무법인 (   )합동법률사무소 공증의 2011년 제1111호 공사대금채권

신청 취지

신청인이 상대방에 대하여 가지는 위 채권의 변제에 충당하기 위하여 상대방 소유의 별지목록 표시의 부동산에 대한 경매 절차를 개시하고 신청인을 위하여 이를 압류한다.
라는 결정을 구합니다.

신청 이유

1. 신청인과 피신청인은 2011. (   ). (   ). 서울시 (   )구 (   )동 (   )번지 대 (   )평방미터 지상에 별지목록기재와 같은 건물을 총공사비를 12억 원으로 정하고 별첨 공증서와 같이 준공검사(사용승인)가 완료되면 공사비 전액을 지급하기로 하는 공사도급계약을 체결하였습니다.

2. 그런데 피신청인은 위 건축공사가 완료되어 준공검사와 소유권보존등기까지 마쳐졌음에도 불구하고 위 공사비 중 9억 원만 지급하고 나머지 3억 원에 대하여는 지금까지 지급하지 않고 있습니다.

3. 따라서 신청인은 귀원으로부터 유치권확인판결을 득한 후 상대방 소유의 별지목록기재 부동산에 대하여 경매를 실시하여 나머지 채권의 변제에 충당하고자 이 신청에 이른 것입니다.

첨부서류

1. 판결문(유치권존재확인) 1통
1. 공증서280 1통
1. 법인등기부등본281 1통
1. 부동산등기부등본 1통
1. 건축물대장 1통
1. 납부서 1통
1. 목록 30통

2011. (   ). (   ).

위 신청인 (   )건설주식회사
대표이사 이채권 (인)

서울중앙지방법원 귀중

〈별지〉

부동산의 표시

1[282]. 서울시 (　)구 (　)동 (　)번지 대 (　)평방미터

2[283]. 위 지상
철근콘크리트조 슬래브지붕
주택 및 근린생활시설
1층 (　) 평방미터
2층 (　) 평방미터
지층 (　) 평방미터

---

[279] 유치권에 근거한 경매의 경우에는 우선변제권이 없다고 하여 형식적 경매라는 표현을 쓴다. 다만, 사실상 우선변제의 효과를 누릴 수 있다.
[280] 위 신청서의 '경매신청권의 표시'에 적시된 '공증인가 법무법인 (　　)합동법률사무소 공증의 2011년 제1111호 공사대금채권'의 공증서를 의미한다.
[281] 신청인(채권자)의 '법인등기부등본'을 의미한다.
[282] 건물이 세워진 대지를 의미한다.
[283] 건물을 의미한다.

Tip

::의문점
유치권에 경매신청권은 있는데, 우선변제권이 없다는 것은 어떤 의미인가?

::답
예를 들어보자.
도급인으로부터 건물의 하자보수를 수급한 수급인 갑이 건물의 하자보수를 다했는데도 불구하고 도급인이 공사대금을 주지 않고 있다면, 수급인은 건물을 점유하여 유치권을 행사함으로써 도급인의 건물인도청구에 대항할 것이다. 이때 도급인이 계속적으로 수리비지급을 거부한다면, 수급인은 법원으로부터 유치권이 존재한다는 판단을 받은 후에 건물을 경매에 부칠 수 있다.
다만, 그 경락대금으로부터 우선변제를 받지는 못한다. 이것이 저당권과 차이가 나는 부분이다.
다만, 수급인이 경매를 신청하게 되면 대부분의 도급인은 공사대금을 줄 것이다(공사대금이 많다고 해도 이 단계에서 합의가 성립될 가능성이 많다).
결국 도급인으로부터 돈을 받고 경매신청을 취하할 가능성이 높아지고 실질적으로 도급인의 다른 채권자에 앞서 변제를 받는 우선변제적효력을 누리게 된다.
그렇다면 도급인과 합의가 성립되지 않으면 어떻게 될까? 그와 같은 경우에는 경매에 부쳐진 건물이 매각된다. 그 건물을 경매로 매수한 사람은 유치권을 인수하기 때문에 유치권자는 매수인이 채무를 변제할 때까지 그 건물의 인도를 거절할 수 있다[284]. 따라서, 어찌되었건 간에 유치권자에게 사실상 우선변제권이 인정된다.

---

[284] 민사집행법 제91조 제5항

2 | 채무자의 채권에 질권을 설정받아라

🄂 이 변호사와 홍 대리의 이야기 엿듣기

홍 대 리   우리 거래처에서 물품대금 3천만 원을 안 주고 있거든. 상대방이 예금채권이나 임대차보증금채권이 있는 것 같던데, 질권을 설정받을 수 있나?

이변호사   가능하지. 좋은 생각이고. 그것을 채권질권이라고 해.

홍 대 리   사실 채권양도를 받아도 될 것 같은데, 채권질권이 더 좋은 건가?

이변호사   채권양도를 받아도 되겠지만, 채권질권을 받아두는 게 더 좋다고 봐야지. 채권양도는 분쟁이 생기면 소송을 통해서 집행권원 즉 승소판결문을 가지고 채권회수를 하게 되지만, 채권질권은 집행권원 없이 집행절차에 바로 들어갈 수 있거든.

홍 대 리   그렇구나. 그런데 채권양도와 채권질권의 설정방법 차이가 어떻게 되지?

이변호사   채권양도는 채권자와 채무자가 채권양도계약서를 작성하고 채무자가 제3채무자에게 내용증명우편으로 채권양도 통지를 하거나, 채권양도계약서에 채권자, 채무자, 제3채무자가 모두 도장을 찍고, 제3채무자가 채권양도를 승낙한다는 문구를 넣고, 공증을 통해 확정일자를 받는 방식으로 하면 되지만, 채권질권의 설정은 채권증서의 교부가 추가적으로 필요해.

홍 대 리   채권증서의 교부?

이변호사	응. 은행에 대한 채무자의 예금청구채권을 질권으로 설정받으려면, 통장을 교부받아야 하고, 채무자인 임차인의 임대인에 대한 보증금반환채권을 질권으로 설정받으려면, 임대차계약서를 교부받아야 하는 것이지.
홍 대 리	그렇구나.

나 법률적 쟁점 정리

(1) 채권질권의 의미

질권이란 채권자가 그의 채권의 담보로서 채무자 또는 제3자(물상보증인)로부터 받은 물건 또는 재산권을 채무의 변제가 있을 때까지 유치함으로써 채무의 변제를 간접적으로 강제하는 동시에 변제가 없는 때에는 그 목적물로부터 우선적으로 변제를 받는 권리를 의미하며, 그 목적물에 따라 동산질권과 권리질권으로 나뉜다[285].

채권질권은 권리질권에 속하며, 채권을 목적으로 하는 질권을 의미한다. 채권질권에 있어서 재산권의 유치적 효력은 주로 설정자에 의한 재산권 행사를 저지하거나 그 재산권이 갖는 교환가치를 확보해두는 데 있다.

---

[285] 송영곤, 민법기본강의, 유스티니아누스, 2004. 705면 이하

(2) 채권질권의 설정

(가) 피담보채권의 존재

채권질권도 담보권이므로 피담보채권 즉 담보의 근거가 되는 채권의 존재를 필요로 한다.

(나) 질권의 목적으로서의 채권

채권은 양도성이 있어야 한다. 다만, 당사자 사이의 특약으로 양도가 금지된 경우에는 질권자가 선의이고, 선의에 중과실이 없어야 질권이 유효하게 성립한다[286].

(다) 채권양도의 방법 구비

1) 지명채권의 경우

질권설정의 합의가 있어야 하며, 채권을 질권의 목적으로 하는 경우에 채권증서(예: 예금증서, 예금통장, 보험증권 등)가 있는 경우에는 그 증서를 질권자에게 교부하여야 질권의 효력이 생긴다[287].

채권증서의 교부에 점유개정이 포함되는지 문제될 수 있는데, 학설의 다수는 지명채권의 경우에 점유개정도 무방하며, 증서를 반환하더라도 질권이 소멸되는 것은 아니라고 하나, 점유개정에 의한 질권설정을 반대하는 유력 견해도 있다[288]. 이와 같은 경우에 점유개정

---

[286] 대법원 2003다44370 판결
[287] 민법 제347조
[288] 송영곤, 민법기본강의, 유스티니아누스, 2004. 719면에 의하면 이와 같은 견해로 '이영준 변호사'. 필자 개인적으로는 점유개정에 의한 동산질권이 금지되는 것과 같이 채권질권도 점유개정에 의해 설정되는 것을 반대한다. 질권의 본질이 질물의 점유(현실적인 점유)에 있다고 보기 때문이다.

을 명확하게 하기 위한 계약서를 작성하는 것이 필요할 것이다.

　입질로써 제3채무자 및 제3자에게 대항하기 위해서는 채권양도에 있어서의 대항요건을 구비하여야 한다[289].

　즉, 확정일자 있는 채무자의 통지 또는 확정일자 있는 제3채무자의 승낙이 필요하다.

2) 지시채권의 경우

　지시채권의 입질은 당사자간의 물권적 합의와 증서에 배서하고 교부함으로써 성립한다[290].

3) 무기명채권의 경우

　무기명채권(예: 상품권, 철도승차권 등)의 입질은 질권설정의 합의와 증서의 교부에 의하여 이루어진다[291].

4) 사채의 경우

　기명사채는 지명채권의 일종이므로 지명채권에 준하여 입질이 이루어진다. 다만, 상법은 특칙으로써 질권자의 성명과 주소를 사채원부에 기재하고 채권에 성명을 기재하지 않으면 이로서 회사 기타의 제3자에게 대항하지 못하는 것으로 규정하고 있다[292].

　무기명사채는 무기명채권이므로 질권설정합의와 증서의 교부만 있으면 족하다[293].

---

[289] 민법 제349조, 제450조, 제451조
[290] 민법 제350조, 제508조
[291] 민법 제351조, 제523조
[292] 상법 제479조
[293] 민법 제351조

5) 저당권으로 담보한 채권의 경우

저당권으로 담보한 채권을 질권의 목적으로 한 때에는 그 저당권 등기에 질권의 부기등기를 하여야 그 효력이 저당권에 미친다[294].

(3) 채권질권의 효력

(가) 효력이 미치는 범위

1) 피담보채권

채권질권은 원본, 이자, 위약금, 질권실행비용, 질권보존비용 및 채무불이행 또는 질물의 하자로 인한 손해배상의 채권을 담보하나[295], 약정으로 담보범위를 변경할 수 있다.

질권은 불가분성을 가지므로 질권자는 피담보채권의 전부의 변제를 받을 때까지 질물 전부에 관하여 질권을 행사할 수 있다[296].

2) 목적물의 범위

피담보채권액이 입질 채권액보다 적은 경우에도 질권의 효력은 입질채권의 전부에 미친다[297]. 채권의 이자는 특약이 있으면 그에 따르고 특약이 없다면 채권질권의 효력이 이자에도 미친다.

물상대위규정은 채권질권에도 적용[298]되는바, 유가증권의 멸실로 보험금이 발생한 경우는 보험금에 채권질권이 존속한다.

---

[294] 민법 제348조
[295] 민법 제355조, 제334조
[296] 민법 제355조, 제350조, 제321조
[297] 대법원 72다1941 판결
[298] 민법 제355조, 제342조

(나) 유치적 효력

1) 채권질권의 유치

채권질권도 동산질권과 마찬가지로 유치적 효력이 있다[299]. 따라서 채권질권자는 교부받은 채권증서를 점유하고, 피담보채권 전부를 받을 때까지 이를 유치할 수 있다.

2) 질권설정자 및 제3채무자에 대한 구속력

질권설정자는 질권자의 동의 없이 질권의 목적이 된 권리를 소멸하게 하거나, 질권자의 이익을 해하는 변경을 할 수 없다[300].

제3채무자는 질권설정의 통지를 받거나 이를 승낙한 후에는 질권설정자에게 입질채권을 변제할 수 없다고 본다.

(다) 우선변제적 효력

채권질권자는 질물로부터 다른 채권자보다 먼저 자기 채권의 우선변제를 받을 권리가 있다[301].

1) 환가

집행방법은 채권의 추심·전부 및 환가이다[302]. 따라서, 압류 및 추심명령이나 전부명령 등을 통하여 집행할 수 있다[303].

어느 것이든 질권의 실행으로서 하는 집행이므로 판결 그 밖의 집행권원을 필요로 하지 않으며, 질권의 존재를 증명하는 서류의 제출

---

[299] 민법 제355조, 제335조
[300] 민법 제352조
[301] 민법 제355조, 제329조
[302] 민사집행법 제273조, 제223조 이하
[303] 한국사법행정학회, 주석민사집행법(V), 2007. 301면 이하

만으로 실행된다[304].

2) 채권의 직접청구권

질권자는 자기의 이름으로 질권의 목적인 채권을 직접청구할 수 있다[305].

질권자가 제3채무자에 대해 직접청구권을 행사할 경우에 채권양도의 통지가 있는 경우에는 그 통지가 채무자에게 도달한 때까지의 사유로 제3채무자의 채권자인 채무자에 대하여 가지고 있던 항변으로 대항할 수 있으나, 제3채무자의 승낙이 있었던 경우에는 이의를 유보한 경우에 한하여 대항할 수 있다.

3) 채권이자수취권

입질채권으로부터 이자를 수취하여 우선변제에 충당할 수도 있다[306].

(라) 채권질권의 침해에 대한 효력

채권질권은 채권 자체 및 교부받은 채권증서를 물권적으로 지배하므로 이들이 침해되면 질권자는 물권적 청구권과 손해배상청구권을 행사할 수 있다.

(마) 채권질권자의 의무

채권질권자는 교부받은 채권증서를 선량한 관리자의 주의로 보관하고 피담보채권이 소멸하는 때에는 이를 설정자에게 반환해야 한다.

---

[304] 민사집행법 제273조 제1항
[305] 민법 제353조 제1항
[306] 민법 제355조

다 관련 서식 및 서식 설명

질권설정에서 필요한 질권설정계약 및 승낙서를 작성해보았다.

서식25

질권설정계약서

채권자 겸 질권자 (주) 채권 대표이사 이채권(이하 '갑' 이라 한다.) 과 채무자 겸 질권설정자 이채무(이하 '을' 이라 한다.)는 채무자와 채권자간에 물품거래에서 발생하는 채권을 담보하기 위하여 아래와 같이 담보설정계약을 체결한다.

제1조 [피담보채권] 피담보채권은 갑이 을에게 공급하는 (   )물품의 거래에서 발생하는 갑이 현재 을에 대하여 가지고 있거나 장래 가지게 될 채권으로 한다.

제2조 [질권의 설정] 을은 갑에게 피담보채권을 담보하기 위하여 별첨 임대차계약서(확정일자 필)에 의한 임차보증금을 질권으로 설정한다. 을은 본 임차보증금을 질권으로 설정함에 있어 선순위 양도담보권, 공장저당권, 질권, 압류 등이 없음을 보증한다.

제3조 [질권의 존속기간] 질권의 존속기간은 (   )년 (   )월 (   )일까지로 한다.

제4조 [질권의 실행] 을의 채무불이행이 있는 경우에는 질권자는 임대인에게 임차보증금의 반환을 직접 청구하여 채무변제에 충당한다. 임대인이 이에 응하지 않을 경우에는 질권자는 압류 및 전부명령이나 압류 및 추심명령의 절차에 의하여 질권을 실행하는 것으로 한다.

제5조 [차액 반환] 갑은 채무변제에 충당하고 차액이 있는 경우에는 그 차액을 을에게 반환하여야 한다.

첨부서류

1. 임대차계약서 원본[307]

( )년 ( )월 ( )일

갑 : 서울시 ( )구 ( )동 ( )번지
(주) 채권 대표이사 이채권 (인)
을 : 경기도 ( )시 ( )구 ( )동 ( )번지
오채무 (인)

위 질권설정을 이의 없이 승낙함.

임대인[308] : 서울시 ( )구 ( )동 ( )번지
마당발 (인)

---

[307] 질권은 질물을 점유하는 것을 원칙으로 하므로, 채무자가 가지고 있는 임대차계약서 원본을 질권자가 받아두는 것이 필요하다.
[308] 임대차보증금에 질권을 설정받을 때에는 채권양도에서와 마찬가지로 위 사례처럼 임대인의 무조건적인 승낙을 받아두는 것이 안전하다.

Tip

::의문점
특허권이나 실용신안권 등의 무체재산권 위에 질권을 설정할 수 있을까?[309]

::답
할 수 있다.
다만, 무체재산권은 실체가 존재하지 않기 때문에 인도나 교부가 필요 없다. 따라서 무체재산권에 대한 질권 설정은 원칙적으로 질권설정계약에 의하여 그 효력이 생긴다.
다만 개별법에 따라 등록을 요하는 경우도 있다(특허법 제101조 제1항 제3호, 실용신안법 제28조, 디자인보호법 제61조). 이때에 질권의 실행방법은 민사집행법상의 환가방식에 따르면 될 것이다[310].

---

[309] 송영곤, 민법기본강의, 유스티니아누스, 2004. 723면
[310] 민법 제354조, 민사집행법 제251조

3 | 채무자가 부동산을 가지고 있다면 근저당권 등의 담보를 확보하라

가 이 변호사와 홍 대리의 이야기 엿듣기

홍 대 리 채권을 확보하는 방법으로 부동산에 저당권을 설정받잖아. 그런데 근저당권과 저당권은 어떤 차이가 있지?

이변호사 확보되는 채권을 피담보채권이라고 하는데, 저당권하고 근저당권하고 가장 기본적인 차이는 피담보채권이 확정되어 있느냐, 확정되어 있지 않느냐의 차이라고 보면 돼. 저당권은 피담보채권이 확정되어 있지만, 근저당권은 결산기 이전에는 확정이 되지 않아.

홍 대 리 피담보채권의 확정?

이변호사 응. 예를 들어보자. 내가 2천만 원을 빌려줬어. 그러면서 빌려준 돈을 1년 후에 받기로 한 것이지. 이때 상대방으로부터 저당권을 설정받을 수도 있고, 근저당권을 설정받을 수도 있지. 저당권이라면 채권액을 2천만 원으로 등기하는 것이 보통이지만, 근저당권이라면 채권액이 아니라 채권최고액을 등기하고, 그 금액도 2천만 원보다 좀 더 크게 등기를 해. 예를 들어 2천6백만 원을 최고액으로 등기하는 것이지. 이때, 1년이 지나지 않은 상황에서 채무자가 돈을 갚았다고 가정하자. 저당권은 등기부에 저당권등기가 남아 있는 것과 상관없이 피담보채권의 변제로 저당권이 소멸하지만, 근저당권은 1년이 되지 않았기 때문에 저당권이 소멸하지 않

홍 대 리	아. 결산기인 1년이 아직 지나지 않았기 때문이지.
	근저당권이 소멸하지 않는다고?
이변호사	응. 저당권과 달리, 근저당권은 결산기 전에 돈을 갚아도 근저당권이 살아 있기 때문에 돈을 다시 빌려서 그 근저당권을 활용할 수가 있는 것이지. 1년 이내에는….
홍 대 리	그렇구나. 그리고, 저당권이나 근저당권을 설정받을 때 우선순위에 있는 사람들도 고려를 해야 한다던데.
이변호사	그것도 중요하지. 권리분석이라는 용어를 쓰는데, 나보다 먼저 저당권을 설정받은 사람이 있으면, 그 저당금액을 확인하고, 부동산의 시세도 알아봐야 낭패를 보지 않아. 상대방이 돈을 갚지 않아서 경매를 신청할 수도 있는 것인데, 부동산 팔아서 집행비용 공제하고 선순위 저당권자에게 주고 내가 받을 돈이 내 채권액에 미치지 못하면 안 되잖아. 아무튼 여러 가지 면에서 저당권보다는 근저당권을 설정받아 두는게 채권자에게는 좀 나은 것 같아.
홍 대 리	그렇구나.

나 법률적 쟁점 정리

(1) 저당권

(가) 저당권의 의미

저당권이란 채권자가 채무자 또는 제3자(물상보증인)가 채무의 담보로 제공한 부동산을 제공자의 사용·수익에 맡겨 놓고서 채무의 변제가 없는 경우 그 부동산의 가액으로부터 우선변제를 받는 담보물권이다[311].

저당권은 피담보채권과 분리하여 타인에게 양도하거나 담보로 제공하지 못하고[312] 피담보채권이 변제 등으로 소멸하면 저당권도 소멸한다[313].

저당권은 채권전부의 변제를 받을 때까지 목적물 전부에 대하여 그 권리를 행사할 수 있다(불가분성)[314].

저당권은 목적물의 멸실, 훼손, 공용징수로 인하여 저당권설정자가 받은 금전 기타 물건에 대하여도 행사할 수 있다(물상대위성)[315].

(나) 저당권의 성립

1) 당사자 약정에 의한 성립

① 피담보채권

금전 지급 이외의 급부를 목적으로 하는 채권도 가능하나 대체적으로 금전채권이 피담보채권이 된다. 다만, 금전 지급 이외의 급부를 목적으로 하는 채권이라도 등기부에 그 채권의 가액이 표시되어야 한다.

---

[311] 송영곤, 민법기본강의, 유스티니아누스, 2004. 723면 이하
[312] 민법 제361조
[313] 민법 제369조
[314] 민법 제370조, 제321조
[315] 민법 제370조, 제342조

② 목적물

민법이 인정하는 저당권의 객체는 부동산, 지상권, 전세권[316]이며, 민법 이외의 법률에서 저당권의 객체로 인정되는 것은 등기된 선박, 자동차, 항공기, 건설기계, 입목, 공장재단, 광업재단, 광업권, 어업권 등이다.

③ 저당권설정합의

저당권은 저당권설정을 목적으로 하는 당사자간의 물권적 합의와 등기에 의하여 성립한다. 이때 저당권설정합의는 특별한 방식을 요하지 않는 불요식 계약이며, 조건이나 기한을 붙을 수 있다.

④ 저당권설정등기

채권자, 채무자, 채권액, 변제기, 이자 및 그 발생, 지급기, 원본 및 이자지급장소, 손해배상약정, 저당권효력범위에 대한 약정, 채권이 조건부인 때에는 그 조건을 등기해야 하며[317], 저당권등기비용은 특약이 없을 때에 채무자가 부담한다.

2) 부동산공사 수급인의 저당권 설정등기청구권에 의한 저당권 설정

부동산공사의 수급인은 그 보수채권을 담보하기 위하여 도급인에 대하여 그 부동산을 목적으로 하는 저당권의 설정을 청구할 수 있고[318], 이때 도급인이 수급인의 청구에 응해 등기를 함으로써 비로소 저당권이 성립한다.

---

[316] 민법 제356조, 제371조 제1항
[317] 부동산등기법 제140조 제1항
[318] 민법 제666조

3) 법정저당권

토지 임대인이 변제기를 경과한 최후 2년의 차임채권에 의하여 그 지상에 있는 임차인 소유건물을 압류한 때에는 법정저당권이 성립한다[319]. 이때는 우선변제를 받을 수 있는 물권을 취득하는 것이며, 그 성립시기는 압류등기시이다.

(다) 저당권의 효력

1) 효력이 미치는 범위

① 피담보채권의 범위[320]

ⓐ 원본

원본액수, 변제기, 지급장소는 등기하여야 하며, 피담보채권이 금전채권이 아니라면 금액으로 평가하여 평가액을 등기해야 한다.

ⓑ 이자

이율, 발생기, 지급장소, 지급시기에 관한 약정을 등기해야 하며, 약정이자는 무제한 담보된다.

ⓒ 손해배상채권

지연배상은 당연히 발생하므로 등기가 필요 없다. 다만, 지연배상의 범위는 원본의 이행기일을 경과한 후의 1년분에 한한다.

ⓓ 위약금

손해배상예정이든 아니든 언제나 등기를 해야 저당권의 효력이 미친다.

---

[319] 민법 제649조
[320] 민법 제360조

ⓔ 저당권실행비용

부동산 감정비용, 경매신청등록세 등과 같은 저당권실행의 비용은 등기 없이도 당연히 저당권의 피담보채권의 범위에 속한다.

② 목적물의 범위

저당권의 효력이 미치는 목적물의 범위는 목적부동산의 소유권이 미치는 범위와 일치하는 것이 원칙이다.

따라서 저당부동산의 부합물, 종물[321]에도 저당권의 효력이 미친다.

저당권은 저당물의 멸실, 훼손 또는 공용징수로 인하여 저당권설정자가 받을 금전 기타 물건에 대하여도 행사할 수 있으며, 이 경우에는 그 지급 또는 인도 전에 압류해야 한다[322].

2) 우선변제적 효력

① 의의

우선변제적 효력은 피담보채권의 범위 내에서 인정되는데, 우선변제적 효력이란 저당채무자가 변제기에 변제를 하지 않을 경우 저당채권자가 저당목적물을 일정한 절차에 따라 매각, 환가해 그 대금으로부터 다른 채권자에 우선하여 변제를 받을 수 있는 권한을 의미한다[323].

저당권자 자신이 저당권을 실현하여 우선변제를 받을 수 있고, 일반채권자가 승소판결문 등의 집행권원을 근거로 부동산에 강제집행

---

[321] 민법 제358조
[322] 민법 제370조, 제342조
[323] 민법 제356조

을 하거나, 후순위저당권자 등이 저당권을 실현하는 경우에 그 집행절차에 참가하여 순위에 따라 우선변제를 받을 수 있다.

② 저당권의 실행

저당권자가 주도적으로 저당물로부터 피담보채권의 우선변제를 받는 것을 의미하는데, 주로 임의경매의 방식이 활용된다. 다만, 특약에 의해 저당채무를 불이행한 경우에 저당목적물의 소유권을 저당권자가 취득하는 것으로 할 수도 있고, 경매가 아닌 임의 처분 및 환가 방식을 약정할 수도 있다.

③ 우선순위

부동산이 경매로 매각될 경우에 가장 우선되는 것은 집행비용과 부동산 보존 및 개량을 위해 사용된 필요비 및 유익비이다. 그 후 소액보증금 등이 우선 배당되고, 담보권 등은 순위에 따라 배당이 된다.

④ 저당권의 실행과 용익관계

저당권은 가치권이므로 저당권이 설정된 후에도 소유자는 원칙적으로 목적물을 자유로이 이용할 수 있다. 그러나 저당권이 실행되면 경락인이 목적물의 소유권을 취득하게 되고, 소유자로부터 목적물의 완전한 인도를 청구할 수 있게 되므로 종래 저당권설정자가 보유하고 있던 용익관계는 끝이 난다. 저당부동산이 압류된 경우에는 저당권의 효력이 목적물의 과실에도 미치므로 저당권설정자는 과실수취권을 상실한다.

저당권이 실행되어 경매가 이루어진 경우에 용익권이 저당권보다 먼저 설정되어 있었다면 그 용익권은 소멸하지 않는다.

다만, 전세권은 배당요구를 한 경우에 소멸한다[324].

3) 일반채권자로서 변제받는 방법

① 채무자의 일반재산에 대해 먼저 집행할 경우

저당권자가 일반채권자로서 변제받으려고 할 경우 다른 일반채권자는 먼저 저당부동산을 경매해서 그 대가로 변제받지 못한 부분에 대해서만 일반재산으로부터 변제받으라고 이의할 수 있다[325].

② 저당부동산보다 먼저 다른 재산의 대가를 배당하는 경우

저당권자는 그의 채권전액을 가지고 배당에 참가할 수 있는데, 다른 채권자는 저당권자에게 그에게 배당될 금액을 공탁할 것을 청구할 수 있다[326].

4) 저당권침해에 대한 구제

① 의미

저당권의 침해란 저당권자가 저당목적물의 교환가치로부터 우선변제를 받지 못하게끔 하는 일체의 행위를 의미하는바, 저당목적물을 멸실 또는 훼손하는 것, 부당히 방치하는 것, 저당산림의 부당한 벌채, 부당관리에 의한 저당건물의 붕괴, 종물의 부당한 분리 등이 이에 해당한다.

② 구제방법

채무자나 제3자에 대해 침해행위의 제거 또는 예방을 청구(물권적 청구권)하거나[327], 채무자나 제3자에 대해 손해배상을 청구(손해배상

---

[324] 민사집행법 제91조 제4항
[325] 민법 제370조, 제340조 제1항
[326] 민법 제370조, 제340조 제2항
[327] 민법 제370조, 제214조

청구권)하거나[328], 채무자 또는 물상보증인에게 담보물 보충을 청구(담보물보충청구권)하거나[329], 채무자에게 기한의 이익 상실을 주장하여 즉시변제를 청구(즉시변제청구권)할 수 있다[330].

담보물보충청구권을 행사하는 경우에는 성질상 손해배상청구권이나 즉시변제청구권은 행사할 수 없다.

③ 저당권의 처분

저당권은 그 담보한 채권과 분리하여 타인에게 양도하거나 다른 채권의 담보로 하지 못한다[331].

저당권부채권의 양도는 채권의 양도와 물권의 양도라는 두 가지 요소를 가지고 있고, 저당권이전의 등기는 부기등기에 의한다.

저당권부채권의 양도는 그 기본 성격상 채권양도에 해당하므로, 채무자 및 제3자에게 대항하기 위해서는 양도인이 채무자에게 통지하거나 채무자의 승낙이 필요하다. 이때 확정일자에 의한 채권양도가 있어야 제3자에게 대항할 수 있는 것인지 문제될 수 있는데, 저당권부채권양도의 경우에는 저당권이전의 부기등기가 채권의 이중양도시우열의 문제를 해결하므로, 채권양도와 관련하여 규정된 확정일자 있는 통지 또는 승낙은 불필요하다고 함이 타당하다. 다만, 반대 견해가 있다.

저당권으로 담보된 채권을 질권의 목적으로 한 때에는 그 저당권등기에 질권의 부기등기를 하여야 그 효력이 저당권에 미친다.

---

[328] 민법 제750조
[329] 민법 제362조
[330] 민법 제388조
[331] 민법 제361조

(마) 소유권을 상실한 저당권설정자의 저당권설정등기 말소청구

저당권 설정 후에 당해 부동산의 소유권이 제3자에게 이전되었는데, 피담보채권의 변제 등으로 소멸한 경우에 신소유자는 물론이고 종전 소유자인 근저당권설정자도 근저당권 설정등기의 말소를 청구할 수 있다[332].

(바) 저당권의 소멸

변제, 경매, 피담보채권의 시효소멸 등으로 저당권이 소멸한다. 그러나 저당권만이 독립하여 소멸시효에 걸리지는 않는다.

(2) 근저당권

(가) 의미

계속적인 거래관계로부터 발생·소멸하는 불특정다수의 장래채권을 결산기에 계산한 후 잔존하는 채무를 일정한 한도액의 범위 내에서 담보하는 저당권을 의미[333]하는데, 채권액이 증감·변동하다가 결산기에 남아 있는 채권액을 최고액의 한도 내에서 담보하는 것이다[334].

저당권과 달리 피담보채권이 증감변동하고 일정 액수로 고정되어 있지 않으므로 채무액이 일시적으로 존재하지 않더라도 저당권이 소멸되지 않는다(부종성의 완화).

---

[332] 대법원(전합) 93다16338 판결
[333] 민법 제357조
[334] 송영곤, 민법기본강의, 유스티니아누스, 2004. 763면 이하

(나) 근저당권의 성립

1) 근저당권설정합의

피담보채권의 채권자가 근저당권자가 되며, 설정자는 채무자일 수도 있고, 타인(물상보증인)일 수도 있다.

2) 근저당권등기

근저당권이라는 사실과 채권최고액은 등기부에 반드시 기재하여야 한다[335]. 근저당권의 존속기간 또는 결산기는 필요적 등기사항은 아니지만, 이를 등기하면 그 기간 만료 후에 채권이 성립되더라도 후순위 저당권자에게 대항할 수 없다.

(다) 근저당권의 효력

근저당권은 결산기를 기준으로 하여 채권최고액을 한도로 하여 효력이 있고, 근저당권의 효력이 미치는 목적물의 범위는 저당권과 동일하다.

1) 채권최고액

근저당권이 확정된 후에 실제채권액이 최고액을 초과하는 경우에 근저당권설정자와 채무자가 동일인인 경우에는 채무일부인 최고액만 변제한 상태에서 채무자가 근저당말소를 청구할 수 없으나[336], 물상보증인의 경우에는 최고액만을 변제하고 근저당권의 말소를 청구할 수 있다[337].

---

[335] 부동산등기법 제140조 제2항
[336] 대법원 2000다59081 판결
[337] 대법원 74다998 판결

근저당권의 효력이 미치는 피담보채권의 범위는 별다른 약정이 없다면, 저당권과 같지만, 지연이자 등을 1년분에 한정시키는 조항은 적용되지 않는다. 즉 1년 이상의 지연손해금도 최고액의 범위라면 근저당권으로 담보된다.

2) 담보되는 채권의 확정

결산기를 정했다면, 그 결산기에 채권이 확정된다. 그러나, 결산기 약정이 없는 경우에 특약이 없는 한 기본계약이나 근저당권설정계약이 해지 또는 해제가 가능하고 그 해지 또는 해제가 될 때에 피담보채권이 확정된다. 결산기를 정하지 않는 경우이면서 계속적 거래관계를 유지했다면, 거래 관계가 종료된 때에 피담보채권이 확정된다.

선순위 근저당권자가 피담보채무의 채무불이행을 이유로 경매를 직접신청한 경우에는 경매신청시에 피담보채권이 확정되나[338], 후순위 근저당권자가 경매를 신청한 경우에 선순위 근저당권의 피담보채권은 경락인에게 경락대금이 완납된 때에 확정된다[339].

근저당권이 확정되면 통상 보통의 저당권으로 전환된다.

(라) 근저당권의 실행

근저당권자는 피담보채권이 확정되고 확정된 피담보채권의 변제기가 도래하면 근저당권을 실행하여 최고액까지 피담보채권의 우선변제를 받을 수 있고, 그 절차는 저당권규정에 의한다.

---

[338] 대법원 97다25521 판결
[339] 대법원 99다26085 판결

(마) 근저당권의 변경

1) 최고액·존속기간의 변경

당사자는 계약으로 근저당권설정계약으로 정한 최고액, 존속기간을 변경할 수 있고, 최고액의 증액은 근저당권 자체의 변경이므로 변경등기를 갖추어야 효력이 있다.

2) 기본계약(예: 소비대차계약)의 추가·변경도 허용된다.

3) 채권자·채무자의 변경

설정계약으로 정한 채권자와 채무자는 상속 또는 합병으로 변경될 수 있을 뿐만 아니라 제3자 합의에 의한 계약인수 형태의 당사자 변경도 허용된다.

다만, 채무의 범위나 채무자가 변경된 경우에 변경 후의 범위에 속하는 채권이나 채무자에 대한 채권만이 당해 근저당권에 의해 담보되고, 변경 전의 채권이나 채무자에 대한 채권은 담보범위에서 제외된다[340].

4) 근저당권의 양도

근저당권이 담보하는 채권이 확정된 후에 근저당권을 양도할 수 있음은 의문이 없지만, 피담보채권과 분리하여 근저당권만을 양도하는 것을 허용되지 않는다[341].

(바) 근저당권의 소멸

근저당권은 피담보채권의 발생가능성이 확정적으로 없게 된 때에

---

[340] 대법원 97다15777 판결
[341] 대법원 67다2543 판결

소멸하고, 피담보채권이 확정되기 전이라도 채권이 변제 등으로 소멸하거나 거래의 계속을 원하지 않는 경우에는 근저당권설정계약을 해지하고 설정등기의 말소를 청구할 수 있다.

다 관련 서식 및 서식 설명

저당권보다는 근저당권설정이 많이 이루어진다. 아래에서는 근저당권설정계약서를 작성해보았다.

서식26

근저당권설정계약서

이채권을 갑(근저당권자)으로 마당발을 을(근저당권설정자)로 하여 양당사자 간에 다음과 같이 계약을 체결한다.

제1조 [부동산의 표시] 을은 갑에게 아래의 부동산상에 근저당권을 설정한다.
　　　서울특별시 (　　)구 (　　)동 200 대 (　　)m²
　　　위 지상 시멘트블록조 슬래브지붕 2층 주택 110m²
제2조 [피담보채권] 이 계약으로 설정되는 근저당권은 오채무(채무자)가 갑에게 부담하는 소비대차금채무와 변제완료시까지의 동 채무불이행의 지연손해금을 담보**342**한다.
제3조 [채권최고액] 금 3,000만원까지 담보한다.
제4조 [근저당권의 순위] 위 부동산상에는 현재 제1순위로 채권최고액 2,000만 원의 근저당권이 있으며, 을은 갑에게 제2순위 근저당권을 설정한다.
제5조 [등기] 을은 계약성립 후 지체 없이 등기를 경료한다.
제6조 [등기비용] 등기비용은 을이 전액 부담한다.

위 계약을 증명하기 위하여 이 계약서를 2통 작성하여 갑과 을이 각각 1통씩 보관한다.

(   )년 (   )월 (   )일

근저당권자(갑) : 이채권 (인)
서울시 (   )구 (   )동 (   )번지
근저당권설정자(을) : 마당발  (인)
서울시 (   )구 (   )동 (   )번지

Tip

::의문점

채권을 담보하기 위해 나대지에 근저당권을 설정받을 때 그 지상에 지상권을 함께 설정받을 수 있을까?

::답

지상권을 함께 설정받을 수 있다.
은행에서 돈을 대출해줄 경우에 나대지343를 담보로 제공하면, 그 지상에 대한 지상권을 함께 요구하는 경우가 많고 법리적으로 아무 문제가 없다.
다만, 대출금을 모두 갚으면, 지상권도 함께 소멸된다고 본다. 이러한 지상권을 담보지상권으로 부르기도 한다.

---

342 물상보증인인 '마당발'이 '오채무'의 채무를 위해 담보를 제공하는 근저당권설정계약서임을 알 수 있다.
343 '나대지'란 건물 신축이 가능한 '대지'를 의미한다. 즉, 현재 건물이 건축되지 않는 대지를 의미한다.

4 | 채무자의 주요 설비에 양도담보를 설정받아라

㉮ 이 변호사와 홍 대리의 이야기 엿듣기

홍 대 리	상대방 쪽에서 계속적으로 물품대금을 안 주고 있어서, 최근에 우리가 담보를 요구했더니, 설비를 담보로 제공하겠다고 하는데, 어떻게 해야 하지?
이변호사	설비라면 대개 동산일 텐데, 그럴 때는 양도담보나 질권을 설정받으면 돼. 그런데 상대방이 공장을 계속 돌려야 할 테니, 질권은 좀 어렵고 양도담보를 받으면 되겠네.
홍 대 리	질권하고 양도담보하고 어떤 차이가 있지?
이변호사	동산 질권은 동산을 담보로 잡으면서 그 동산을 우리가 점유하는 것이고, 동산 양도담보는 동산을 담보로 잡긴 하지만, 우리가 점유를 할 필요가 없이 상대방이 계속 사용토록 하는 것이지. 그래서 대개 동산의 경우 질권보다는 양도담보를 선호하고 있어.
홍 대 리	그렇구나, 그런데 양도담보를 잡았는데, 돈 갚기로 한 날에 돈을 안 주면 어쩌지?
이변호사	그 동산을 팔아서 채권에 충당하는 것이지.
홍 대 리	소송을 하지 않고 팔아서 채권 충당해도 되나?
이변호사	그렇지. 양도담보계약서에 돈을 언제까지 주지 않으면 채권자가 담보에 제공된 동산을 팔아서 채권을 회수하겠다는 내용을 적고, 그것을 공증받아두면 돼. 보통 공증을 받을 때에 상대방이 강제집행을 수락한다

는 문구도 적는데, 그 문구를 통해서 강제경매에 들어갈 수도 있어. 아무튼 다른 채권자보다는 우선적으로 그 동산에서 채권을 확보할 수 있지.

홍 대 리   그렇구나.

나 법률적 쟁점 정리

(1) 동산양도담보의 의미

채무의 담보로 채무자 또는 제3자(물상보증인)의 동산의 소유권을 채권자에게 이전하는 형식을 취하고, 채무자가 채무의 변제기에 채무를 변제하면 그 소유권을 재차 채무자에게 환원시키는 형식의 담보를 의미한다.

동산질권은 채무자가 점유를 상실하게 되는데 반하여 동산양도담보는 채무자가 동산을 점유하고 계속 사용할 수 있다는 차이[344]가 있어, 동산질권보다는 동산양도담보가 애용되고 있다.[345]

(2) 동산양도담보권의 설정

(가) 양도담보계약

채권담보의 목적으로 채무자 또는 제3자(물상보증인)의 특정의 재산권을 채권자에게 양도하고, 채무자의 채무불이행시 그 재산권으로부터 채권을 변제받기로 하는 내용의 약정이다.

---

[344] 즉 점유개정에 의한 동산질권의 설정은 금지되나, 점유개정에 의한 양도담보는 가능한 것이다.
[345] 송영곤, 기본민법강의, 유스티니아누스, 2004. 792면 이하

(나) 공시방법

동산의 경우에는 동산의 인도가 있어야 하나, 점유개정에 의한 인도가 가능하다. 점유개정에 의한 동산질권이 금지되는 것과 구별된다.

점유개정이란 점유하던 물건의 소유권을 이전한 매도인이 매수인과의 사이에 점유매개관계를 설정함으로써 매수인에게 간접점유를 취득시키고 스스로는 매수인의 점유매개자로서 종래와 같이 점유를 계속하는 것을 의미한다[346].

대법원은 일반적으로 물건을 양도담보의 목적으로 양도한 경우에 특별한 사정이 없는 한 목적물에 대한 사용 및 수익권은 양도담보설정자(채무자 또는 물상보증인)에 있으며[347], 따라서 목적부동산을 임대할 권한도 원칙적으로 양도담보설정자에게 있다고 판시한 바 있다[348].

(3) 동산양도담보권의 일반적 효력

(가) 효력이 미치는 범위

피담보채권의 범위는 동산양도담보권 설정계약에 의해 결정된다.

대법원은 동산인 돼지를 점유개정을 전제한 양도담보의 목적물로 한 사안에서 돼지의 새끼에는 양도담보의 효력이 미치지 않는다고 판시한 바 있다[349].

---

[346] 민법 제189조
[347] 대법원 96다25463 판결
[348] 대법원 2001다40213 판결
[349] 대법원 96다25463 판결

(나) 대내적 효력과 대외적 효력

특별한 사정이 없는 한 양도담보설정시 목적물의 점유 및 이용은 양도담보설정자가 한다[350].

동산의 소유권은 내부적으로 채무자가 대외적으로 채권자가 소유한다.

(4) 동산양도담보권의 실행

양도담보계약에서 정한 바에 따라, 채무불이행시 채권자가 임의환가를 통하여 채권을 회수하거나, 양도담보계약에 집행을 수락하는 공증을 받은 경우 강제경매를 통하여 채권을 회수할 수 있다.

이와 관련하여 대법원은 "동산을 목적으로 하는 유동집합물 양도담보설정계약을 체결함과 동시에 채무불이행시 강제집행을 수락하는 공정증서를 작성한 경우, 양도담보권자로서는 그 집행증서에 기하지 아니하고 양도담보계약에 따라 이를 사적으로 타에 처분하거나 스스로 취득한 후 정산하는 방법으로 정산을 할 수도 있다.

그러나 집행증서에 기하여 담보목적물을 압류하고 강제집행을 실시하는 방법으로 현금화할 수도 있다.

하지만 만약의 경우, 후자 방식에 의해 강제경매를 실시하는 경우, 이러한 방법에 의한 경매절차는 형식상은 강제집행이지만, 그 실질은 일반 강제집행 절차가 아니라 동산양도담보권의 실행을 위한 환가절차로서 그 압류절차에 압류를 경합한 양도담보설정자의 다른 채권자는 양도담보권자에 대한 관계에서 압류경합권자나 배당요구권

---

[350] 대법원 87다카2555 판결

자로서 인정될 수 없다.

따라서 환가로 인한 매득금에서 환가비용을 공제한 잔액은 양도담보권의 채권변제에 우선적으로 충당해야 한다."는 취지의 판시[351]를 한 바 있다.

(5) 동산양도담보권의 소멸

채무가 변제되거나 시효로 소멸함으로써 피담보채무가 소멸한 경우와 양도담보물인 동산이 멸실 또는 훼손되면 그 한도에서 양도담보권이 소멸한다.

다 관련 서식 및 서식 설명

동산양도담보설정계약서를 만들어보았다.

서식 27

양도담보설정계약서[352]

채권자 겸 양도담보권자 (주) 채권 대표이사 이채권(이하 '갑' 이라 한다.)과 채무자 겸 양도담보설정자 오채무(이하 '을' 이라 한다.)는 채무자와 채권자 간에 물품거래에서 발생하는 채권을 담보하기 위하여 아래와 같이 양도담보설정 계약을 체결한다.

제1조 [피담보채권] 피담보채권은 갑이 을에게 공급하는 (   )물품 거래에서 발생하는 갑이 현재 을에게 가지고 있거나 장래 가지게 될 채권으로 한다.

제2조 [양도담보의 설정] 을은 갑에게 피담보채권을 담보하기 위하여 별지목록의 을소유 설비에 대한 양도담보를 설정한다. 을은 본 설비를 양도담보로 설정함에 있어 선순위 양도담보권, 공장저당권, 압류 등이 없음을 보증한다.

제3조 [점유개정과 사용] 본 설비의 인도는 점유개정의 방법에 의하고 을이 무상으로 사용한다. 을은 점유개정과 사용에 있어 선량한 관리자의 주의의무를 다하여야 하며 본 설비에 대하여 발생하는 필요비와 유익비 등은 을이 부담한다.

제4조 [담보물 양도 및 입질금지] 을은 갑의 사전 동의 없이 제3자에게 담보물을 양도(제3자에 대한 양도담보재설정 포함)하거나 질권에 제공할 수 없다.

제5조 [양도담보권의 실행] 을의 채무불이행[353]이 있는 경우에는 갑은 제2조의 별지목록 설비를 임의로 매각하여 임의로 변제충당할 수 있다. 을의 채무불이행이 있는 경우에는 갑은 을에게 설비가액에서 채권액을 공제한 청산금을 통지하고 을이 그 통지를 받은 날로부터 2월이 경과하면 갑은 을에게 청산금을 지급하고 제2조의 별지목록 설비의 소유권을 취득한다. 청산금이 없는 경우에 갑은 이러한 취지를 통지하고 2월이 경과하면 제2조의 별지목록 설비의 소유권을 취득한다[354].

첨부서류

1. 별지(설비목록)

( )년 ( )월 ( )일

갑: (주) 채권 대표이사 이채권(인)
서울시 ( )구 ( )동 ( )번지
을: 오채무(인)
경기도 ( )시 ( )구 ( )동 ( )번지

Tip

::의문점
점유개정의 방법으로 동산에 대한 이중의 양도담보설정계약이 체결된 경우에 뒤에 체결한 채권자가 양도담보권을 취득할 수 있을까?[355]

::답
뒤의 채권자는 양도담보권을 취득할 수 없다[356].
왜냐하면, 처음의 동산양도담보계약이 체결되고 그에 따라 점유개정의 방식으로 점유가 이전된 경우 그 동산의 대외적 소유권은 이미 채권자에게 양도되어 채무자는 대외적으로 무권리자이기 때문이다.
게다가 점유개정에 의한 선의취득도 부정되기 때문에 뒤의 채권자가 양도담보권을 취득할 수는 없는 것이다.

---

351 대법원 2004다37430 판결
352 위 계약서에 강제집행수락 문언 및 공정증서로 활용함에 동의하는 문구를 넣고 공증을 받으면 담보물을 압류하고 강제집행을 실시하는 방법으로 현금화를 할 수 있고 환가비용을 공제한 잔액을 양도담보권자의 채권에 우선적으로 충당할 수 있다(대법원 2004다37430 판결 취지).
353 채무불이행사유를 명확히 하면 좋을 것이다. 예를 들어 변제기를 정해놓고, 그 변제기에 변제를 하지 않을 때에 위와 같이 임의환가를 하거나 (청산을 통한) 소유권귀속 등이 가능하다.
354 이처럼 채권자에게 설비의 소유권을 넘기는 방식을 채택할 경우에 부동산과 달리 위 사례와 같은 동산의 경우 청산금을 지급하여야 하는 가등기담보등에관한법률의 적용이 없다. 따라서 위 사례와 달리 채무자가 채무불이행시 청산금지급 없이 설비의 소유권을 취득토록 하는 약정도 가능하다고 본다.
355 송영곤, 민법의 쟁점(II), 유스티니아누스, 2005. 790면
356 대법원 99다65066 판결

5 | 소유권 유보를 통해 담보기능을 확보하라

🟥 가 이 변호사와 홍 대리의 이야기 엿듣기

홍 대 리   소유권을 유보해두면 담보기능을 한다는데, 소유권유보가 뭐지?

이변호사   음… 물건을 팔면서 물건매매계약서에 매매대금이 모두 납입되는 경우에 소유권이 매수인에게 넘어간다는 내용을 적는 방식인데, 주로 할부로 물건을 팔 때 이용되지. 물품대금이 모두 들어오지 않으면, 소유권이 매수인에게 넘어가지를 않으니까, 매도인 즉 채권자의 물품대금지급 채권을 담보한다고 할 수 있지.

홍 대 리   그렇구나. 그럼 물품대금을 모두 지급하기로 한 날에 돈을 안 주면 물건을 채권자가 그냥 가져와도 되나?

이변호사   채무자 즉 물건을 산 사람의 동의를 받고 가져와야 돼. 아무리 소유권이 매도인에게 유보되어 있다고 해도, 물건을 그냥 가져오면, 권리행사방해 등의 형사상 책임을 부담할 수도 있거든.

홍 대 리   동의를 해주지 않으면 어쩌지?

이변호사   그때는 점유이전금지가처분을 하고 물품인도청구소송을 제기해서 승소한 후에 물품인도집행을 해야지.

홍 대 리   그렇구나.

나 법률적 쟁점 정리

(1) 소유권유보부 매매의 의미

소유권유보부 매매란 매매계약을 체결함에 있어 매도인이 매매 목적물을 매수인에게 인도하되 매매대금이 모두 지급될 때까지는 소유권을 매도인에게 유보한다는 특약이 있는 매매를 의미한다[357].

(2) 소유권유보부 매매의 성립요건

소유권유보의 특약은 최소한 물건의 인도시까지 존재해야 하고, 소유권유보의 대상은 주로 동산일 것이나 부동산이라도 문제가 없으며, 원칙적으로 대금채권이 피담보채권이 된다.

(3) 소유권유보부 매매의 효력

매도인은 목적물을 매수인에게 인도할 의무를, 매수인은 매도인에게 대금을 지급할 의무를 부담한다. 그리고 매수인은 목적물을 사용하고 수익할 권리를 갖는다.

목적물이 멸실된 경우에도 매수인은 매도인에게 대금을 지급할 의무를 부담한다.

예를 들어보자. 매수인이 물건을 인도받은 후 그 물건이 벼락을 맞아 망가졌다고 가정하자. 매수인은 매도인에게 벼락을 맞아 물건이 망가졌으니 새 물건을 주지 않으면 아직 주지 않는 할부금을 줄 수

---

[357] 송영곤, 민법기본강의, 유스티니아누스, 2004. 1214면 이하

없다고 할 여지가 있다. 그러나 이 경우에 매수인은 새 물건을 달라고 할 수 없을 뿐만 아니라 나머지 할부금도 약정일에 맞추어 지불해야 한다.

매수인이 대금을 모두 지급하면 별도의 의사표시 없이 매수인에게 소유권이 이전된다. 즉, 대금완제라는 조건성취가 있기까지 소유권이 매도인에게 귀속된다[358].

(4) 소유권유보의 소멸

매수인이 대금을 완납하면 소유권유보가 소멸된다. 그리고, 매도인의 매매대금청구권이 소멸시효에 걸려 소멸하더라도 소유권유보가 소멸하지는 않는다. 소유권은 소멸시효에 걸리지 않기 때문이다. 따라서 대금을 지급하지 않으면 채권자는 여전히 소유권을 행사하여 목적물의 반환을 청구할 수 있다.

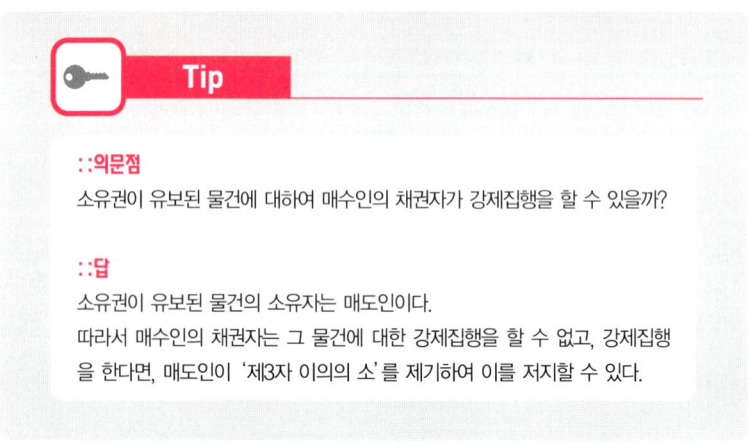

::의문점
소유권이 유보된 물건에 대하여 매수인의 채권자가 강제집행을 할 수 있을까?

::답
소유권이 유보된 물건의 소유자는 매도인이다.
따라서 매수인의 채권자는 그 물건에 대한 강제집행을 할 수 없고, 강제집행을 한다면, 매도인이 '제3자 이의의 소'를 제기하여 이를 저지할 수 있다.

---

[358] 대법원 99다30534 판결

6 | 연대보증인을 세워라

🟥 가 이 변호사와 홍 대리의 이야기 엿듣기

홍 대 리   최근에 거래처 소개로 새로운 고객이 생겼는데 외상거래를 요구하고 있어. 우리는 외상거래는 잘 안 하거든. 그런데 연대보증인을 세워주겠다는 거야. 그래서 말인데, 연대보증에 대해서 좀 자세히 알고 싶어.

이변호사   연대보증을 받아두면 좋지. 사실 저당권처럼 물건을 담보로 받아두는 것이 더 좋지만.

홍 대 리   그렇게 하면 좋겠는데, 우리가 물건을 파는 입장에서 그렇게까지 요구하기는 좀 어려울 것 같아서….

이변호사   아무튼 상대방이 연대보증을 세워준다고 했으니, 연대보증을 확실하게 해두면 되는 것이지. 우선 연대보증계약을 체결하면서, 연대보증인의 기명 및 날인 또는 서명을 받고, 주민등록증 사본을 받아둬. 도장은 인감으로 찍고 나서 인감증명서까지 받으면 좋고. 또 연대보증인 소유의 부동산이 있으면 그 부동산 등기부등본, 재산세 납부증명 같은 자료들도 받아두면 좋고.

홍 대 리   그러고 나선?

이변호사   거래를 하면서, 연대보증인이 제출한 부동산등기부등본 등을 주기적으로 확인해서 매도가 되었는지 아니면 저당권 등이 설정되었는지 확인을 해야지. 매도

	되었거나, 저당권 등이 설정되었다면, 상대방에게 연대보증인을 교체해달라고 요구를 할 수도 있는 것이니까.
홍 대 리	그렇구나. 그런데 혹시 연대보증인이 죽으면 어떻게 되지?
이변호사	채무가 확정된 상황이라면 상속이 되지. 그렇지 않다면, 상속이 안 돼. 결국 상대방인 주채무자에게서만 채권을 회수할 수 있는 거지.
홍 대 리	채무확정?
이변호사	응. 연대보증을 할 때 채무가 얼마인지 확정된 상황이라면 문제가 안 되겠지만, 대개 결산기 등이 정해져 있고, 연대보증인은 그 결산기의 채무를 연대보증하는 경우가 많으니까, 그 결산기 전에 연대보증인이 죽었다면, 연대보증인의 상속인들의 책임이 없다고 봐야지. 아무튼 계약의 내용이 기본적으로 중요해.
홍 대 리	그렇구나.

나 법률적 쟁점 정리

(1) 연대보증의 의미

보증인이 주채무자와 연대하여 채무를 부담함으로써 주채무의 이행을 담보하는 채무를 의미한다.[359]

(2) 연대보증의 성질

연대보증도 보증채무의 일종이기 때문에 부종성이 있다. 그러나 연대하여 채무를 부담하므로 보충성은 인정되지 않는다. 보충성이 없으므로 연대보증인은 최고·검색의 항변권을 가지지 않는다[360].

(3) 연대보증의 성립

연대보증은 보증인과 채권자가 연대보증계약을 한 경우, 법률규정에 의한 경우, 보증인이 사전 또는 사후에 최고·검색의 항변권을 포기한 경우 등에 성립한다.

참고로 보증인보호를위한특별법에 의하면, 금융기관이 채권자로서 보증계약을 체결할 때에는 채무자의 채무관련 신용정보를 보증인에게 제시하고 그 서면에 보증인의 기명날인이나 서명을 받도록 하고 있다[361]. 이를 위반하면 보증인이 계약의 무효를 주장할 수 있다[362](편면적강행규정).

(4) 연대보증의 효력

연대보증은 보증채무와 달리 채권자의 청구에 대한 최고·검색의 항변권을 가지지 않는다.

---

[359] 송영곤, 민법기본강의, 유스티니아누스, 2004. 971면 이하
[360] 민법 제437조 단서
[361] 보증인보호를위한특별법 제8조 제1항
[362] 보증인보호를위한특별법 제11조

Tip

::의문점
상법상 보증의 원칙은 단순보증인가 아니면 연대보증인가?

::답
상법상 보증은 본서에서 이미 언급했던 민법상의 보증과 달리 일정 요건을 충족할 경우에 당사자 사이에 특별히 연대의 특약이 없더라도 연대보증이 된다.
상법 제57조 제2항이 "보증인이 있는 경우에 그 보증이 상행위이거나 주채무가 상행위로 인한 것인 때에는 주채무자와 보증인은 연대하여 변제할 책임이 있다."고 규정하고 있기 때문이다.

7 | 약속어음을 받아 담보를 확보하라

가 이 변호사와 홍 대리의 이야기 엿듣기

홍 대 리	채무자로부터 어음을 받아두어도 담보를 잡는 효과가 있는 것인가?
이변호사	그럴 수 있지. 예를 들어서 채무자를 발행인으로 하는 약속어음을 백지로 받아두면 담보가 될 수 있지. 이때 채무자의 기명날인만 있으면 되는데, 이런 것을 백지어음이라고 해.
홍 대 리	백지어음?
이변호사	응. 더 효과적인 것은 백지어음을 받으면서, 제3자의 배서를 받으면, 그 사람에게 소구를 할 수도 있기 때문에 인적담보를 받은 것과 별반 다르지 않아.
홍 대 리	그렇구나. 또 다른 방식이 없을까?
이변호사	음… 채무자가 가지고 있는 제3자 발행의 약속어음을 받아두면, 인적담보를 받아둔 것과 다름 없지. 제3자에게 어음금을 달라고 하든지 아니면 배서인들에게 소구가 가능하니까.
홍 대 리	그렇구나. 그런데 소구가 뭐지?
이변호사	약속어음을 예로 들어보자. 약속어음발행인인 주채무자에게 어음금지급을 청구했는데, 지급을 받지 못할 경우에 어음에 배서한 사람에게 어음금 청구하는 것을 소구라고 해. 쉽게 약속어음채무자가 돈을 주지 않으면, 배서한 사람에게 돈을 달라고 하는 것을 의미한

다고 보면 되지.

홍 대 리   그렇구나.

🟥 나 법률적 쟁점 정리

(1) 백지어음의 의미

백지어음이란 어음행위자가 후일 어음소지인으로 하여금 어음요건의 전부 또는 일부를 보충시킬 의사로써 고의로 이를 기재하지 않고 어음이 될 서면에 기명날인 또는 서명하여 어음행위를 한 미완성의 어음을 의미한다[363].

(2) 백지어음의 요건

백지어음이 되려면, 백지어음행위자의 기명날인 또는 서명이 존재하여야 하고, 어음요건의 전부 또는 일부의 흠결, 백지보충권의 존재, 백지어음의 교부 등의 요건을 충족하여야 한다.

백지어음 보충권의 존재가 명확하지 않을 경우에는 보충권이 있는 것으로 추정된다[364].

(3) 백지어음의 지위

백지어음의 양도방법은 배서 또는 교부이며, 백지를 보충하기 전에는 어음상의 권리를 행사할 수 없다. 즉, 백지를 보충한 후에야 어

---

[363] 정찬형, 상법강의(하), 박영사, 2007, 131면 이하
[364] 대법원 2001다6718 판결

음상의 권리를 행사할 수 있다.

(4) 백지보충권

　백지어음의 흠결요건을 보충하여 완전어음으로 할 수 있는 권리를 백지보충권이라고 하며, 백지어음은 어음요건을 보충할 때에 완전히 효력을 발생하며 그 보충의 효과가 어음요건 성취전에 소급한다고 볼 수 없다.

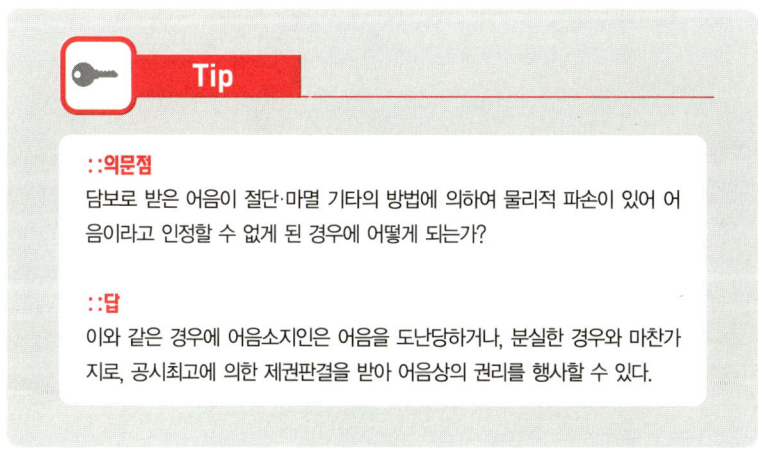

::의문점
담보로 받은 어음이 절단·마멸 기타의 방법에 의하여 물리적 파손이 있어 어음이라고 인정할 수 없게 된 경우에 어떻게 되는가?

::답
이와 같은 경우에 어음소지인은 어음을 도난당하거나, 분실한 경우와 마찬가지로, 공시최고에 의한 제권판결을 받아 어음상의 권리를 행사할 수 있다.

제4편

채권의 보전

 # 채권보전의 기본

 key point

- 채무자가 재산을 빼돌리는 것을 방지하는 것을 채권의 보전이라고 말할 수 있다.
- 채권의 보전수단으로 채권자취소, 채권자대위, 가압류, 가처분 등을 들 수 있다.
- 채무자가 채권자를 해함을 알면서 사해행위를 한 경우에 즉, 채무자가 고의적으로 재산을 빼돌린 경우에 채권자가 채무자의 행위(법률행위)를 취소하고 채무자의 재산을 원상으로 회복하는 것을 채권자취소권이라 한다. 채권자취소권은 소송으로만 할 수 있으며, 채무자의 재산을 채무자에게 돌려놓는 것일 뿐임을 주의한다.
- 채권자가 채권보전을 위하여 채무자의 권리를 대신 행사하는 것을 채권자대위권이라 한다. 이는 채무자가 자신의 권리행사를 게을리할 때 행사하는 것이다. 채권자취소권과 달리 반드시 소송으로만 할 수 있는 것은 아니다.
- 채권자가 금전채권을 받을 것이 있다. 채무자가 자신의 재산을 빼돌리려 한다. 이때 하는 것이 가압류이고, 그 대상에 따라 부동산가압류, 유체동산가압류, 채권가압류 등이 있다.

홍 대리가 법무팀으로 온 지도 벌써 한 달이 넘어섰고 간단한 채권양도, 계약서 작성과 같은 일들은 처리할 수 있었다.

그러나, 아직 소송을 통한 채권회수는 박팀장이 전담하였고, 추심업무를 하면서 소송을 통한 채권회수에 대한 궁금증은 계속 머릿속을 맴돌고 있었다.

박 팀 장   홍 대리가 법무팀으로 온 지 한 달이 넘었지?
홍 대 리   예.
박 팀 장   대금을 회수하다가 보면 부득이 하게 소송을 하게 되는데, 소송 전에 보전처분이라는 것이 있거든. 악질 채무자가 돈을 빼돌리기 전에 채무자의 재산을 묶어두는 것이지. 재산을 묶어두지 않은 상태에서는 소송을 제기하여 승소한다고 해도, 아무 의미가 없게 될 수가 있거든. 재산이 없으면 승소판결문이 의미가 없어지니까.
홍 대 리   그렇겠군요.
박 팀 장   자네도 이제 보전처분 정도는 해야 될 테니까 기존에 우리가 쓴 가압류신청서 등을 보면서 공부해두는 것이 좋겠네.
홍 대 리   알겠습니다.

홍 대리는 추심관련책을 읽으면서, 보전처분에 대한 내용을 본 적이 있었고, 보전처분이 어떠한 의미인지는 대강 알고 있었다.

하지만 보전처분의 대표주자인 가압류와 가처분의 정확한 의미에 대하는 자신이 없었던 차에 박 팀장이 보전처분을 언급하자, 자신의 업무처리를 위해서라도 보전처분에 대한 정확한 의미 파악의 필요성을 느꼈고, 이 변호사에게 도움을 받기로 생각하고 이 변호사에게 전화를 걸었다.

홍 대 리	이 변호사! 나야.
이변호사	응. 그래….
홍 대 리	내가 법무팀에 온 지도 한 달이 넘었네.
이변호사	벌써 그렇게 됐나?
홍 대 리	그렇게 됐어. 조만간에 보전처분을 해야 될 것 같은데, 가압류, 가처분 등에 대한 개념이 서질 않아서….
이변호사	보전처분이라…. 보전처분은 보전소송이라고도 하는데, 크게 가압류와 가처분으로 나뉘지. 가압류는 채권자가 금전채권을 가지고 있을 때에 하는 것이고, 가처분은 채권자가 금전채권 이외의 채권을 가지고 있을 때에 하는 것이라고 보면 될 텐데…. 우선 내가 돈을 받을 것이 있는데, 채무자가 소송 전에 재산을 빼돌리면 승소해도 의미가 없기 때문에 채무자의 재산을 찾아 묶어둘 필요가 있고, 이때 하는 것이 가압류라고 보면 돼. 가압류는 그 대상에 따라 부동산 가압류, 유체동산 가압류, 채권 가압류 등이 있는 것이고…. 그리고, 금전채권을 가지고 있는 것이 아니라, 예를 들어 임대를 주었는데, 임차인이 돈도 안 주고 집도 안 비워주면, 임대인은 집을 비워달라는 명도소송을 하

게 되거든. 이때에 임대인의 채권은 밀린 월세도 있겠지만, 건물을 인도받을 채권도 있고, 건물을 인도받을 채권은 금전채권이 아니잖아. 이때에는 임차인이 건물을 다른 사람에게 재임대 즉 전대하는 것을 막아둘 필요가 있고 이때에 하는 것이 점유이전금지가처분이라는 것이야. 점유이전금지가처분뿐만 아니라 가처분의 종류는 아주 다양하지.

홍대리 금전채권을 보전하는 것이 가압류, 금전채권 이외의 채권을 보전하는 것이 가처분. 뭐 이렇게 이해하면 되는 것인가? 아무튼 대강은 알겠는데 말야.

이변호사 우선 그렇게 알아두고, 점차 일하면서 익히면 되겠지. 너희 회사는 가처분보다는 가압류를 많이 하게 될 거야. 대부분 금전채권이 문제되니까.

홍대리 그렇겠네.

이변호사 보전처분은 가압류와 가처분으로 크게 구별되지만, 채권의 보전이라는 말을 중심으로 생각하면, 보전처분 말고도 채권자취소권과 채권자대위권이라는 것을 생각할 수 있어.

홍대리 채권자취소권하고, 채권자대위권?

이변호사 응. 채권자취소권은 채권자가 돈을 달라고 할 때를 대비해서 악질적인 채무자가 자신의 재산을 가족 등에게 빼돌려놓은 경우에 채권자가 그 행위를 취소하고 그 재산을 채무자에게 다시 돌려놓는 것을 의미하지. 채권자취소권은 소송을 통해서만 행사할 수 있어.

홍 대 리	채무자에게 재산을 돌려놓기만 하는 거야?
이변호사	약간 예외가 있기는 한데, 우선 그렇게 알고 있으면 돼. 그래서 채권의 보전이라는 말을 쓰는 것이지.
홍 대 리	채권자대위권은 뭔데?
이변호사	채권자가 채무자로부터 돈을 받아야 되는데, 채무자가 다른 사람한테 받을 재산을 세월아, 네월아 하고 받을 생각을 하지 않으면, 채권자가 속이 타겠지.
홍 대 리	그렇겠지. 채무자가 빨리 재산을 찾아와야 그 재산을 팔아서라도 채권자가 돈을 받게 될 테니까.
이변호사	바로 그거야. 채무자가 자신의 권리를 행사하지 않아서 채권자가 손해를 볼 수도 있을 때, 채권자가 채무자의 권리를 대신 행사해서 채무자의 재산을 확보해두는 것이지. 채권자취소권하고 다르게 소송상 뿐만 아니라 소송에 의하지 않고도 행사할 수 있는 장점이 있지.
홍 대 리	채권자대위권도 채권의 보전이라서 채무자에게 재산을 가져오도록 하는 것뿐인가?
이변호사	우선 그렇다고 보면 돼. 채권자대위권을 행사하면 우선 채무자의 권리를 대신 행사하는 것에 불과해서 채무자의 재산을 확보해두는 의미만 있게 되고, 나중에 채무자가 돈을 주지 않으면, 그 재산을 강제집행해서 채권자의 돈을 확보하는 것이지….
홍 대 리	그렇구나. 고맙다.

Ⅱ 실전 채권보전

1 | 채무자의 사해행위를 소송을 통해 취소하라

가 이 변호사와 홍 대리의 이야기 엿듣기

홍 대 리 우리에게 꽤 많은 물품대금채무를 부담하는 상대방이 최근에 자신의 유일한 부동산인 집을 동생 명의로 바꾼 것 같아. 재산을 빼돌리기 전에 가압류라도 해두었어야 했는데 그것을 못했어. 이럴 때는 어떻게 하지?

이변호사 채권자취소권이라는 것이 있어.

홍 대 리 들어본 것 같다.

이변호사 채무자인 상대방이 유일한 부동산 등을 동생에게 빼돌렸다면, 채무자와 그 동생의 계약을 취소하고, 채무자 명의로 다시 돌려놓은 다음에 우리가 그 부동산을 경매에 부쳐서 채권을 회수하는 구조야. 그런데, 이때 주의할 것은 처분금지가처분 등을 함께 해두어야 하는 것이지.

홍 대 리 처분금지가처분?

이변호사 응. 채권자취소소송의 취소 대상은 채무자와 동생의 계약이지만, 피고는 채무자가 아니라 동생이 되거든. 이때 동생이 소송 도중에 부동산을 팔아버리면, 집행

	이 어려워져. 그래서 동생이 부동산을 팔아버리는 것을 방지하는 것이 필요하고, 그것이 부동산처분금지가처분이야.
홍 대 리	그렇구나. 채권자취소소송에서 이기면 바로 채권을 회수할 수 있나?
이변호사	그렇지가 않아. 우리 말고 다른 채권자들의 공동담보가 되는 거지. 그러니까 소송에서 이기면 채무자명의로 되돌아오는 것뿐이거든.
홍 대 리	그럼 어떻게 해야 하지?
이변호사	빨리 집행해서 배당을 받아야지. 우리가 채권자취소소송을 하기 전에 채무자에 대한 승소판결문 등의 집행권원이 있으면, 문제가 안 되는데, 그것이 없으면, 채권자취소소송을 제기하면서 채무자도 피고로 넣어서 채권자취소소송과 물품대금청구소송을 함께 진행할 수 있고, 그렇게 되면 채권자취소소송 승소를 통해 채무자에게 명의가 돌아온 부동산을 물품대금소송의 승소판결로 바로 강제집행할 수 있지.
홍 대 리	채권자취소소송하고 물품대금청구소송하고 함께 소송을 진행해서 바로 강제집행을 할 수 있도록 한다는 것이지?
이변호사	그렇지.

나 법률적 쟁점 정리

(1) 채권자취소권[365]의 의미

채무자가 채권자를 해함을 알면서 자기의 책임재산을 감소시키는 행위(사해행위)를 한 경우에 채권자가 그 법률행위를 취소하고 채무자의 재산을 원상으로 회복하는 것을 내용으로 하는 권리인데, 이는 재판상으로만 행사할 수 있다[366].

(2) 채권자취소권의 요건

(가) 채권의 존재

채권자의 채권은 사해행위가 있기 이전에 발생한 것이어야 한다. 다만, 사해행위 당시에 이미 채권성립의 기초가 되는 법률관계가 발생되어 있고 가까운 장래에 그 법률관계에 기하여 채권이 성립될 고도의 개연성이 있는 경우에는 그 채권도 포함될 수 있다[367].

취소권자의 채권은 금전채권은 물론이고 그 채무불이행으로 손해배상채권으로 변할 수 있는 것이면 무엇이든 무방하다.

(나) 사해행위

채무자와 수익자 사이의 법률행위가 취소의 대상이다. 따라서, 수익자와 전득자 사이의 법률행위의 취소는 소의 이익이 없어 부적법

---

365 민법 제406조 제1항
366 송영곤, 민법기본강의, 유스티니아누스, 2004. 902면 이하
367 대법원 2000다37821 판결

하다[368].

　채무자가 법률행위를 했어야 하므로, 채무자의 단순한 부작위나 사실행위 또는 순수한 소송행위는 취소하지 못한다. 다만, 재판상의 법률행위(상계 등)는 취소할 수 있다.

　채무자의 법률행위는 재산권을 목적으로 하는 것이어야 하며, 그 법률행위가 채권자를 해하는 행위여야 한다.

　채무자의 재산감소행위로 채무자가 채무초과 또는 무자력이 되면 그 행위는 사해행위가 된다.

(다) 사해의 의사

　채무자가 채권자를 해한다는 사실을 소극적으로 인식하면 충분하며, 사해의사에 대한 입증책임은 채권자에게 있다.

　채무자의 악의가 입증된 경우에는 수익자 또는 전득자의 악의가 추정[369]되므로, 선의에 대한 입증책임은 수익자 또는 전득자에게 있다.

(3) 채권자취소권의 행사

　채권자가 채권자 자신의 이름으로 행사해야 하고 재판상 행사[370] 해야 하며, 취소소송의 상대방은 채무자가 아니라 수익자 또는 전득자이다.

　즉 채권자취소권은 소송으로 그 권리를 행사하며, 원고는 채권자

368　원고(채권자)가 수익자를 피고로 하여 채권자취소소송을 제기하면서 수익자(피고)와 전득자 사이에 법률행위(예: 매매계약)의 취소를 소송으로 청구하면 부적법한 소송으로 각하판결이 선고된다.
369　대법원 87다카1380 판결
370　민법 제406조 제1항 본문

가 되며, 피고는 수익자나 전득자가 된다. 채무자는 피고가 될 수 없다.[371]

취소채권자의 사해행위 당시의 채권액을 표준으로 해 사해행위가 가분이면 원칙적으로 채권보전에 필요한 범위에서 일부취소를 해야만 한다.

반환의 목적물은 원칙적으로 그 목적물 자체의 반환을 청구해야 하며, 특별한 사정[372]이 없는 한 그 목적물의 가액의 반환을 청구하지 못한다.[373]

(4) 채권자취소권행사의 효과

채권자취소권의 행사로 인한 사해행위의 취소와 일탈재산의 원상회복은 취소소송의 당사자 사이에서 상대적 효력을 가질 뿐이다. 따라서 강제집행으로 채권자가 채권의 만족을 얻게 되면 그때부터 채무자는 수익자 또는 전득자에게 부당이득반환의무를 지게 된다.

채권자취소소송이 인용된 경우에 채무자의 일반재산(책임재산)으로 회복되고 총채권자를 위한 공동담보가 되지만, 이 경우 채권의 목적물과 반환받은 목적물이 같은 종류의 물건일 경우에는 채권자는 상계[374]할 수 있으며, 사실상 우선변제를 받게 된다.

---

[371] 채권자가 채무자를 피고로 삼아 채권자취소소송을 제기하면 각하판결이 선고된다. 다만 채권자는 수익자 또는 전득자를 상대로 채권자취소소송을 제기하면서 채무자를 피고로 추가하여 채권자와 채무자 사이의 계약에 따른 집행권원을 확보할 수 있다.
[372] 가액배상은 원물반환이 불가능하거나 현저히 곤란한 경우에 한해 허용된다.
[373] 대법원 97다58316 판결
[374] 특히 가액배상판결을 받는 경우 상계가 용이하다. 가액배상을 청구할 때 보통 피고가 원고에게 직접 금전을 지급하라는 취지의 청구취지를 작성하고, 그것이 허용되기 때문이다.

(5) 채권자취소권의 소멸

채권자취소권은 채권자가 취소원인을 안 날로부터 1년, 법률행위가 있는 날로부터 5년 내에 행사해야 하며, 이는 소를 제기할 수 있는 기간 즉 제척기간이다[375].

🎴 관련 서식 및 서식 설명

채권자취소소송의 소장을 작성해보았다.

서식 28

소 장

원고 이채권(주민등록번호:)
　　　서울시 (   )구 (   )동 (   )번지 서초빌딩 210호
　　　전화:

피고 오동생(주민등록번호:)
　　　서울시 (   )구 (   )동 (   )번지 우리빌딩 221호
　　　전화:

채권자취소

---

[375] 1년과 5년 중에서 하나의 기간만 도과해도 채권자취소소송을 제기할 수 없다. 위 기간 도과 후 소송을 제기한 것이 밝혀지면 부적법한 소송이 되어 각하판결이 선고된다.

청구취지

1. 피고와 소외 오채무 사이의 별지목록기재 부동산[376]에 관한 2011. (　). (　).자 증여계약을 취소[377]한다.
2. 피고는 소외 오채무에게[378] 별지목록기재 부동산에 관하여 2011. (　). (　). 서울중앙지방법원 (　　)등기소 접수 제 (　　)호로 마친 소유권이전등기의 말소등기절차를 이행하라.
3. 소송비용은 피고의 부담으로 한다.

라는 판결을 구합니다.

청구원인

1. 원고는 소외 오채무에 대하여 물품대금 채권 금 30,000,000원을 보유하고 있습니다(갑 제1호 증). 그럼에도 불구하고 소외 오채무는 원고에게 위 물품대금 전혀 지급하지 않았고, 이에 원고는 소외 오채무를 상대로 지급명령을 신청하여 확정[379]되었습니다(갑 제2호 증).
2. 이에 원고가 집행을 위하여 소외 오채무의 유일한 부동산으로 보이는 소외 오채무의 주택을 확인해본 결과, 원고의 소외 오채무에 대한 물품대금변제기 직후인 2011. (　). (　).에 위 부동산 명의가 소외 오채무에서 그의 동생인 피고로 전환된 사실을 확인할 수 있었습니다(갑 제3호 증, 갑 제4호 증).
3. 결국, 위와 같은 사정을 고려할 때 소외 오채무는 원고에 대한 물품대금채무를 회피하기 위하여 자신의 부동산을 피고에게 증여한 것으로 봄이 타당(갑 제5호 증)한바, 본 소송에 이르게 된 것입니다.
4. 그러므로, 소외 오채무와 피고 사이의 증여계약이 취소되어야 하며, 피고는 소외 오채무로부터 피고에게 이전된 부동산 등기를 말소하여야 할 것입니다.

입증방법

1. 갑 제1호 증(물품계약서)

1. 갑 제2호 증(지급명령정본)
1. 갑 제3호 증(가족관계등록부)
1. 갑 제4호 증(부동산등기부등본)
1. 갑 제5호 증(진술서 [380])

                      첨부서류

1. 위 입증방법 1통
1. 송달료납부서[381] 1통
1. 소장부본[382] 1통

              2011. (   ). (   ).

                          위 원고 이채권 (인)

서울중앙지방법원 귀중

---

[376] 부동산을 표시하는 별지를 작성하여 소장 뒤편에 붙이면 된다.
[377] 이와 같이 채권자취소의 대상은 채무자(오채무)와 수익자(오동생)의 법률행위이다.
[378] 말소등기절차를 원고에게 하라고 청구취지를 쓰지 않도록 한다. 채권자취소권은 어디까지나 보전수단이기 때문에 채무자(오채무)에게 재산을 돌려놓는 것이 원칙이기 때문이다. 다만, 등기말소가 불가능한 특별한 사정이 있을 경우에는 가액 즉 돈으로 직접 원고에게 달라는 청구취지가 가능하다.
[379] 원고가 소외 오채무에게 지급명령을 통한 집행권원을 확보하지 못한 상황이라면, 채권자취소소송과 더불어 채무자를 피고로 추가하여 소송을 진행할 수 있다. 즉, '피고 1. 오채무', '피고 2. 오동생' 방식으로 피고를 추가하고, '피고 1. 오채무'에게 물품대금을 달라는 청구취지를 추가하여 채권자취소소송을 하면서 오채무에 대한 집행권원을 확보하는 것이다.
[380] 실질적으로 오채무가 그의 동생 오동생에게 부동산을 맡겨둔 것이라는 제3자의 진술을 받은 것을 전제해서 넣어보았다. 다만, 위와 같은 진술서가 있으면 좋겠으나, 위와 같은 진술서가 없더라도 위와 같은 상황에서는 소장을 넣는 것이 옳다. 소장을 넣어 상대방의 반응을 보면서 재판을 진행하면 승소 가능성이 있기 때문이다.

Tip

::의문점
채무자의 부동산 소유권이전행위를 사해행위로 보아 채권자취소소송을 제기할 경우에 예고등기제도가 있음에도 불구하고, 처분금지가처분이 필요한가?

::답
필요하다고 보고 처분금지가처분을 하는 것이 안전하다. 예고등기라는 것은 등기원인의 무효 또는 취소를 이유로 하는 등기의 말소 또는 회복의 소가 제기된 경우에 수소법원의 촉탁에 의하여 그러한 소가 제기되었다는 것을 등기부에 기입하도록 하는 제도인데, 그 무효 또는 취소사유는 선의의 제3자에게 대항할 수 있는 것이어야 한다[383]. 따라서, 선의의 제3자에게 대항할 수 있는 절대적 무효사유인, 반사회질서법률행위[384], 불공정한 법률행위[385], 의사무능력자의 행위 등에 적용되며, 선의의 제3자에게 대항하지 못하는 허위표시[386], 비진의표시[387] 등에는 예고등기제도가 적용되지 않을 뿐만 아니라 경고적 효력만이 있다. 따라서, 처분금지가처분을 함께 해두는 것이 안전하다[388].

---

[381] 송달료를 납부한 후 납부영수증을 소장에 첨부하는 것을 의미한다. 인지대도 납부하고 송달료납부서와 함께 소장에 첨부한다.

[382] 보통 위와 같이 작성하기는 하는데, 소장에 입증방법과 첨부서류를 함께 묶어 2부를 법원에 제출하면 된다. 즉 피고의 수에 1을 더한 수의 소장을 제출한다. 예를 들어 피고가 3명이라면, 소장에 입증방법과 첨부서류를 함께 묶은 자료를 4부 제출하는 것이다. 1부는 법원에서 보고, 나머지 3부는 피고들에게 우편으로 보내진다.

[383] 법원행정처, 부동산등기실무(II), 2007. 113면

[384] 민법 제103조

[385] 민법 제104조

[386] 민법 제108조

[387] 민법 제107조

[388] 2011. 3. 11. 국회 본회의에서 부동산예고등기제 폐지를 골자로 하는 '부동산등기법 전부개정안'이 통과되었다. 따라서, 2011. 10. 13.부터는 예고등기제가 없어진다.

2 | 채무자가 명의신탁을 해둔 부동산을 찾아 돌려 놓아라

㉮ 이 변호사와 홍 대리의 이야기 엿듣기

홍 대 리   채무자의 부동산을 찾다가 채무자 명의의 부동산이었는데, 그 부동산이 명의신탁을 원인으로 해서 채무자 동생의 명의로 되어 있는 등기부를 발견했어. 그런데, 우리가 채권을 갖기 훨씬 전에 명의가 동생으로 이전된 것 같아. 채권자취소권은 우리 채권이 기본적으로 먼저 발생해야 하는 것이잖아. 그래서 그런데, 채권회수를 위한 방법이 없을까?

이변호사   그렇다면, 채권자대위권을 활용할 수 있을 것 같아.

홍 대 리   채권자대위권?

이변호사   응, 현재는 부동산실권리자명의등기에관한법률에서 명의신탁과 그에 따른 권리변동을 무효로 보고 있거든. 그러니까 채무자가 그 부동산을 소유하고 있는 것인데도 채무자가 동생에게 권리행사를 게을리하고 있는 것이잖아.

홍 대 리   그렇지.

이변호사   우리는 채무자 명의로 되어 있어야 그 부동산을 경매에 부쳐서라도 돈을 받아야 하는데, 채무자가 고의성을 가지고 자신의 권리를 전혀 행사하지 않을 때에 채무자의 권리를 대신 행사하는 것을 채권자대위권이라

홍 대 리	그렇다면, 소송을 통해서 채무자 동생에게 소유권이전말소등기를 구하는 것인가?
이변호사	음… 소송으로 해도 되고, 채무자에게 빨리 권리행사를 하라고 최고해서 문제를 해결해도 되지. 채권자취소권은 소송으로만 권리행사를 할 수 있지만 채권자대위권은 소송으로 해도 되고 소송으로 하지 않아도 돼.
홍 대 리	그렇구나. 지금까지의 이야기하고 다른 측면의 이야기인데, 예를 들어서 채무자가 제3자에 대한 채권을 행사하지 않는 경우에도 채권자대위권을 행사할 수 있나?
이변호사	이론적으로 가능하고, 소송 이외의 방법으로 하면 실효성이 있지만, 대체적으로 소송으로 채무자의 채권행사를 대위하지는 않아.
홍 대 리	왜?
이변호사	채무자가 제3자에게 채권이 있다면, 우리가 채무자에게 받을 돈에 대한 집행권원을 확보한 후에 압류 및 추심 또는 압류 및 전부명령을 받는 방법이 훨씬 효율적으로 문제를 해결할 수 있거든.
홍 대 리	아… 그렇겠네.
이변호사	채권자대위권은 소송 및 소송 외 방법으로 행사할 수 있지만, 소송의 방법으로 권리행사를 할 때에는 주로 보전하려는 것이 부동산인 경우에 많이 사용되지. 부동산을 채무자 앞으로 돌려놓은 다음에 집행을 하는

방식이야. 이때도 상황에 따라 처분금지가처분이 필요할 수 있어.

홍 대 리 | 그렇구나.

나 법률적 쟁점 정리

(1) 채권자대위권

(가) 채권자대위권의 의미

채권자가 자기의 채권을 보전하기 위하여 그의 채무자에게 속하는 권리를 행사할 수 있는 권리를 말한다[389]. 채권자대위권 본래의 기능은 책임재산보전이지만 실제는 특정재산의 보전을 위해 애용되고 있다. 재판상뿐만 아니라 재판 외에서도 행사할 수 있다[390].

(나) 채권자대위권의 요건

1) 피보전채권(채권자의 채권)의 존재

채권자의 청구권인 피보전채권은 널리 청구권을 의미하며, 물권적 청구권도 포함된다.

이때 피보전채권이 채권자취소권과 달리 대위의 목적인 권리보다 이전에 성립하고 있을 필요가 없다.

2) 채권자가 자기의 채권을 보전할 필요가 있을 것

---

[389] 민법 제404조 제1항 본문
[390] 송영곤, 기본민법강의, 유스티니아누스, 2004. 890면 이하

일반적으로 판례는 금전채권을 보전할 때에는 채무자의 무자력을 요구하는 것이 일반적이다. 그러나 특정채권을 보전하는 경우에는 채무자의 무자력을 요하지 않는다.

예를 들어 채권자의 등기청구권의 보전을 위해 채무자가 제3채무자에 대하여 갖고 있는 등기청구권을 대위행사하는 경우[391]와 부동산의 임차인이 임차권의 보전을 위해 임대인이 제3채무자에 대하여 갖고 있는 소유권에 기한 물권적 청구권의 대위행사의 경우[392] 등은 특정채권을 보전하기 위한 것으로 채무자의 무자력을 필요로 하지 않는다.

채무자의 무자력을 요건으로 하는 경우에 무자력 여부는 사실심변론종결시를 기준으로 하며, 무자력의 주장 및 입증책임은 채권자에게 있다.

3) 채무자가 스스로 그의 권리를 행사하지 않을 것(채무자의 권리불행사)

채무자가 스스로 권리를 행사하고 있는 경우에는 비록 그 행사의 방법이나 결과가 적당하지 않더라도 채권자는 대위권을 행사할 수 없다.

채권자대위권을 행사하는 데에 있어 채무자에게 권리행사의 최고를 하거나 채무자의 동의를 받을 필요도 없으며, 채무자가 대위권행사에 반대하더라도 무방하다[393].

---

[391] 대법원 76다1591 판결
[392] 대법원 64다804 판결
[393] 대법원 63다634 판결

4) 채권자의 채권이 이행기에 있을 것

원칙적으로 채권이 이행기에 있어야 채권자대위권을 행사할 수 있다. 다만, 재판상대위의 경우에 법원의 허가를 받거나[394], 보전행위(시효의 중단 등)의 경우에는 이행기 전에 법원의 허가 없이도 행사할 수 있다[395].

(다) 채권자대위권의 객체(채무자의 채권)

채권자대위권의 객체인 채무자의 채권은 채무자만 행사할 수 있는 일신전속적 권리[396]가 아니어야 한다[397]. 결국, 채권의 공동담보에 적합한 채무자의 재산권은 모두 대위권의 객체가 된다.

따라서, 공동담보로 할 수 없는 압류가 금지되는 채권[398] 등은 대위권의 객체가 될 수 없다.

(라) 채권자대위권의 행사

채권자가 자기의 이름으로 재판상 또는 재판 외에서 행사할 수 있고, 금전채권자의 경우는 자기의 채권액의 범위에서만 대위행사 할 수 있음이 원칙이나 보존행위와 불가분의 권리에 대한 대위행사는

---

[394] 민법 제404조 제2항 본문
[395] 민법 제404조 제2항 단서
[396] 일신전속적 권리라는 것은 그 당사자만이 권리행사를 할 수 있다고 판단되는 권리를 의미한다고 볼 수 있다. 예를 들어 친생부인권, 인지청구권 등의 신분권이나 생명권 등의 인격권이 이에 해당한다고 할 수 있다.
[397] 민법 제404조 제1항 단서
[398] 압류가 금지되는 채권은 결국 강제집행의 대상이 될 수 없기 때문에 채권의 보전이라는 채권자대위권의 목적을 고려하면, 채권자대위권의 객체가 될 수 없는 것이다.

채권액을 초과하는 범위도 권리행사가 가능하다.

(마) 채권자대위권행사의 효과

직접 채무자에게 귀속하고, 총재권자를 위한 공동담보가 된다. 다만, 채권자취소권과 마찬가지로 대위수령한 목적물이 채권자의 채권의 목적물과 동종의 것이고 상계적상에 있는 때에는 상계함으로써 우선변제를 받는 것과 효과를 볼 여지도 있다.

채무자의 '이전등기청구권'을 대위행사하는 경우에는 항상 채무자에게로의 이전등기만을 청구할 수 있다[399]. 그리고 '등기말소청구'의 경우에는 그 말소등기에 의하여 단순히 그 등기가 경료되기 이전의 상태로 돌아갈 뿐이어서, 등기말소의무의 이행을 채무자에게 하도록 명하든, 대위채권자에게 하도록 명하든 차이가 없다[400].

채무자도 스스로 당사자로서 채권자대위소송에 참여하였거나, 채무자에게 소송고지가 있었던 경우에는 그 판결의 효력이 채무자에게 미친다.

(2) 부동산명의신탁과 채권자대위소송

(가) 명의신탁의 경우

부동산실권리자명의등기에관한법률에 의하면, 부동산 명의신탁약정과 그 물권변동이 모두 무효가 된다[401].

---

[399] 대법원 66다892 판결
[400] 대법원 95다27998 판결
[401] 부동산실권리자명의등기에관한법률 제4조 제1항, 제2항 본문

예를 들어 갑이 을에게 부동산명의를 신탁했다면, 그 명의신탁과 그에 따른 부동산소유권이전등기가 무효이다.

따라서, 갑은 을에게 위 무효를 주장하여 부동산소유권이전등기말소소송을 제기할 수 있다.

이때 갑의 채권자는 갑의 권리를 채권자대위권을 근거로 대위행사 할 수 있는 것이다.

(나) 계약명의신탁의 경우

계약명의신탁의 경우에 부동산 매도인이 선의인 경우에는 명의신탁은 무효지만 물권변동은 유효가 된다.[402]

예를 들어 실제로는 갑이 병으로부터 부동산을 사는 것이지만, 부동산계약서와 등기부에게는 병으로부터 을이 부동산을 사는 것으로 했고, 이때 갑은 명의신탁자, 을은 명의수탁자 관계에 있었다. 그리고 병은 갑과 을사이의 명의신탁관계를 알지 못했고, 을이 부동산매수인인 것으로 알았다.

이 경우에 갑과 을 사이의 명의신탁은 무효지만, 병으로부터 을로 이전된 소유권이전등기는 유효가 된다.

이때 갑은 을에게 갑이 을에게 제공한 부동산매매대금을 부당이득으로 청구할 수 있는데, 갑이 이를 행사하지 않고 있다.

갑의 채권자는 갑의 위 부당이득청구권을 재판상 또는 재판 외로 대위행사 할 수 있을 것이다.[403]

---

[402] 부동산실권리자명의등기에관한법률 제4조 제1항, 제2항 단서
[403] 사법연수원, 부동산등기법, 2005. 191면

이때 갑의 채권자가 부당이득을 원인으로 한 소유권이전등기는 이를 구할 수 없음에 유의해야 한다.

다만, 부동산실권리자명의등기에관한법률 시행 전에 명의신탁 약정과 그에 기한 물권변동이 이루어진 다음 동법 제11조에서 정한 유예기간 내에 실명등기 등을 하지 않고 그 기간을 경과한 사안에서, 대법원은 '명의수탁자는 명의신탁약정에 따라 명의신탁자가 제공한 비용을 매매대금으로 지급하고 당해 부동산에 관한 소유명의를 취득한 것이고, 위 유예기간이 경과하기 전까지는 명의신탁자는 언제라도 명의신탁 약정을 해지하고 당해 부동산에 관한 소유권을 취득할 수 있었던 것이므로, 명의수탁자는 동법 시행에 따라 당해 부동산에 관한 완전한 소유권을 취득함으로써 당해 부동산 자체를 부당이득하였다고 보아야 할 것이므로 명의수탁자는 명의신탁자에게 자신이 취득한 당해 부동산을 부당이득으로 반환할 의무가 있다.'고 판시[404]한 바 있으나, 이러한 결론이 동법 시행 후의 명의신탁 사안에까지 그대로 적용되는 것은 아니다[405].

(다) 유효한 명의신탁의 경우(종중이나 배우자 명의신탁)

종중이나 배우자에 대한 명의신탁이 예외적으로 인정[406]되는바, 이 경우에는 채권자가 채무자를 대신하여 명의수탁자를 피고로 명의신탁 해지를 원인으로 하는 소유권이전등기를 구하는 소송을 제기할

---

[404] 대법원 2002다66922 판결
[405] 사법연수원, 부동산등기법, 2005. 191면
[406] 부동산실권리명의등기에관한법률 제8조

수 있을 것이다.

다 관련 서식 및 서식 설명

채권자가 소송을 통하여 채권자대위권을 행사하기 위한 소장을 작성해보았다.

서식29

소 장

원고 이채권(주민등록번호:)
　　서울시 (   )구 (   )동 (   )번지 서초빌딩 210호
　　전화:

피고 오동생(주민등록번호:)
　　서울시 (   )구 (   )동 (   )번지 우리빌딩 221호
　　전화:

채권자대위

청구취지

1. 피고는 소외 오채무에게 별지목록기재 부동산[407]에 대하여 서울 (   )법원 2010. (   ). (   ). 접수 제(   )호로 마친 소유권이전등기의 말소등기절차를 이행하라.

2. 소송비용은 피고의 부담으로 한다.
라는 판결을 구합니다.

청구원인

1. 원고는 소외 오채무에 대하여 물품대금 채권 금 30,000,000원을 보유하고 있습니다(갑 제1호 증). 그럼에도 불구하고 소외 오채무는 원고에게 위 물품대금을 전혀 지급하지 않았고, 이에 원고는 소외 오채무를 상대로 지급명령을 신청하여 확정되었습니다(갑 제2호 증).

2. 이에 원고가 집행을 위하여 소외 오채무의 재산을 확인해본 결과 우연치 않게 소외 오채무에서 피고로 소유권이 이전된 부동산을 확인하였는데, 그 등기 원인은 명의신탁이었습니다(갑 제3호 증).

3. 부동산실권리자명의등기에관한법률에 의하여 위와 같은 명의신탁과 물권변동을 무효인바, 소외 오채무는 피고에게 위 부동산 이전등기의 말소를 구하지 않고 있습니다.

4. 이에 원고는 무자력 상태[408]인 소외 오채무를 대위하여 위 부동산 이전등기의 말소를 구하고 있는 것인바, 원고의 청구가 받아들여져야 할 것입니다.

입증방법

1. 갑 제1호 증(물품계약서)
1. 갑 제2호 증(지급명령정본)
1. 갑 제3호 증(부동산등기부등본)

첨부서류

1. 위 입증방법 1통
1. 송달료납부서 1통
1. 소장부본 1통

2011. (   ). (   ).

위 원고 이채권 (인)

서울중앙지방법원 귀중

Tip

::의문점

채권자가 채권자취소권이나 채권자대위권을 소송으로 제기하여 승소할 경우에 채무자에게 회복된 재산은 총채권자들을 위한 공동담보가 된다는 것은 어떤 의미인가?

::답

채권자취소권이나 채권자대위권의 특성은 책임재산의 보전이다. 따라서 채권자가 소송을 통해 채무자의 재산을 회복시키더라도, 그 채권자가 우선적으로 자신의 채권을 확보할 지위는 없다. 쉽게 이야기해서 원칙적으로는 다른 채권자들과 회복된 재산을 팔아 나누어 갖는 것이다.

다만, 사실상 상계 등을 통해(특히, 채권자취소권) 우선변제적 효력을 향유할 수 있을 뿐이다. 결국 채권자는 채무자에 대한 채권을 우선변제적으로 확보할 수 있는 저당권 등을 설정받는 것이 가장 유리하다고 볼 수 있다.

---

407 부동산을 표시한 별지를 만들어 소장 뒤에 붙이면 된다.
408 소외 오채무가 무자력상태라는 자료가 필요하다. 원고가 보전하려는 채권은 금전채권 즉 물품대금채권이기 때문이다. 소외 오채무의 무자력은 원고가 주장하고 입증할 사항이다. 소송전에 소외 오채무의 무자력 관련 자료를 증거로 제출하면 좋을 것이나, 소송 도중에 제출하여도 무방하다.

3 | 부동산을 가압류하라

가 이 변호사와 홍 대리의 이야기 엿듣기

홍 대 리 거래처에서 물건 값을 안 줘서 부동산을 확인해보았더니, 땅이 있더라고. 그래서 그런데, 어떻게 해야 하지?

이변호사 독촉해도 돈을 주지 않으면, 가압류를 해야겠지.

홍 대 리 가압류를 해야겠지?

이변호사 그렇지. 금전채무자가 돈을 주지 않는다면, 재산을 빼돌릴 염려가 있으니까, 그 방지책으로 가압류를 해야 되는 것이지.

홍 대 리 구체적인 방법은 어떻게 되지?

이변호사 토지등기부하고 토지대장하고를 확인해서 권리분석도 하고 공시지가도 확인해야. 가압류의 실익을 따져 봐야 하거든.

홍 대 리 가압류의 실익?

이변호사 응. 우선 토지대장을 보면 공시지가가 나와. 그 공시지가를 보면 대강 시가를 추산할 수 있지. 공시지가보다 1.5배 또는 2배로 보는 것이 일반적인 것 같거든. 좀 더 정확히 알아보려면, 그 토지 인근 여러 부동산 중개사무소에서 대강의 시가를 확인할 수도 있고. 그리고 나서, 토지등기부등본을 보면 그 토지에 선순위 권리들이 있는지를 확인할 수 있거든. 예를 들어 저당권이 있고, 그 저당권을 근거로 저당부동산을 경매에 부쳐서 매각되었을 때에 저당권으로 담보된 채권액을 갚고

	난 후에 남는 돈이 거의 없다면, 가압류하고 나서 소송에서 이겨봤자, 우리가 배당받을 돈이 거의 남지를 않아. 그럴 경우에는 가압류를 해도 별 실익이 없지.
홍 대 리	그렇구나. 그렇다면 선순위 저당권의 채권액이 토지 가격에 비해서 소액이라면 가압류를 해도 되겠네?
이변호사	그렇다고 봐야지. 그리고 그런 경우에는 소송까지 안 가고 바로 돈을 받을 수도 있어. 가압류를 풀어달라면서 돈을 주는 경우가 있거든.
홍 대 리	그렇구나.

나 법률적 쟁점 정리

(1) 부동산 가압류[409]의 의의

가압류란 금전채권이나 금전으로 환산할 수 있는 채권의 집행을 보전할 목적으로 미리 채무자의 재산을 동결시켜 채무자로부터 그 재산에 대한 처분권을 잠정적으로 빼앗는 집행보전제도라고 할 수 있고, 부동산 가압류의 대상이 되는 재산은 부동산이 된다[410].

(2) 부동산 가압류신청자의 담보제공

채권자가 채무자의 부동산에 대하여 가압류를 신청하는 경우에 대개 부동산에 대한 가압류결정이 내려지는데, 채무자가 진정한 채무

---

[409] 민사집행법 제276조
[410] 사법연수원, 보전소송, 2005. 6면 이하

자가 아닐 가능성도 배제할 수 없다. 따라서 법원에서는 가압류를 인정해주면서 채권자의 담보제공을 요구하고 있다.

법원입장에서는 채권자의 말을 일단 믿어주되 채권자의 말이 틀릴 수도 있음을 예정하고, 그와 같은 경우에 채무자의 손해를 담보토록, 채권자에게 담보를 요구하는 것이다.

부동산 가압류의 경우에 채권자가 제공하는 담보는 채권자가 청구하는 금액의 1/10을 기준으로 한다. 예를 들어 1억 원을 청구한다면, 담보액은 1천만 원이 되는 것이다.

다만, 채권자의 입장에서 1천만 원을 현금으로 제공한다는 것은 큰 부담이 아닐 수 없다. 이때 채권자는 보증보험을 끊어 가압류신청을 할 수 있고, 일정한 정도의 보험금(1천만 원의 경우 42,200원(1천만 원×0.00422(즉, 0.422%))으로 가압류결정을 받을 수 있게 된다.

(3) 부동산 가압류의 집행

부동산 가압류는 가압류재판에 관한 사항을 등기부에 기입하는 방법으로 집행한다.

가압류집행이 완료되면 처분금지의 효력이 발생하는데, 가압류집행을 무시한 행위는 상대적 무효가 된다. 즉, 처분행위의 당사자 즉 채무자와 제3취득자(소유권 또는 담보권 등을 취득한 자) 사이에서는 그들 사이의 거래행위가 전적으로 유효하고 단지 그것을 가압류채권자 또는 가압류에 기한 집행절차에 참가하는 다른 채권자에 대하여 주장할 수 없다[411].

---

[411] 대법원 94마417 결정 등

다 관련 서식 및 서식 설명

부동산 가압류를 할 때 작성하는 부동산 가압류신청서[412]를 작성해보았다.

서식 30

부동산 가압류신청서

채권자 이채권(주민등록번호:)
　　　서울시 (   )구 (   )동 (   )번지 서초빌딩 210호
　　　전화:

채무자 오채무(주민등록번호:)
　　　서울시 (   )구 (   )동 (   )번지 방배빌딩 220호
　　　전화:

청구채권의 표시

금 30,000,000원
단, 채권자가 채무자에 대하여 2011. (   ). (   ). 부터 2011. (   ). (   ). 까지 (   )을 매도하여 채권자가 채무자로부터 받아야 할 물품대금채권

가압류할 부동산의 표시

별지 목록 기재 부동산[413]과 같음.

신청취지

채권자가 채무자에 대하여 가지고 있는 위 채권의 집행보전을 위하여 채무자 소유의 별지 목록 기재 부동산을 가압류한다.
라는 결정을 구합니다.

신청이유[414]

1[415]. 채권자는 채무자에게 (　　)을 공급하여 왔습니다. 그런데, 채무자는 채권자에게 위 물품대금을 6개월째 미납한 상황입니다(소갑 제1호 증, 소갑 제2호 증).
2[416]. 채권자는 채무자에게 전화상으로 채무독촉을 하였고, 채무자는 채무를 수일 내에 갚기로 약속하였으나, 그와 같은 독촉과 답변만 여러 차례 있었을 뿐 채무자는 자신의 약속을 전혀 지키지 않았습니다.
3. 결국, 채권자는 채무자에게 2011년 (　)년 (　)월까지 채무를 갚을 것을 서면으로 통보하였으나, 채무자는 채권자의 서면독촉에 대응하지 않고 있을 뿐만 아니라, 전화연락도 두절된 상황입니다(소갑 제3호 증).
4. 이에 채권자는 부득이 채무자 소유의 별지 목록 기재 부동산(소갑 제4호 증)에 본 가압류신청을 하게 된 것입니다.
5[417]. 담보제공은 공탁보증보험증권을 제출하는 방법에 의할 수 있도록 허가하여주시기 바랍니다[418].

소명자료

1. 소갑 제1호 증(사업자등록증(채권자) 사본)

---

[412] 법원에서는 가압류신청서에 더하여 가압류신청진술서를 요구하기도 한다.
[413] '별지'에 '가압류할 부동산 표시'라는 제목을 달아서 부동산 등기부 또는 (건물 또는 토지)대장상의 가압류할 부동산을 특정하여 기재한다.
[414] '신청이유'의 내용이 많을 경우에는 목차를 달아서 쓰기도 한다. 목차는 대개, '1. 피보전권리에 대하여 2. 보전의 필요성 3. 담보제공에 대하여'의 순서로 쓰는 것이 일반적이다.
[415] 목차(제목)를 단다면 '1. 피보전권리에 대하여'가 된다.
[416] 목차(제목)를 단다면 '2. 보전의 필요성'이 된다.
[417] 목차(제목)를 단다면 '3. 담보제공에 대하여'가 된다.

1. 소갑 제2호 증(거래명세서)
1. 소갑 제3호 증(독촉장·내용증명우편)
1. 소갑 제4호 증(부동산 등기부등본)

첨부서류
1. 위 소명방법 2통
1. 송달료 납부서 1통

2011. (   ). (   ).

위 채권자 이채권 (인)

서울중앙지방법원 귀중

418 부동산을 가압류할 경우에는 청구금액의 1/10을 공탁함이 일반적이다. 이 사건의 청구금액은 3천만 원이므로 3백만 원을 공탁해야 하는 것이다. 다만, 현금으로 3백만 원을 공탁하게 하는 것은 채권자에게 부담이 될 수 있다. 부동산의 경우는 보증보험을 끊어서 담보제공에 갈음할 수 있기 때문에 가압류신청을 하면서 처음부터 보증보험을 끊어서 제출함으로써 가압류결정이 내려지는 시간을 아낄 수 있다.

※ 참고 지급보증위탁계약체결문서의 제출에 의한 담보제공과 관련한 사무처리요령 제6조 (부동산·자동차·건설기계·소형선박 또는 금전채권에 대한 가압류 신청사건에 있어서의 담보제공방식에 관한 특례)

① 채권자가 부동산·자동차·건설기계·소형선박 또는 금전채권에 대한 가압류신청을 하는 때에는 법원의 담보제공명령이 없더라도 미리 다음 각호의 금액을 보증금액으로 하는 보증서원본을 제출하는 방법으로 담보제공의 허가신청을 할 수 있다. 다만, 급여채권·영업자예금채권에 대한 가압류신청을 하는 때에는 그러하지 아니한다. 1. 부동산·자동차·건설기계·소형선박에 대한 가압류 신청사건 : 청구금액(원금만을 기준으로 하고 이자·지연손해금 등은 포함하지 않는다. 이하 같다.)의 1/10 (10,000원 미만은 버린다. 이하 같다). 2. 금전채권에 대한 가압류 신청사건 : 청구금액의 2/5. 다만 법원이 지역사정 등을 고려하여 별도의 기준을 정한 경우에는 그 금액.

〈별지〉

가압류할 부동산의 표시

1. 서울 (　　)구 (　　)동 ○○○
   위 지상
   철근콘크리트 슬래브지붕 3층
   근린생활시설 및 주택
   1층 177.03평방미터(근린시설)
   2층 115.83평방미터(근린시설)
   3층 115.83평방미터(주택)
   지하실 82.89평방미터(근린시설)
   중 3층 115.83평방미터

 Tip

::의문점
부동산을 가압류하기 전에 반드시 권리분석을 하여야 하는가?

::답
기본적인 권리분석이 필요하다. 우선하는 채권자가 많다면, 부동산 가압류보다는 다른 재산을 찾아 가압류를 하는 것이 현명할 것이다.
다만, 채권액수가 작은 경우에는 부동산에 선순위자들이 많아도 상황에 따라 가압류를 할 필요성도 있다. 적은 액수를 가지고 가압류를 하면 채권자가 본안소송을 제기하기 전에 채무자가 돈을 갚는 경우도 많기 때문이다.

4 | 유체동산을 가압류하라

🟥가 이 변호사와 홍 대리의 이야기 엿듣기

홍 대 리　물품대금을 주지 않는 상대방의 재산을 조사해보았더니, 사무실 집기류 빼고는 별것이 없는 것 같은데 어쩌지?

이변호사　동산밖에 없다는 이야기인데, 동산 가압류를 생각할 수 있지.

홍 대 리　그런데 동산 가압류가 실익이 있을까?

이변호사　별 실익이 없을 수도 있지. 동산을 팔아봤자 얼마 되지 않을 테니까. 그래서 대개는 압박수단으로 동산을 가압류하는 것 같아. 사무실 집기류 가압류보다도 채무자의 전셋집에 텔레비전이나 냉장고 등을 가압류하면 상당한 압박을 느끼거든.

홍 대 리　그렇구나. 아무튼 동산 가압류는 신중해야겠네.

이변호사　그렇다고 봐야지.

🟥나 법률적 쟁점 정리

(1) 동산 가압류의 의의

　가압류란 금전채권이나 금전으로 환산할 수 있는 채권의 집행을 보전할 목적으로 미리 채무자의 재산을 동결시켜 채무자로부터 그 재산에 대한 처분권을 잠정적으로 빼앗는 집행보전제도라고 할 수 있고, 유체동산 가압류의 대상이 되는 재산은 동산이 된다[419].

(2) 동산 가압류신청자의 담보제공

동산을 가압류하는 경우에도 부동산을 가압류하는 경우와 마찬가지로 채무자의 손해를 담보하기 위해서 채권자에게 담보를 요구한다. 그런데 부동산과 달리 보증보험으로 대체할 수 있는 금액이 훨씬 적으며, 담보제공액도 월등히 많다. 담보제공액이 많기 때문에라도 유체동산의 가압류는 신중할 필요가 있다.

즉, 1억 원을 청구하는 경우에 채권자의 담보제공액은 그 4/5인 8천만 원이 되며, 담보제공액의 1/2은 현금공탁, 그 나머지는 보증보험으로 대체할 수 있다. 따라서 현금으로 공탁할 돈이 4천만 원이며, 보증보험으로 공탁할 돈은 4천만 원이 된다. 결국 현금 4천만 원과 보험증권을 끊을 돈 168,800원(4천만 원×0.00422(즉, 0.422%))이 채권자의 부담이 된다.

(3) 동산 가압류의 집행

유체동산에 대한 가압류집행은 압류와 같은 원칙에 따라야 한다. 즉, 집행관에게 집행을 위임하여 집행관이 유체동산압류의 방식에 의하여 집행한다.

가압류명령에서는 채무자의 유체동산을 포괄적인 대상으로 하고 그 집행단계에서 집행관의 점유에 의하여 구체적인 집행의 대상으로 되는 유체동산이 정하여지는 것이므로, 가압류할 유체동산을 특정하여 기재할 필요는 없다.

---

419 사법연수원, 보전소송, 2005. 6면 이하

다 관련 서식 및 서식 설명

동산 가압류를 신청할 때 작성하는 유체동산 가압류신청서를 작성해보았다.

서식31

유체동산 가압류신청서[420]

채권자 이채권(주민등록번호:)
　　　　서울시 (　)구 (　)동 (　)번지 서초빌딩 210호
　　　　전화:
채무자 오채무(주민등록번호:)
　　　　서울시 (　)구 (　)동 (　)번지 방배빌딩 220호
　　　　전화:

청구채권의 표시

금 30,000,000원
단, 채권자가 채무자에 대하여 2011.(　).(　). 부터 2011.(　).(　). 까지 (　)을 매도하여 채권자가 채무자로부터 받아야 할 물품대금채권

신청취지

채권자가 채무자에 대하여 가지고 있는 위 채권의 집행보전을 위하여 청구금액에 이를 때까지 채무자 소유의 유체동산을 가압류한다.
라는 결정을 구합니다.

신청이유

1. 채권자는 채무자에게 (　)을 공급하여 왔습니다. 그런데, 채무자는 채권자에게 위 물품대금을 6개월째 미납한 상황입니다(소갑 제1호 증, 소갑 제2호 증).

2. 채권자는 채무자에게 전화상으로 채무독촉을 했고, 채무자는 채무를 수일 내에 갚기로 약속했으나, 그와 같은 독촉과 답변만 여러 차례 있었을 뿐 채무자는 자신의 약속을 전혀 지키지 않았습니다.

3. 결국, 채권자는 채무자에게 2011년 (   )년 (   )월까지 채무를 갚을 것을 서면으로 통보하였으나, 채무자는 채권자의 서면독촉에 대응하지 않고 있을 뿐만 아니라, 전화연락도 두절된 상황입니다(소갑 제3호 증).

4. 이에 채권자는 부득이 채무자 소유의 유체동산에 본 가압류신청을 하게 된 것입니다.

5. 담보제공은 공탁보증보험증권을 제출하는 방법에 의할 수 있도록 허가해주시기 바랍니다[421].

소명자료

1. 소갑 제1호 증(사업자등록증(채권자) 사본)
1. 소갑 제2호 증(거래명세서)
1. 소갑 제3호 증(독촉장-내용증명우편)

첨부서류

1. 위 소명방법 2통
1. 송달료 납부서 1통

2011. (   ). (   ).

위 채권자 이채권 (인)

서울중앙지방법원 귀중

::의문점
유체동산을 가압류할 경우 채무자가 집행관의 집행을 방해하면 어떻게 되는가?

::답
집행관의 행위는 공무집행으로 보는 것이 일반적이다. 따라서, 채무자가 집행관의 집행을 방해하면서, 폭행[422] 등을 행사했다면, 공무집행방해죄가 된다[423].

---

420 부동산 가압류신청의 경우에는 '가압류할 부동산의 표시'라는 목차가 있으나, 동산에 대하여 가압류를 할 때는 그러한 목차가 필요 없다. 채무자의 특정한 동산을 집행의 대상으로 하는 것이 아니고, 채권자가 받을 금액의 한도에서 채무자 불특정 동산을 집행할 수 있기 때문이다. 즉 부동산 가압류와 달리 미리 집행할 동산을 특정해서 가압류를 신청할 필요가 없다.

421 부동산 가압류와 달리 동산가압류신청서에 위와 같이 쓰기는 하나, 일부만 보증보험이 허용되고 나머지는 현금공탁명령이 내려진다.

422 폭행의 의미는 일반적으로 사회에서 쓰는 개념보다 넓다는 것에 주의한다. 즉 공무집행방해죄에 있어서 폭행은 반드시 사람의 신체에 대한 것임을 요구하지 않고 물건에 대한 유형력의 행사라도 간접적으로 사람에 대한 것이면 된다. 대법원은 파출소 사무실 바닥에 인분(사람의 '똥')을 뿌리고 재떨이에 인분을 담아 바닥에 던진 것도 공무원에 대한 폭행으로 본 사실이 있다(대법원 81도32 판결).

423 대법원 60도852 판결

5 | 채권을 가압류하라

🔴가 이 변호사와 홍 대리의 이야기 엿듣기

홍 대 리   우리가 채권을 보유하는 상대방이 계속 채무지급을 미루어서, 우리가 상대방의 재산을 알아보다가 상대방이 다른 사람으로부터 받을 물품대금채권이 있다는 것을 알았는데, 채무자의 채권을 가압류할 수도 있지?

이변호사   채권을 가압류할 수도 있지. 그런데 채권 가압류를 하려면, 담보금액이 좀 많아. 우리와 같은 채권자가 제공하는 담보제공액이 대체로 유체동산 가압류보다는 적지만, 부동산 가압류보다는 많이 들지.

홍 대 리   그렇구나.

이변호사   그리고 채권의 집행에서도 부동산과 차이가 있는데, 부동산은 등기부에 가압류가 기입되면 집행이 끝나지만, 채권은 채무자의 채무자에게 가압류명령정본이 송달되어야 집행이 완료돼. 송달이 안 되면 집행이 안 되고, 결국 담보금만 잔뜩 내놓고, 가압류의 목적이 달성되지 못하는 것이지.

홍 대 리   그렇다면 채무자의 채무자주소를 정확히 알고 채권가압류를 신청해야겠네.

이변호사   그렇다고 봐야지.

나 법률적 쟁점 정리

(1) 채권 가압류의 의의

가압류란 금전채권이나 금전으로 환산할 수 있는 채권의 집행을 보전할 목적으로 미리 채무자의 재산을 동결시켜 채무자로부터 그 재산에 대한 처분권을 잠정적으로 빼앗는 집행보전제도라고 할 수 있고, 채권 가압류의 대상이 되는 재산은 채권이 된다[424].

(2) 채권 가압류신청자의 담보제공

채권 가압류를 하는 경우에도 부동산과 동산처럼 채권자가 담보를 제공해야 한다. 가압류채권자의 청구금액이 1억 원이라면 담보제공액은 4천만 원이 된다(1억 원×2/5). 이때, 현금공탁이나 보증보험이 모두 가능함이 원칙이다. 따라서 채권 가압류를 신청하면서 보증보험을 끊는다면 금168,800원(4천만 원×0.00422(즉, 0.422%))으로 족하다. 다만, 가압류채권자가 가압류하려는 채무자의 채권이 근로자의 임금채권이나 영업자의 예금채권이라면 반드시 1/2은 현금공탁을 해야 한다.

결국, 이 경우에는 2천만 원을 현금공탁하게 된다. 나머지 2천만 원은 보증보험으로 대체할 수 있으므로 보험금 84,400원(2천만 원×0.00422(즉, 0.422%))과 2천만 원을 합한 20,084,400원이 들 것이다.

(3) 채권 가압류의 집행

채권의 가압류는 제3채무자에게 채무자에 대한 지급을 금지하는

---

[424] 사법연수원, 보전소송, 2005. 6면 이하

명령이 기재된 가압류재판정본을 송달함으로써 집행한다. 가압류결정이 제3채무자에게 송달 불능된 경우에는 채권자로부터 주소보정을 받아 재송달한다. 보정기간 안에 주소를 보정하지 않거나 재송달도 불능으로 된 경우에는 종결처리하고 있다.

가압류의 집행절차에서는 현금화절차를 행할 수 없으므로 채권자는 가압류 상태에서 전부명령이나 추심명령을 받을 수 없다.

다 관련 서식 및 서식 설명

채권가압류를 할 때에 작성하는 채권가압류신청서와 제3채무자의 채무상황 등을 파악하기 위한 제3채무자에 대한 진술최고신청서를 작성해보았다.

(1) 채권 가압류신청서

서식32

채권 가압류신청서

채권자 이채권(주민등록번호:)
　　　　서울시 (   )구 (   )동 (   )번지 서초빌딩 210호
　　　　전화:
채무자 오채무(주민등록번호:)
　　　　서울시 (   )구 (   )동 (   )번지 방배빌딩 220호
　　　　전화:
제3채무자 주식회사 (   )은행

청구채권의 표시

금 30,000,000원

단, 채권자가 채무자에 대하여 2011. (   ). (   ). 부터 2011. (   ). (   ). 까지 (   )을 매도하여 채권자가 채무자로부터 받아야 할 물품대금채권

가압류할 채권의 표시

별지목록 채권기재와 같음.

신청취지

1. 채권자가 채무자에 대하여 가지고 있는 청구채권의 집행보전을 위하여 채무자가 위 제3채무자에 대하여 가지고 있는 별지 목록 가압류할 채권의 표시 기재 채권을 가압류한다.

2. 제3채무자는 채무자에게 위 채권에 관한 지급을 해서는 아니된다.
라는 결정을 구합니다.

신청이유

1. 채권자는 채무자에게 (   )을 공급하여 왔습니다. 그런데, 채무자는 채권자에게 위 물품대금을 6개월째 미납한 상황입니다(소갑 제1호 증, 소갑 제2호 증).

2. 채권자는 채무자에게 전화상으로 채무독촉을 했고, 채무자는 채무를 수일 내에 갚기로 약속했으나, 그와 같은 독촉과 답변만 여러 차례 있었을 뿐 채무자는 자신의 약속을 전혀 지키지 않았습니다.

3. 결국, 채권자는 채무자에게 2011년 (   )년 (   )월까지 채무를 갚을 것을 서면으로 통보했으나, 채무자는 채권자의 서면독촉에 대응하지 않고 있을 뿐만 아니라, 전화연락도 두절된 상황입니다(소갑 제3호 증).

4. 이에 채권자는 부득이 채무자의 제3채무자에 대한 별지 기재 채권에 본 가압류신청을 하게 된 것입니다.

5. 담보제공은 공탁보증보험증권을 제출하는 방법에 의할 수 있도록 허가해주시기 바랍니다[425].

소명자료

1. 소갑 제1호 증(사업자등록증(채권자) 사본)
1. 소갑 제2호 증(거래명세서)
1. 소갑 제3호 증(독촉장-내용증명우편)

첨부서류

1. 위 소명방법 2통
1. 송달료 납부서 1통

2011. (   ). (   ).

위 채권자 이채권 (인)

서울중앙지방법원 귀중

---

[425] 담보제공액은 1,200만 원(3천만 원×2/5)이 된다. 이 경우 전액 보증보험으로 대체할 수 있는 것이 원칙이지만, 근로자의 임금채권이나 영업자의 예금채권은 위 1,200만 원의 절반인 600만 원을 현금공탁이 요구됨을 유의한다. 위 사안의 경우 채무자가 영업자인지 불분명하다. 영업자여부는 사업자등록이 되어 있는지 여부로 결정하면 될 것으로 보인다.

〈별지〉

가압류할 채권의 표시

금 30,000,000원

다만, 채무자(주민등록번호:)가 제3채무자(취급점:(   ) 지점)에 대하여 가지는 다음 예금채권 중 다음에서 기재한 순서에 따라 위 청구 금액에 이를 때까지의 금액

다 음

1. 압류되지 않은 예금과 압류된 예금이 있는 때에는 다음 순서에 의하여 가압류한다.
   가. 선행 압류·가압류가 되지 않은 예금
   나. 선행 압류·가압류가 된 예금

2. 여러 종류의 예금이 있는 때에는 다음 순서에 의하여 가압류한다.
   가.정기예금, 나.정기적금, 다.보통예금, 라.당좌예금,
   마.별단예금 바.기타예금

3. 같은 종류의 예금이 여러 계좌에 있는 때에는 계좌번호가 빠른 예금부터 가압류한다.

(2) 제3채무자에 대한 진술최고신청서

서식33

제3채무자에 대한 진술최고신청[426]

사　건　2011카단(　　　) 채권 가압류

채 권 자　이채권(주민등록번호:　　　　　)
　　　　　서울시 (　)구 (　)동 (　)번지 서초빌딩 210호
　　　　　전화:
채 무 자　오채무(주민등록번호:　　　　　)
　　　　　서울시 (　)구 (　)동 (　)번지 방배빌딩 220호
　　　　　전화:
제3채무자 주식회사 (　　　)은행

청구채권의 표시

위 당사자간 귀원 2011카단(　　　) 채권 가압류사건에 관하여 제3채무자 가자에게 민사집행법 제237조에 의하여 아래 사항을 진술하라는 명령을 하여주시기 바랍니다.

아　래

1. 채권을 인정하는지의 여부 및 인정한다면 그 한도
2. 채권에 대하여 지급할 의사가 있는지의 여부 및 의사가 있다면 그 한도
3. 채권에 대하여 다른 사람으로부터 청구가 있는지의 여부 및 청구가 있다면 그 종류

4. 다른 채권자에게 채권을 압류 및 가압류 당한 사실이 있는지의 여부 및 그 사실이 있다면 그 청구의 종류

첨부서류

1. 최고서송달료납부서**427**(1통)
1. 제3채무자의 진술서우송료납부서(1통)

2011. (   ). (   ).

위 채권자 이채권 (인)

서울중앙지방법원 민사신청과 (   )단독(신청) 귀중

---

426 '제3채무자에 대한 진술최고신청'은 채무자가 제3채무자에게 진짜로 채권이 있는지 여부를 채권자가 알기 어렵기 때문에 이를 채권자가 확인할 수 있도록 인정된 제도라고 보면 된다. 민사집행법 제237조 제1항에서는 압류채권자에게 인정하는 규정을 두고 있으나, 실무에서는 가압류채권자가 위 신청을 할 경우에 받아들여주고 있다.

427 진술최고신청을 하면 담당판사가 제3채무자에게 '최고서'를 보내는데, 그 '최고서'의 송달료를 납부하고 받은 영수증을 의미한다.

 **Tip**

::의문점

제3채무자에 대한 진술최고신청에 의하여 제3채무자인 은행이 채무자에 대하여 1천만 원의 채무가 있다는 답변을 한 경우에 차후 본안소송에서 승소하여 '가압류를 본압류로 이전하는 채권압류 및 추심 또는 전부명령'을 득하면 제3채무자인 은행으로부터 1천만 원을 모두 받을 수 있는가?

::답

원칙적으로 그렇다. 그러나 채무자가 은행으로부터 대출을 하였고, 그 대출금에 대한 이자를 갚지 못한 상황에서 채권자가 채무자를 상대로 소송을 하는 와중에 제3채무자인 은행이 위와 같은 답변을 한 경우라면 주의할 필요가 있다.

즉, 은행은 자신의 채무자에 대한 1천만 원의 채무와 채무자에 대한 대출채권에 대한 이자를 상계 처리함으로써, 채권자에게 대항할 가능성이 있기 때문이다. 다만, 이와 같은 경우에는 은행이 대출채권을 회수하려 할 것이고 이를 막기 위해 채무자가 채권자에게 직접 돈을 주는 경우도 있다.

제5편

집행권원의 확보

 # 집행권원의 기본

 key point

- 집행권원이란 집행의 근거라고 할 수 있는데, 집행권원에는 승소판결문과 집행증서, 화해조서, 확정된 지급명령, 가압류 또는 가처분명령, 확정된 화해권고결정 등이 있다.
- 집행권원에는 집행증서라는 것이 있는데, 집행증서란 법무법인 등에서 일정금액 등의 급부를 목적으로 하는 청구에 관하여 작성한 공정증서로 채무자가 강제집행을 승낙한 취지가 적힌 것을 의미한다. 소송을 통해 집행권원을 확보하는 것보다 집행증서를 만들어두면 차후 채무자가 돈을 갚지 않을 때 채무자의 재산에 대한 신속한 집행이 가능하다.
- 지급명령신청에 의한 법원의 지급명령이 내려지고, 그 명령에 대하여 2주 이내에 이의를 하지 않으면 그 지급명령이 확정된다. 확정된 지급명령은 집행권원이 되는데, 지급명령신청은 상대방이 돈 빌린 것 자체를 다투지 않을 때 주로 이용된다. 독촉절차라고도 한다.
- 민사조정신청을 통하여 집행권원을 확보할 수도 있다.
- 소송을 통하여 집행권원을 확보할 수 있다. 소송의 승소를 위해서는 증거서류와 증인의 증언이 중요하다.

홍 대리가 법무팀으로 온 지 두 달이 넘어섰고, 전화를 통한 채무이행 독촉과 채권회수 및 계약서작성 및 가압류 등은 홍 대리에게도 그리 낯설지 않았다.

홍 대리도 채권회수의 전체적인 구조를 이해할 수 있었으나, 본안소송과 관련한 구체적인 절차에 대하여는 아직 여러 가지로 부족했다.

그러던 와중에 박 팀장으로부터 지급명령신청을 하라는 지시를 받았다.

홍 대리는 지급명령신청과 더불어 집행의 전단계라고 할 수 있는 집행권원에 대하여 체계적으로 정리할 필요성이 있었고, 이 변호사에게 전화를 했다.

홍 대 리	이 변호사, 나야.
이변호사	응, 그래. 별일 없지?
홍 대 리	별일은 없지.
이변호사	업무는 잘되고?
홍 대 리	괜찮아…. 그런데 가압류 등은 어느 정도 익숙해졌는데, 집행권원에 대해서 궁금해서 말이야.
이변호사	집행권원이라…. 예전에 집행권원을 채무명의라고 했던 것은 알지?
홍 대 리	응. 책에서 봤어.
이변호사	집행권원의 대표주자는 승소판결문이라고 할 수 있지. 보통 소송을 진행하면, 우리가 소장을 제출하고 상대방이 답변서를 제출하지. 우리가 답변서를 확인

	하고 나서 다시 준비서면이라는 것을 제출하고, 상대방도 우리의 준비서면에 대하여 다시 자신의 준비서면을 제출하게 돼. 이렇게 쌍방의 서면이 두 번 정도 왔다 갔다 하면, 법원에서 변론준비기일 또는 변론기일을 열고 재판이 시작되는 거야(소장(원고)→답변서(피고)→준비서면(원고)→준비서면(피고)).
홍 대 리	생각보다 복잡하네.
이변호사	그것으로 끝나는 것이 아니고, 증인이 있으면 증인신청을 통한 증인신문도 하니까, 최소 6개월에서 길게는 2년까지 걸리게 돼.
홍 대 리	1심만 말하는 거지?
이변호사	그렇지. 2심, 3심까지 가게 되면 훨씬 더 시간이 걸리게 돼.
홍 대 리	뭐 짧게 걸리는 소송은 없니?
이변호사	지급명령신청이라는 소송이 있어. 지급명령은 주로 금전채권 즉 돈을 받을 것이 있는 경우에 하는 것인데, 상대방이 돈을 빌린 것을 인정하면서, 좀 늦게 갚겠다고 하는 경우에 가능한 소송형태야.
홍 대 리	우리 팀장이 지급명령신청을 하라고 했거든.
이변호사	그렇구나. 지급명령신청을 하면, 법원에서 원고가 신청한 지급명령신청의 내용이 진짜인지 여부를 판단하지 않고, 바로 피고에게 돈을 갚으라는 지급명령을 해. 피고가 지급명령을 받고 2주일 내에 이의를 하지 않으면, 그 지급명령이 확정되어서 집행의 근거 즉 집

	행권원이 되는 거지.
홍 대 리	일반 소송보다 훨씬 간편하네.
이변호사	그렇지. 그런데 조금 전에 말한 것처럼, 지급명령신청은 상대방이 채무를 인정할 때에 하는 것이고, 상대방이 채무가 없다고 우길 때에는 일반소송을 바로 하는 것이 좋아. 어차피 지급명령을 신청하면 이의를 할 것이고, 그렇게 되면 재판기간만 길어지게 되니까. 이의를 하면 일반소송으로 전환되거든.
홍 대 리	그렇구나.
이변호사	그리고 공증사무소에서 공정증서에 강제집행을 승낙하는 취지의 문구를 넣어 공증을 받거나, 약속어음에 강제집행을 승낙하는 취지의 문구를 넣어 공증을 받아도 집행권원이 돼. 이렇게 하면 지급명령과 같은 간단한 소송조차도 필요가 없게 되는 것이지. 이런 것을 집행증서라고 하는데, 지급명령신청처럼 주로 금전채권의 경우에 가능해.
홍 대 리	그렇구나. 금전채권 확보를 위한 뭐 다른 것은 없니?
이변호사	음… 조정을 신청해서 확정되면, 그것도 집행권원이 될 것이고. 화해조서 같은 것도 집행권원이 될 수 있지. 아무튼 일반소송으로 가면 증거확보를 위해 증인신청을 하는 등 많은 시간과 노력이 필요해지니까, 소송 전에 집행권원을 확보해두는 집행증서 등을 만들어두면 일하기 편리하지.
홍 대 리	그렇구나.

Ⅱ 실전 집행권원

1 | 공증(약속어음 공증 등)으로 집행권원을 확보하라

가 이 변호사와 홍 대리의 이야기 엿듣기

홍 대 리 집행권원이라는 것이 있던데, 예전에 채무명의라는 것과 같은 것이지?

이변호사 응. 집행권원과 채무명의는 같은 말이야. 쉽게 이야기 하면 집행의 근거라고 할 수 있지.

홍 대 리 집행권원이 승소판결문을 말하는 것인가?

이변호사 그렇게 생각하면 쉽지. 하지만 집행권원은 승소판결문 이외에도 여러 가지가 포함되는 개념이야. 예를 들어서 화해조서, 확정된 지급명령, 가압류 또는 가처분명령, 집행증서, 확정된 화해권고결정 등이 포함되지.

홍 대 리 그렇구나. 집행권원이 없으면 강제집행을 할 수 없는 것인가?

이변호사 그렇다고 봐야지. 음… 상대방이 줘야 할 돈을 주지 않아서 소송을 한다고 가정하자. 이때 우선 채무자가 돈을 빼돌리지 못하게 하기 위해 가압류를 하고 집행권원을 얻어서 집행을 하게 되는데, 집행권원을 확보하는 방법은 지급명령을 받아 그것이 확정되든지 아니면 정식소송을 제기해서 승소 확정되든지 하는 것

	이 필요해. 그런데 채권자와 채무자가 이런 불편한 절차를 생략하기 위한 방법을 강구할 수도 있지.
홍 대 리	어떤 방법?
이변호사	집행증서를 확보해두는 거지.
홍 대 리	집행증서?
이변호사	응. 아까 말했듯이 집행증서도 집행권원의 일종이야. 그런데 집행증서를 받아두면 지급명령이나 정식소송을 제기할 필요가 없어. 미리 집행권원을 확보해두는 거지.
홍 대 리	소송할 필요가 없도록 미리 집행권원을 확보한다?
이변호사	그렇지. 돈을 빌려주면서 공증사무소에서 공증을 받아두는 거야. 돈을 언제까지 갚지 않으면 채권자의 강제집행을 겸허히 받아들이겠다는 내용의 소비대차계약서 또는 어음에 공증을 받아두는 거지.
홍 대 리	그렇게 하면 그 공증서류로 소송을 할 필요 없이 강제집행을 할 수 있다고?
이변호사	그렇지.

나 법률적 쟁점 정리

(1) 집행증서의 의미

공증인·법무법인 또는 합동법률사무소가 일정한 금액의 지급이나 대체물 또는 유가증권의 일정한 수량의 급부를 목적으로 하는 청구에 관하여 작성한 공정증서로서 채무자가 강제집행을 승낙한 취지가 적혀 있는 증서와 공증인·법무법인 또는 합동법률사무소가 어음, 수표에 부착하여 강제집행을 인낙한 취지를 적어 작성한 증서는 집행권원이 되는데 이를 집행증서[428]라 한다[429].

(2) 집행증서의 요건

(가) 공증인·법무법인 또는 합동법률사무소가 법정절차에 따라 작성한 공정증서라야 한다. 따라서 위 공증인 등이 작성해야 하며, 사인이 작성한 사서증서를 단순히 인증한 것에 불과한 것은 집행증서가 될 수 없다.

(나) 일정한 금액의 지급이나 대체물 또는 유가증권의 일정한 수량의 급부를 목적으로 하는 특정의 청구를 표시해야 한다. 따라서 특정물 인도를 위한 집행증서를 작성할 수는 없다.

(다) 강제집행을 승낙하는 취지의 문언이 적혀 있어야 한다.

(3) 집행증서의 효력

(가) 집행력

위 요건을 갖춘 집행증서는 집행력이 있다. 다만 기판력이 없으므로 변론종결전에 생긴 사유로도 청구이의소를 제기할 수 있다[430]. 채권자도 채권존재확인 또는 이행의 소를 제기할 수 있다.

---

[428] 민사집행법 제56조 제4호
[429] 사법연수원, 민사집행법, 2005. 30면 이하
[430] 민사집행법 제59조 제3항

(나) 집행증서의 요건에 흠이 있는 경우

위 요건이 흠결되면 그 집행증서는 무효이다. 집행문을 내어주었다면, 집행문부여에 대한 이의[431]로 다툴 수 있다[432].

(다) 실체관계와 불일치하거나 법률행위가 무효 또는 취소인 경우

그 집행증서는 일단 유효[433]하나, 청구이의의 소로서 그 집행력의 배제를 구할 수 있다.

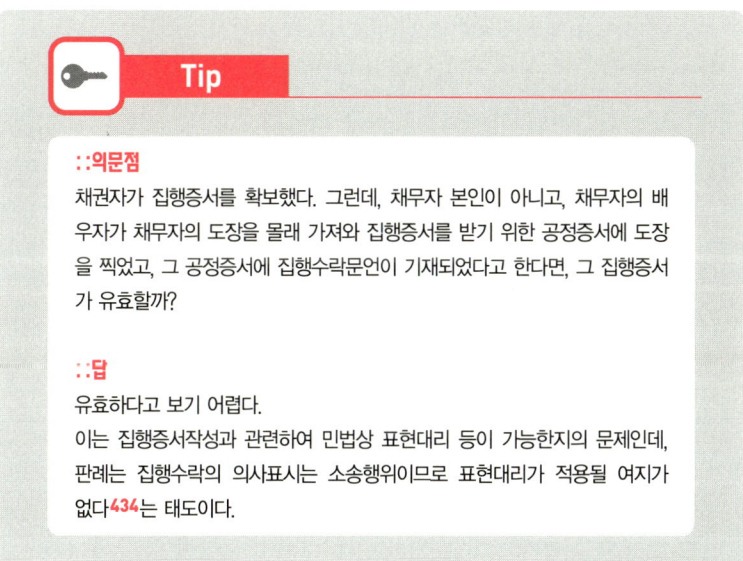

::의문점
채권자가 집행증서를 확보했다. 그런데, 채무자 본인이 아니고, 채무자의 배우자가 채무자의 도장을 몰래 가져와 집행증서를 받기 위한 공정증서에 도장을 찍었고, 그 공정증서에 집행수락문언이 기재되었다고 한다면, 그 집행증서가 유효할까?

::답
유효하다고 보기 어렵다.
이는 집행증서작성과 관련하여 민법상 표현대리 등이 가능한지의 문제인데, 판례는 집행수락의 의사표시는 소송행위이므로 표현대리가 적용될 여지가 없다[434]는 태도이다.

---

[431] 민사집행법 제34조, 제59조 제2항
[432] 대법원 87다카3125 판결
[433] 대법원 88다카34117 판결
[434] 대법원 93다42047 판결

2 | 지급명령을 신청하라

🟥가 이 변호사와 홍 대리의 이야기 엿듣기

홍 대 리	독촉절차라는 것이 있다고 하던데, 독촉절차를 활용하면 집행권원을 쉽게 얻을 수 있나?
이변호사	아무래도 집행권원을 얻기가 수월하지. 독촉절차라는 용어보다는 지급명령제도라는 말을 많이 사용해.
홍 대 리	지급명령제도가 독촉절차였구나.
이변호사	응. 같은 말이야. 그런데 지급명령제도를 활용할 때에는 상대방이 다투지 않아야 해. 상대방이 우리 주장이 거짓말이라는 취지의 표현을 했다면, 바로 정식소송을 제기하는 것이 맞아.
홍 대 리	상대방이 다투지 않아야 한다고?
이변호사	응. 예를 들어 돈을 빌려주었는데, 상대방이 돈을 빌린 적이 없다고 하면 지급명령신청을 해봤자 상대방이 다투기 때문에 정식소송으로 전환되지. 그런데 돈을 빌렸지만 조금만 기다려달라고 하면, 다투는 것이 아니거든. 그런데 우리가 더 이상 기다릴 수 없을 수가 있어. 이때에는 지급명령신청을 해야지.
홍 대 리	상대방이 다투면 정식소송으로 가나 보지?
이변호사	그렇지. 그렇게 되면 시간만 길어지는 거니까. 다투는지 안 다투는지는 내용증명이나 전화로 확인하면 알 수 있는 것이니까.
홍 대 리	집행권원을 빨리 얻는다는 것 말고, 정식소송보다 유

	리한 점이 또 뭐 있나?
이변호사	법원에 내는 인지대가 정식소송의 1/10 밖에 안 되고, 지급명령이 확정되면, 집행문을 별도로 받을 필요도 없어.
홍 대 리	집행문?
이변호사	응. 일반 정식소송은 집행권원을 확보하고 집행문이라는 것을 받아서 집행을 해. 집행문이라는 것은 승소판결문과 같은 집행권원에 법원직원이 집행할 수 있다는 취지의 도장을 찍어 주는 것인데, 지급명령은 별도의 집행문 부여절차가 생략돼.
홍 대 리	그럼 집행문 자체가 필요 없는 것인가?
이변호사	그런 것은 아니고, 지급명령이 채무자에게 내려지고 나서 채무자가 2주 이내에 이의를 제기하지 않으면 그 지급명령이 확정되거든. 지급명령이 확정되면, 법원에서 지급명령정본을 채권자에게 보내주는데, 그 지급명령정본에 집행문과 지급명령송달일 및 확정일이 모두 적혀 있어. 정식소송은 채권자가 별도로 법원을 방문해서 집행문을 받고 송달 및 확정증명원을 발급받아서 집행해야 하는데, 지급명령은 법원이 다 알아서 처리해 가지고 채권자에게 보내주거든.
홍 대 리	그렇구나.

나 법률적 쟁점 정리

(1) 독촉절차의 의미

독촉절차라 함은 금전 그 밖의 대체물이나 유가증권의 일정 수량의 지급을 목적으로 하는 청구권에 관하여 채무자가 다투지 않을 것으로 예상되는 경우에 채권자로 하여금 통상의 판결절차보다 간이·신속·저렴하게 집행권원을 얻게 하는 절차를 의미한다[435].

이 절차에 의하여 지급명령을 발할 때에는 채무자를 심문하지 않지만 지급명령을 발한 뒤에 이의신청을 할 수 있으며, 이의신청이 있으면 통상소송으로 이행하는 점에서 일반적인 판결절차의 선행절차라고 할 수도 있다.

(2) 지급명령의 신청

지급명령을 신청하기 위해서는 일반 소송요건 이외에 금전 그 밖의 대체물 또는 유가증권의 일정수량의 지급을 목적으로 하는 청구일 것[436], 채무자에 대한 지급명령을 국내에서 공시송달에 의하지 않고 송달할 수 있는 경우일 것[437] 등의 요건이 필요하다[438].

---

[435] 이시윤, 신민사집행법, 박영사, 2006. 837면 이하
[436] 민사소송법 제462조 본문
[437] 민사소송법 제462조 단서
[438] 지급명령에 이의를 하면 정식소송 절차로 전환되기 때문에 상대방에 대한 현실적인 지급명령의 도달이 필요하다. 이의를 하기 위해서는 지급명령을 받은 채무자가 지급명령사실을 알아야 하기 때문이다. 따라서 현실적인 도달이 되지 않을 때에 법원게시판 게시로 도달이 된 것으로 보는 공시송달에 의한 것은 인정될 수 없는 것이다.

지급명령의 신청은 원칙적으로 서면으로 하여야 하고 신청서에는 청구의 취지와 원인을 기재하여야 한다[439]. 다만, 신청서 등본은 상대방에게 송달할 필요가 없다[440].

(3) 지급명령신청에 대한 재판

지급명령신청에 대하여는 채무자를 심문하지 않고서[441] 결정으로 재판한다. 지급명령에 각하사유가 없다면, 법원은 청구가 이유 있는지 여부 즉 실체적인 판단을 하지 않고 바로 채무자에게 지급명령을 발한다[442]. 지급명령서에는 지급명령이 송달된 날로부터 2주일 이내에 이의신청을 할 수 있음을 명시하여야 한다[443].

지급명령에 대하여 이의신청이 없거나 이의신청의 취하 또는 각하결정이 확정되면 지급명령은 확정판결과 같은 효력이 있고, 확정된 지급명령은 집행권원이 된다[444].

---

[439] 민사소송법 제249조
[440] 일반소송에서의 소장은 상대방에게 보내진다. 따라서 상대방수에 1을 더한 소장을 법원에 제출한다. 예를 들어 피고가 2명이라면 소장 3부를 법원에 제출하는 것이다. 그러나 지급명령을 신청할 때에는 원칙적으로 지급명령신청서 1부만 제출하면 된다. 지급명령신청서가 상대방에게 보내지는 것이 아니기 때문이다. 상대방에게는 법원에 의해 지급명령이 내려질 뿐이다. 그러나 법원 실무는 지급명령신청서 사본을 상대방수에 1을 더한 수만큼 제출토록 요구하고 있다. 이는 법원에서 지급명령서 작성을 위해 편의상 요구하는 것으로, 지급명령신청서 사본을 제출하지 않았다고 하여 접수를 거부하거나 신청을 각하할 수는 없다(법원행정처, 민사소송(Ⅲ), 2005, 462면). 따라서 일반소송에서 소장과 마찬가지로 채권자는 지급명령신청서를 작성한 후 첨부서류를 붙여 법원에 상대방 수에 1을 더한 지급명령신청서 복사본을 제출하면 된다.
[441] 민사소송법 제467조
[442] 민사소송법 제469조 제1항
[443] 민사소송법 제468조
[444] 민사집행법 제56조

확정된 지급명령 성립에 대한 하자는 재심이 아닌 청구이의의 소에 의한다. 기판력이 아닌 집행력만 인정되기 때문이다.

물품대금 채권은 3년의 소멸시효가 적용되는데, 소멸시효가 완성되기 전에 지급명령을 신청해서 확정되었다면 민법 제165조 제1항[445]에 의하여 지급명령확정시로부터 10년의 소멸시효가 적용되는지 의문이 들 수 있다.

지급명령이 확정되면 기판력이 아닌 집행력만 인정되기 때문에 지급명령신청으로 소멸시효가 중단되기는 하지만 민법 제165조 제1항이 적용되지 않고, 지급명령확정시로부터 새로이 3년의 소멸시효가 적용된다고 볼 수도 있기 때문이다.

그러나 이러한 문제점을 해결하기 위해 민사소송법이 개정[446]되었는데, 개정 민사소송법 제474조는 지급명령이 확정될 경우 "확정판결과 동일한 효력이 있음"을 인정하였다. 따라서 민법 제165조 제2항[447]에 의하여 지급명령확정시로부터 10년의 소멸시효가 적용

---

[445] 민법 제165조 제1항은 '판결에 의하여 확정된 채권은 단기의 소멸시효에 해당한 것이라도 그 소멸시효는 10년으로 한다.'고 규정하고 있다.

[446] 1990. 1. 13.자로 민사소송법이 개정되기 전에는 지급명령이 확정되면 판결과 동일한 효력이 있음을 규정하였으나, 1990. 1. 13.자로 민사소송법이 개정되면서 지급명령이 확정되면 판결과 동일한 효력이 있다는 부분이 삭제되었다가, 2002. 1. 26.자로 민사소송법이 전부개정(2002. 7. 1.부터 시행)되면서 삭제되었던 '지급명령확정시 확정판결과 동일효력' 인정 부분이 되살아 났다. 이와 같은 이유 때문에 1990. 1. 13.자 민사소송법 개정 이후 시효 10년 연장규정(민법 제165조 제2항)이 적용될 수 없다고 보는 것이 일반적이었다(한국사법행정학회, 주석민법, 총칙(3), 2001, 580면).

[447] 민법 제165조 제2항은 '판결과 동일한 효력이 있는 것에 의하여 확정된 채권도 전항(시효 10년 규정)과 같다.'고 규정하고 있다.

된다[448].

(4) 채무자의 이의신청

채무자가 지급명령이 송달된 때로부터 2주 이내에 이의신청을 하게 되면 지급명령을 신청한 때에 소를 제기한 것으로 보아 통상의 소송절차로 이행된다[449]. 이의는 지급명령에 불복이 있다는 취지이면 되고 그 이유를 밝힐 필요는 없다.

지급명령에 대한 이의신청은 이의각하결정 전 또는 그에 기한 소송으로 이행하기까지는 채무자가 어느 경우나 임의로 취하할 수 있다. 그러나 그 뒤에는 지급명령의 실효가 확정적인 것이 되고 독촉절차가 소멸되었다고 할 것이므로 취하의 여지가 없다.

(5) 이의 후의 소송절차

채무자의 이의신청으로 지급명령신청이 소제기된 것으로 보게 될 때에 그 지급명령의 신청은 소장으로 취급된다. 따라서, 지급명령신청서에 붙인 인지액 1/10을 뺀 차액 9/10을 더 내게 하여 소장인지와 같은 액수로 채워야 한다. 채권자가 위 인지액을 더 내도록 보정을 명하여야 하고, 보정기간 내에 보정을 하지 않으면 지급명령신청서의 각하결정을 한다.

---

[448] 이시윤, 신민사소송법, 박영사, 2006. 840면
[449] 민사소송법 제472조 제2항

다 관련 서식 및 서식 설명

대여금을 청구하는 내용의 지급명령신청서를 작성해보았다.

서식34

지급명령신청[450]

사 건   대여금 청구
채권자   이채권
        서울 (   )구 (   )동 (   ) 아파트 101호
        전화: 팩스:
채무자   오채무
        서울 서초구 서초동 000 아파트 101호
        전화: 팩스:

청구금액   금 30,000,000원

청구취지

채무자는 채권자에게 금 30,000,000원 및 이에 대한 지급명령이 송달된 날부터 완제일까지 연 20%의 비율에 의한 금원과 아래의 독촉절차비용을 지급하라.
는 지급명령을 구합니다.

금 38,160원 독촉절차비용[451]

1. 인지액 금 14,000[452]원
2. 송달료 금 24,160[453]원

청구원인

채권자는 채무자에게 2009. 1. 1. 금 30,000,000원을 변제기일 2010. 1. 1.의 약정으로 대여하였으나, 변제기일이 지난 현재까지 변제의 연기만 구할 뿐, 위 대여금을 지급하지 아니하므로 부득이 청구취지 기재의 금원 및 독촉절차비용에 대하여 지급명령을 신청하기에 이르렀습니다.

첨부서류

1. 송달료납부서 1통
1. 차용금증서 사본 1통

2011. (   ). (   ).

위 채권자 이채권 (인)

서울중앙지방법원 귀중

450 대여금에 대한 지급명령신청은 상대방이 돈을 빌린 것 자체를 인정할 때 필요함은 앞서 보았다. 상대방이 돈을 빌린 것 자체를 부인한다면, 지급명령을 거칠 필요 없이 바로 일반소송을 제기하는 것이 시간면 등에서 유리하다.

451 지급명령신청이 아닌 일반 소송을 통해 승소를 할 경우 소송비용확정절차를 통하여 소송비용을 상대방으로부터 받을 수 있다. 그런데, 지급명령신청에 의해 지급명령이 확정될 경우에는 소송비용확정절차가 없다. 따라서 지급명령을 신청할 때에는 지급명령과 관련된 소송비용이라 할 수 있는 독촉절차비용을 위와 같이 별도로 적시하여 받을 수 있도록 하고 있다. 소송비용확정절차가 없으므로 지급명령이 확정된 경우에는 변호사 비용을 상대방으로 받을 수 없다고 해석된다 (대법원도 같은 취지. 대법원 90마1003 판결 참조).

452 인지액은 일반소송의 1/10이다. 일반소송을 제기하였다면 인지대는 140,000원이 된다.

453 서울중앙지방법원 송달료조견표에 의하면 독촉사건의 경우 24,160원(3,020×2(당사자수)×4)이다.

Tip

::의문점
지급명령신청을 할 수 있는 채권액의 상한이 있을까?

::답
지급명령신청을 할 수 있는 채권액의 상한은 없다.
지급명령신청이 소액사건에 적용되는 것으로 오해하고 있는 분들이 있는데, 그렇지 않다.
소액사건(청구금액이 2천만 원 이하(2천만 원 포함)인 경우)에 적용되는 이행권고결정**454**과 구별하여야 한다.
따라서, 100억 원이든지, 1,000억 원이든지 상관없이 지급명령신청이 가능하다.

---

454 원고가 2천만 원 또는 2천만 원이 안되는 청구금액을 소송으로 제기하였을 때에 법원이 원고가 낸 소장의 복사본을 첨부하여 피고에게 이행하라는 이행권고결정을 한다. 법원의 이행권고결정이 피고에게 송달된 후에 피고가 2주 이내에 서면으로 이의하지 않으면 확정판결과 같은 효력을 갖게 된다.

3 | 민사조정을 활용하라

가 이 변호사와 홍 대리의 이야기 엿듣기

홍 대 리	우리가 원하는 물건을 모두 상대방에게 줬는데, 상대방이 물건에 하자가 있다는 거야.
이변호사	그래서?
홍 대 리	계약대로라면 3천만 원을 받아야 하는데, 물건의 하자가 있으니 1천만 원밖에 줄 수 없다는 거야.
이변호사	하자가 있긴 한 건가?
홍 대 리	상대방 주장을 들어보니 우리 입장에서도 전혀 하자가 없다고 말하긴 어려울 것 같아. 이럴 때는 어떻게 해야 하지?
이변호사	음… 소송을 생각할 수도 있겠지만, 소송을 하면 쌍방이 모두 출혈을 감수해야 하고 시간도 오래 걸리니까, 지금 같은 상황이라면 법원에 조정신청을 해보는 것도 괜찮을 것 같은데.
홍 대 리	조정신청?
이변호사	응. 우리도 하자를 어느 정도 인정한다면 상호 양보할 가능성이 있으니까.
홍 대 리	소송으로 가면 시간이 많이 걸리나?
이변호사	시간도 많이 걸리고 우리가 이기라는 보장도 없지.
홍 대 리	그렇구나.

나 법률적 쟁점 정리

(1) 조정의 의미

조정이란 법관이나 조정위원회가 분쟁관계인들 사이에 개입하여 화해로 이끄는 절차를 의미하며, 조정이 성립되면 조정조서가 작성되고, 조정조서는 재판상화해와 동일한 효력을 가지고 집행권원이 된다[455].

(2) 법원에 의한 조정

조정절차는 당사자의 서면 또는 구술에 의한 조정신청에 의하여 개시되지만 수소법원은 필요하다고 인정하는 경우 항소심 판결선고 전까지 계속적인 사건을 직권으로 조정에 회부할 수 있다.

조정사건은 조정담당판사가 스스로 처리하거나 조정위원회로 하여금 처리할 수 있게 하되 조정위원회는 판사인 조정장과 민간인인 조정위원 2인 이상으로 구성된다. 다만 직권조정회부사건은 수소법원이 스스로 처리할 수 있다.

조정 불성립이나 성립된 합의가 상당하지 아니할 때에는 원칙적으로 직권으로 조정에 갈음하는 결정[456]을 하여야 한다.

조정이 성립되지 아니하거나 조정에 갈음하는 결정에 이의신청을 한 때에는 조정신청을 한 때에 소가 제기된 것으로 본다.

조정수수료는 일반적인 소송인지의 1/5로 하여 그 비용을 절감하였다.

---

[455] 이시윤, 신민사소송법, 박영사, 2006. 19면
[456] 조정에 갈음하는 결정을 실무에서는 강제조정이라는 말은 많이 쓴다.

다 관련 서식 및 서식 설명

물품의 하자로 인한 물품대금거부에 대한 조정신청서를 작성해보았다.

서식35

조정신청서

신 청 인 이채권
　　　　서울 (　　)구 (　　)동 (　　) 아파트 101호
　　　　전화:　　　　팩스:

피신청인 오채무
　　　　서울 서초구 서초동 ○○○ 아파트 101호
　　　　전화:　　　　팩스:

신청취지

피신청인은 신청인에게 금 30,000,000만 원 및 이에 대한 2011. (　).
(　).부터 다 갚을 때까지 연 5%의 비율에 의한 금원을 지급하라[457].
라는 조정을 구합니다.

분쟁의 요지

신청인은 피신청인에게 (　)물품을 공급하였고, 그 대금은 30,000,000원이었고, 대금지급기일은 2011. (　). (　). 이었습니다(첨부서류1).

그런데, 피신청인은 신청인이 제공한 위 물품의 하자를 이유로 현재까지 위 물품대금을 지급하지 않고 있습니다.

이에 분쟁의 합리적인 해결을 위하여 조정을 신청합니다.

첨부서류

1. 첨부서류1(물품공급계약서)
1. 첨부서류2(사업자등록증(신청인))
1. 첨부서류3(사업자등록증(피신청인))
1. 첨부서류4(조정신청서부본)
1. 첨부서류5(납부서)

2011. (   ). (   ).

위 신청인 이채권 (인)

서울중앙지방법원 귀중

---

457 신청인이 받을 돈이 3천만 원인데, 상대방이 물품의 하자를 주장하면서 1천만 원만 줄 수 있다고 할 때에, 신청인의 속마음이 2천만 원만 받으면 된다는 생각을 하였다고 하자. 이런 경우에 '신청 취지'에 2천만 원을 달라고 쓸 필요는 없는 것이다. 위와 같이 3천만 원과 그에 대한 이자를 달라고 쓰고, 조정하는 날에 머릿속에 있는 2천만 원을 기준으로 조정에 응하면 되는 것이다.

Tip

::의문점
일반 민사소송에서의 조정은 어떻게 일어나는가?

::답
앞서 본 바와 같이 분쟁당사자가 처음부터 조정신청을 할 수도 있지만, 소송을 제기한 후에 조정이 성립되는 경우도 많다.
소장을 접수시키면, 법원이 바로 조정기일을 잡는 경우도 많은데, 이때 조정이 성립된다면, 이를 임의조정이라 부를 수 있다.
법원에서 볼 때 법리적으로 판결을 하기가 상당히 어렵거나, 조정하는 것이 양당사자에게 유리하다고 판단되는 경우 주로 조정에 부치는 경향이 강하다.
법원에서 조정기일을 잡아 조정을 시도했음에도 불구하고 분쟁당사자가 조정에 응하지 않으면 법원의 판단에 따라 강제조정(조정에 갈음하는 결정)을 할 수 있고, 강제조정결정문이 당사자에게 송달된 후 일정기간 내에 불복하지 않으면 조정이 성립되는 것으로 본다.
즉 판결과 동일한 효력을 갖게 되는 것이다. 참고로, 법원이 정한 조정기일에 당사자가 참석하지 않아도 제재방법은 없다.

4 | 민사소송 제기 방법과 소송절차를 숙지하라

🟥가 이 변호사와 홍 대리의 이야기 엿듣기

홍 대 리	상대방에게 물품대금을 받을 것이 있는데, 물품대금을 모두 지급했다고 우기고 있어. 지급명령을 해보았자. 이의할 테고, 소송을 해야겠지?
이변호사	그렇지. 일반소송으로 가야겠지. 우선 가압류는 했어?
홍 대 리	아직 안 했는데, 소송을 하게 되면 함께 할려고.
이변호사	가압류를 함께 하는 것이 중요하다고 볼 수 있고. 소송을 해야지.
홍 대 리	소송할 때 특별히 주의할 점이 있을까?
이변호사	소송은 짧게는 6개월, 길게는 2년까지 걸리기 때문에 전문가에게 맡기는 것이 좋아. 하지만 간단한 소송이라면 회사직원이 할 수도 있겠지.
홍 대 리	거래명세서는 물론이고 세금계산서까지 모두 있거든. 그리 어려울 것 같지는 않은데.
이변호사	그럼 우선 회사직원을 통해 직접 소송을 진행해보고 좀 어렵다 싶으면 전문가에게 맡겨도 되겠지. 우선 소장을 작성해야 되고, 그 소장에 인지대하고 송달료를 납부한 영수증을 붙여서 법원에 제출하면 돼. 인지대는 소송으로 청구하는 액수가 1억 원 정도라면 아마 45만 원 정도가 들어갈 거고, 송달료는 15회분으로 대략 9만 6백 원 정도가 들거야.
홍 대 리	그리고 나서는?

이변호사	상대방이 답변서라는 것을 보내지. 답변서를 우리가 보고 나서 다시 서면을 써서 법원에 내는데, 그 서면을 준비서면이라고 해. 그 준비서면은 법원을 통해 상대방에게 전달되고, 그 준비서면에 대한 답변을 상대방이 하는 거지. 그 답변을 답변서라고 하지 않고 준비서면이라고 해(소장-답변서-준비서면-준비서면).
홍 대 리	그리고 재판이 시작되는 것인가?
이변호사	그렇다고 봐야지. 대체로 두 번씩 서면을 주고 받으면 재판기일을 여는데, 재판부에 따라 변론준비기일을 열기도 하고 변론기일을 열기도 하지.
홍 대 리	변론준비기일하고 변론기일?
이변호사	응. 변론준비기일은 말 그대로 재판을 위한 준비기일이야. 쌍방 당사자하고 판사가 만나서 쟁점을 정리하고 증거문제를 논의하는 자리지. 판사가 변론준비기일이 필요 없다고 판단하면 바로 변론기일을 잡기도 해. 변론기일에 양 당사자가 판사에게 자신의 주장을 각각 이야기하고, 증인이 나오는 경우에는 증인신문을 하기도 하지.
홍 대 리	변론기일이 끝나면?
이변호사	변론기일은 한 번에 끝날 수도 있지만 증인이 많으면 여러 번 할 수도 있어. 변론기일이 끝나는 것을 변론종결이라고 해. 변론이 종결되면 판결선고기일을 판사가 잡아서 양 당사자에게 이야기를 해줘. 그날 가서 판결을 들으면 되는 것이지.

홍 대 리 | 항소도 할 수 있지?
이변호사 | 그럼. 항소도 할 수 있지. 항소기간은 판결문이 도달한 날로부터 2주간 내에 해야 돼. 안 그러면 확정되거든. 항소심에서 또 불복하는 경우에는 대법원에 상고를 하는 것이고.
홍 대 리 | 큰 줄거리는 알겠다.

나 법률적 쟁점 정리

(1) 민사소송의 의미

민사소송법 교과서에서는 '사권의 존재를 확정하여 사인을 위하여는 사권의 보호, 국가적 견지에서는 사법질서의 유지를 목적으로 하는 재판절차'를 민사소송으로 정의하고 있다[458].

이를 쉽게 이야기한다면, 개인간의 분쟁에 법원이 개입하여 분쟁을 해결하는 절차라고 말할 수 있을 것이다.

(2) 민사소송의 전체적인 개관

(가) 소장의 제출과 답변

우선 소송을 진행하기 위해서는 소장을 작성해야 한다. 소장을 작성해서 인지대 및 송달료를 납부한 영수증을 소장에 붙여서 소송상 대방이 1인이라면 소장과 소장을 복사한 복사본 1부를 제출하면 된

---

[458] 이시윤, 신민사소송법, 박영사, 2006. 4면

다. 1부는 법원이 다른 1부는 상대방이 보도록 한 것이다(상대방에게 우편으로 보내짐).

　소장을 받은 상대방은 답변서를 작성해서 제출한다. 답변서도 소장과 마찬가지로 법원용 1부와 상대방용 1부를 법원에 제출하면 된다.

　답변서를 받은 원고는 준비서면을 작성해 법원에 제출하고 원고의 준비서면을 받아 본 피고는 피고의 준비서면을 작성하여 법원에 제출한다.

　위 각 서면에는 자신의 주장을 뒷바침할 수 있는 증거자료를 첨부한다.

(나) 변론준비기일

　법원은 양 당사자의 서면이 어느 정도 취합되면, 분쟁의 쟁점을 파악하는 변론준비기일을 지정하여 양 당사자에게 우편으로 통보한다. 변론준비기일에 출석한 양 당사자는 쟁점정리와 증거정리를 하게 된다. 이때 증인을 신청할 필요가 있으면 증인신청도 함께 한다.

(다) 감정기일 등

　감정이 필요한 사건의 경우에는 변론준비기일에 감정에 대한 이야기가 오가고, 감정기일이 잡히기도 한다. 감정기일에는 감정인이 나온다. 예를 들어 원고가 계약을 근거로 피고에게 청구를 하는데, 피고가 계약서의 도장이 자신이 도장이 아니며 자신은 계약을 체결한 사실이 없다고 주장한다면, 도장의 모양 즉 '인영'에 대한 감정이 필요하다. 이와 같이 감정이 필요한 사건은 감정기일이 잡히게 된다.

(라) 변론기일 및 변론의 종결

변론준비기일에서 쟁점을 정리하고 증인문제까지 해결되었다면, 변론기일이 잡힌다. 변론기일에서는 당사자들이 신청한 증인신문 등이 이루어지고, 증인신문 등의 절차가 모두 종료되면 변론을 종결하고 선고기일을 정한다.

변론준비기일과 변론기일 사이에 당사자가 주장하고 싶은 것이 있으면 언제든지 준비서면 형식의 서면을 제출할 수 있다.

(마) 판결의 선고 및 상소

선고기일에 판결이 선고되며, 선고에 불복하면 판결서가 도달한 날로부터 2주일 이내에 항소를 할 수 있다. 항소심에 불복할 경우 항소와 같은 방식으로 대법원에 상고할 수 있다.

항소와 상고를 합하여 상소라고 한다.

(바) 판결의 확정

판결이 선고되고 항소기간 또는 상고기간이 지나면 그 판결은 확정된다. 재심요건에 해당하지 않는다면 같은 문제로 다시 소송을 제기할 수 없게 되는 것이다. 이를 기판력이라 한다.

다 관련 서식 및 서식 설명

대여금을 청구하는 소장을 작성해보았다.

소장[459]

원 고 이채권
　　　서울 (　)구 (　)동 (　)아파트 101호
　　　전화:　　　팩스:

피 고 이채무
　　　서울 서초구 서초동 ○○○ 아파트 101호
　　　전화:　　　팩스:

대여금 청구

청구취지

1. 피고는 원고에게 금 30,000,000원 및 이에 대한 이 사건 소장이 송달된 날까지는 연 5%의, 그다음 날부터 다 완제일까지 연 20%의 각 비율에 의한 금원을 지급하라.
2. 소송비용은 피고가 부담한다.
3. 위 제1항은 가집행할 수 있다.
라는 판결을 구합니다.

청구원인

　　원고는 피고에게 2009. 1. 1. 금 30,000,000원을 변제기일 2010. 1. 1.의 약정으로 대여하였으나, 변제기일이 지난 현재까지 변제의 연기만 구할 뿐, 위 대여금을 지급하지 아니하므로 부득이 청구취지 기재의 금원에 대하여 본소를 제기하기에 이르렀습니다.

입증방법

1. 갑 제1호 증(차용금 증서 사본)

첨부서류

1. 위 입증방법 1통
1. 송달료납부서 1통
1. 소장부본 1통

2011. (   ). (   ).

위 원고 이채권 (인)

서울중앙지방법원 귀중

---

459 이와 같이 소송을 제기하여 승소하였고, 그 판결이 확정되었다면, 상대방에게 내가 들인 소송 비용 즉 인지대, 송달료, 변호사 보수 등을 청구하여 받을 수 있다. 이를 '소송비용확정결정신청절차'라고 한다. 다만, 변호사 비용은 대법원이 정하는 규칙의 한도 내에서만 받을 수 있다.

Tip

::의문점
소송은 반드시 피고의 주소지 법원에 제기하여야 하는가?

::답
원칙적으로 소송은 피고의 주소지[460]의 법원에 제기해야 하나, 반드시 그런 것은 아니다.
채권자가 돈을 받을 것이 있는데, 주지 않을 경우에 채권자의 주소지[461]의 법원에 소송을 제기할 수도 있고, 부동산과 관련된 소송의 경우에는 부동산의 소재지[462] 법원에 소송을 제기할 수 있는 등 많은 예외가 있다.

---

[460] 민사소송법 제2조
[461] 민사소송법 제8조
[462] 민사소송법 제20조

5 | 증거확보에 노력을 기울여라

가 이 변호사와 홍 대리의 이야기 엿듣기

홍 대 리   재판에서는 증거가 가장 중요하다고 하던데, 증거확보는 어떻게 하지?

이변호사   증거확보라…. 우선 분쟁의 대상이 된 내용을 증명하는 서류 등이 중요하다고 할 수 있고, 서류 등이 없다면 증인을 확보하는 것이 필요하지. 내용증명우편을 활용해서 증거를 만들 수도 있고.

홍 대 리   내용증명우편으로 증거를 만든다고?

이변호사   음… 그것을 설명하려면, 다툼 없는 사실이라는 것을 우선 설명해야 할 것 같은데, 다툼 없는 사실은 증거를 필요로 하지 않아. 왜냐하면 분쟁의 양 당사자가 어떤 사실이 맞다고 일치된 진술을 한다면 그것으로 충분한 것이지 그 사실을 증거서류나 증인 같은 증거로 입증할 필요가 없는 것이잖아.

홍 대 리   그렇겠지. 둘 다 인정하는 사실을 증거로 판단할 필요가 없겠지.

이변호사   그런 것을 다툼 없는 사실이라고 하거든. 그런데 다툼 없는 사실을 내용증명우편을 통해 미리 만들 수가 있어. 내용증명우편에 나는 이런 사실이 있다고 주장을 했는데, 상대방이 다시 내게 내용증명우편을 보내면서 그것이 맞다고 쓴다면 그 사실은 다툼 없는 사실이 될 여지가 많아지는 거야. 그리고 차후에 내용증명우

	편을 보낸 사람이 자신의 내용증명우편에 기재된 내용이 거짓이라고 주장할 경우에 다툼 없는 사실이 되지는 않더라도 법원이 그 사람말을 믿기보다는 그 사람이 내용증명우편에 쓴 내용을 믿게 되지.
홍 대 리	그런데, 재판에서 하지 않고, 왜 내용증명우편으로 미리 하지?
이변호사	재판으로 가면 대개 법률전문가의 의견을 듣고 법정에 출석하는 경우가 많지만, 소송 전에 내용증명우편을 활용하면 잘 모르고 답변하는 경우가 있거든.
홍 대 리	그렇구나. 유리한 답변을 유도하는 거구나.
이변호사	그렇다고 봐야지. 실제 자신에게 불리한 진술을 내용증명우편에 써서 보내는 사람이 부지기수야.
홍 대 리	증거서류하고 증인하고는 어떤 것이 더 좋을까?
이변호사	일반적으로는 서류가 더 좋다고 봐야지. 그런데, 우리나라 현실에서는 증인의 역할도 상당하고, 증인의 증언에 따라 재판의 승패가 갈리는 경우도 많아.
홍 대 리	유리한 증거인지 불리한 증거인지 어떻게 판단하지?
이변호사	사실 그런 판단을 몇 마디로 말하긴 어려워. 전문가의 도움이 필요하지. 이론적으로는 입증책임이 있는 사람이 증거를 제출하게 되어 있는데, 재판이 꼭 그렇게 진행되지는 않고, 입증책임 없는 사람이 상대방에게 문서제출을 명해달라고 법원에 청구할 수도 있어. 이때 재판부가 문서제출명령을 내렸는데, 별 이유 없이 제출을 하지 않으면 입증책임 없는 사람이라도 불리

홍 대 리	하게 되지.
	입증책임이라….
이변호사	아무튼 입증책임이 있는 사람이 재판에서 불리한 것은 사실이고, 입증책임이 있는 사람일수록 더욱 증거를 찾는 데 주력해야 하지.
홍 대 리	그렇구나.

나 법률적 쟁점 정리

(1) 증거의 의미

사실관계에 대하여 당사자간에 다툼이 없거나 현저한 것일 때에는 그대로 판결의 기초로 할 수 있지만, 다툼이 있는 경우에는 법원이 그 사실관계의 존부를 확정해야 한다. 이때의 법원의 사실인정은 자의적이면 안 되고 객관적이고 합리적인 것으로 널리 승인될 수 있어야 재판의 신뢰가 유지될 수 있다.

결국 사실인정의 자료로서 증거가 요구된다.

(2) 증거의 종류 및 신청방법

증거는 크게 물증과 인증으로 나눌 수 있는데, 물증의 대표는 증거서류라고 할 것이고, 인증의 대표는 증인이라 할 수 있다.

증거서류의 경우는 법원에 제출하면 충분할 것이나, 증인의 경우는 법원에 먼저 증인신청을 하고 법원에서 그 증인신청을 받아들이면 증인신문을 하게 된다.

(3) 문서송부촉탁신청[463]과 문서제출명령신청[464]

형사피해자가 손해배상이라는 민사소송을 제기했다고 가정할 경우에 가해자에 대한 경찰이나 검찰의 조사기록을 형사피해자가 확보하기가 어렵다.

이와 같은 경우에는 형사피해자가 손해배상이라는 민사소송을 진행하면서 법원에 문서송부촉탁신청을 할 수 있다.

즉, 민사소송 진행 법원이 손해배상청구소송 원고의 청구를 받아들여 형사재판을 하는 법원에 가해자신문조서(즉, 경찰 또는 검찰의 피의자신문조서)의 복사를 요청하는 것이다. 이렇게 되면 형사피해자가 민사상 손해배상소송을 위한 증거자료를 확보할 수 있게 된다.

입증책임을 부담하는 사람이 증거자료를 확보하기는 어려우나, 상대방이 그 입증서류를 유일하게 가지고 있는 상황이 있을 수 있다.

이때에는 문서제출명령신청을 법원에 청구할 수 있고, 법원이 상대방에게 문서제출명령을 발할 수 있다.

이때 법원의 명령에도 불구하고 상대방이 입증서류의 제출을 거부한다면 그 사람에게 불리한 판단이 내려질 가능성이 많다.

다 관련 서식 및 서식 설명

증인신청서와 문서송부촉탁신청서 및 문서제출명령신청서를 작성해보았다.

---

[463] 민사소송법 제352조
[464] 민사소송법 제343조 후단

(1) 증인신청서

서식37

증인신청서

사건 2011가단 (   )호 대여금
원고 이채권
피고 오채무

위 당사자 간의 위 사건에 관하여 원고는 그 주장사실을 입증하기 위하여 아래와 같이 증인을 신청합니다.

1. 증인의 표시[465]
    증인: 오참견(주민등록번호:)
    주소: 서울 (   )구 (   )동 (   ) 아파트 201호
2. 증인신문사항
    별지와 같음[466]
3. 증인을 소환[467]하여주시기 바랍니다.

2011. (   ). (   ).
위 원고 이채권 (인)

서울중앙지방법원 (   ) 귀중

---

[465] 전화번호를 알면 전화번호를 적는 것이 좋다.
[466] '증인신문사항'을 별도로 만들어 증인신청서에 붙이는 것이 일반적이다. 증인신문사항이란 증인을 신청하는 사람이 증인을 신문할 때 어떻게 신문할 것인지를 미리 작성한 것이다. 증인신청을 한 사람이 하는 증인신문을 주신문이라고 하는데, 주신문의 경우에는 유도신문이 금지된다. 실무에서는 유도신문을 하게 되면 판사가 제지하는 경우가 있다. 위 사례에서는 원고가 주신문을 한다.

(2) 문서송부촉탁신청서

서식38

문서송부촉탁신청서[468]

사건 2011가단 (   ) 손해배상 (기)
원고 이채권
피고 오채무

위 당사자 간의 위 사건에 관하여 원고는 아래와 같이 문서송부촉탁을 신청합니다.

아 래

1. 촉탁할 곳
   수원지방법원 형사 제1부
   주소:
2. 기록의 표시
   수원지방법원 형사 제1부 2011노(   )호 사기사건 기록 일체

2011. (   ). (   ).

위 원고 이채권 (인)

서울중앙지방법원 귀중

---

[467] 증인은 '대동증인'과 '소환증인'으로 구분할 수 있다. 대동증인은 증인을 신청하는 사람이 무리 없이 증인을 법정에 데리고 나갈 수 있는 관계에 있을 경우에 하고, 그렇지 않은 경우에는 법원에 소환을 요청한다. 위와 같이 소환을 요청하는 경우에는 증인여비를 법원에 제출해야 한다. 법원에 전화를 걸어 문의하면 증인여비 제출방법과 액수를 알려준다(법원마다 조금씩 다르다).

(3) 문서제출명령신청서

서식39

문서제출명령신청서

사건 2011가단(　　)호 대여금
원고 이채권
피고 오채무

위 당사자 간의 위 사건에 관하여 원고는 주장사실을 입증하기 위하여 다음 문서의 제출을 명할 것을 신청합니다.

다 음

1. 문서의 표시
   원고와 피고 사이에 2011.(　).(　).자로 작성된 소비대차계약서

2. 문서의 취지
   위 소비대차계약서는 피고가 원고로부터 돈을 빌리면서 작성한 것으로 원고와 피고 쌍방이 각 1통씩 보관하고 있는 것임.

3. 문서의 소지자
   피고 본인

4. 증명할 사항
   원고가 제시한 갑 제1호 증(소비대차계약서)의 대여금액이 원고가 임의로 조작하여 기재한 것이 아님을 입증[469].

2011. (　). (　).

위 원고 이채권 (인)

서울중앙지방법원 귀중

Tip

::의문점
증인이 거짓말을 하면 어떻게 되는가?

::답
증인은 법정에 서서 판사 앞에서 거짓증언을 하지 않겠다는 선서를 하고 증언을 하게 된다. 이때 증인의 증언이 거짓으로 밝혀지면 위증죄로 처벌받는다. 요즘 점차적으로 위증죄 처벌이 많아지는 편이며, 형량도 높아지는 추세다.

468 가해자에게 피해자가 민사소송을 제기할 때에 가해자는 형사재판을 받는 경우가 많다. 이때, 피해자가 민사소송에서 가해자가 가해하였다는 사실을 입증하여야 하는데, 그와 같은 입증이 어렵다. 형사법원에는 수사기관에서 가해자를 수사한 기록이 있는데, 이 수사자료를 피해자가 확보하면 민사소송에서 이길 확률이 높아진다. 이와 같은 경우에 사용될 수 있는 것이 문서송부촉탁신청이다.

469 이 사례는 원고가 대여금을 피고에게 달라고 하면서 소비대차계약서를 법원에 증거로 제출하였는데, 피고가 돈을 빌린 것은 맞지만, 빌린 액수가 원고가 주장하는 것과 다르다는 주장('원고가 소비대차계약서상의 대여금액을 임의로 조작하였다.'는 피고의 주장)을 한 사안을 상정한 것이다. 소비대차계약서는 원고와 피고가 모두 각 1부씩 보관하는 것이 일반적이므로, 원고는 자신의 주장이 옳음을 입증하기 위해 피고가 가지고 있는 소비대차계약서를 법원에 내달라고 법원을 통하여 피고에게 요구하는 것이다.

제6편

강제집행

강제집행의 기본

 key point

- 집행을 하기 위해서는 집행권원에 집행법원 공무원(법원주사 등)으로부터 집행문을 받는 것이 필요하다. 그러나 확정된 지급명령, 가압류 또는 가처분 명령, 확정된 이행권고결정 등에는 집행문을 받지 않아도 집행이 가능하다.
- 채권자가 집행권원을 확보했는데, 채무자의 재산을 찾지 못하면 낭패다. 이때 채무자에게 자신의 재산을 법원에 보고하도록 요구할 수 있는 제도가 재산명시명령신청제도이다.
- 채권자의 승소판결에도 불구하고 채무자가 돈을 주지 않는다면 채무불이행자명부등재제도를 활용할 필요가 있다. 이를 통해 채무자가 돈을 갚도록 간접적으로 강제할 수 있다.
- 채무자가 채권자의 신청에 따른 법원의 재산명시명령에 따라 재산을 명시했는데도 불구하고 채무자의 재산이 거의 없는 것으로 신고되었다면, 채권자는 채무자의 재산을 직접 조회할 필요성이 있다. 이때 채권자는 법원에 재산조회를 신청할 수 있다.
- 집행권원을 확보했다면, 채권자는 채무자의 부동산을 찾아 경매(강제경매)에 부칠 수 있다. 그 부동산을 담보(저당권 또는 근저당권 등)로 미리 잡아두었다면 임의경매를 신청하면 되기 때문에 집행권원을 확보할 필요도 없다.
- 집행권원을 가지고 채무자의 동산을 강제집행할 수도 있다.

- 집행권원을 가지고 채무자의 다른 채무자에 대한 채권을 강제집행할 수 있다. 즉 채무자의 채권을 압류하고 추심명령을 받던지, 압류하고 전부명령을 받아 채권을 회수할 수 있다.

홍 대리가 법무팀으로 배속된 지도 3개월이 넘었다. 그동안 전화와 대면접촉을 통한 채권회수와 계약서 검토 및 작성 등을 경험하였고, 최근에는 지급명령신청을 통한 집행권원까지 확보했다.

홍 대리가 채권회수와 관련하여 아직까지 경험하지 못한 것은 강제집행이었다.

채권회수와 관련된 서적을 읽으면서, 대략적인 내용을 파악하고 있긴 했으나, 전체적인 내용파악에 있어서는 아무래도 어려움이 있었다.

홍 대리는 자신이 공부한 내용을 복습할 겸, 안부를 전할 겸해서 친구인 이 변호사에게 전화를 걸었다.

홍 대 리	이 변호사! 나야.
이변호사	어, 그래. 잘 있지?
홍 대 리	잘 있지. 최근에 지급명령신청해서 확정되었는데, 집행을 하려면 집행문부터 받아야 하나?

홍대리는 자신이 공부한 내용을 첨부해서 당당히 이변에게 물었다.

이변호사	음… 글쎄… 아마 지급명령이 확정된 경우에는 집행문이 필요 없을 텐데…. 암튼 너 집행문도 알고 대단하다.
홍 대 리	그래? 확정된 지급명령에는 집행문이 필요 없다고?
이변호사	확인해봐야겠지만, 아마… 그럴거야. 집행권원에는 법원사무관 등이 집행이 가능하다는 취지의 문구를 넣은 집행문을 부여해주어야 집행이 가능한 것은 맞

	아. 근데, 확정된 지급명령은 아마, 집행문 없이도 집행이 가능할 거야.
홍 대 리	왜?
이변호사	지급명령제도라는 것이 간편히 집행권원을 확보하고자 생긴 것이기 때문에 집행문 부여절차를 생략시킨 것이라고 이해하면 될 것 같은데…. 그리고, 가압류나 가처분명령도 집행문이 필요 없어. 소액사건에서 확정된 이행권고결정도 집행문이 필요 없고….
홍 대 리	그렇구나, 그런데 이행권고결정이 뭐지?
이변호사	이행권고라…. 소송을 통해 받으려는 돈이 2천만 원 이하인 경우를 소액사건이라고 하는데, 원고가 소액을 소송을 통해 법원에 청구하면, 법원은 특별한 사정이 없는 한 원고가 낸 소장을 첨부해서 피고에게 원고의 청구를 이행하라는 취지의 이행을 권고하는 결정을 내리고, 그 결정문이 피고에게 송달된 후 2주 이내에 피고가 이의를 하지 않으면, 지급명령처럼 확정되는 것을 말해.
홍 대 리	어찌 보면 지급명령신청하고 비슷하네?
이변호사	소송이 빨리 끝난다는 점에서 비슷한 점도 있지만, 지급명령은 돈의 액수와 관련이 없고, 상대방이 다투지 않는 경우에 신청하는 점이 소액사건의 이행권고결정과 가장 큰 차이라고 볼 수 있지. 아무튼 이행권고결정도 빨리 집행권원을 확보하는 수단인 점에서 집행문 없이 집행할 수 있는 제도라고 보면 돼.

홍 대 리	그런데, 소송에서 이기고 집행문까지 받았는데, 집행할 재산이 없으면 어떻게 하지?
이변호사	사실 그런 경우에 돈 받기가 상당히 어려워. 재산명시명령을 신청하고, 재산이 없는 것으로 채무자가 신고하면 재산조회를 하든지, 채무불이행자명부등재신청을 해서 압박하는 방법도 있고.
홍 대 리	재산명시?
이변호사	응. 채무자에게 자신의 재산상황을 제출토록 법원을 통해서 요구하는 것인데, 재산이 있는데도 없다고 허위로 서류를 제출하면 형사처벌도 가능해.
홍 대 리	그렇구나.
이변호사	그런데 채무자가 재산이 있는 것으로 판명이 되면, 부동산, 동산, 채권, 자동차, 유가증권 등에 대해서 집행을 할 수 있는 것이지. 부동산의 경우는 부동산을 강제경매에 부치는 것이고. 동산의 경우는 동산을 강제경매에 부치는 식이지.
홍 대 리	채권은?
이변호사	채권은 압류 및 추심 또는 압류 및 전부명령이라는 것이 있는데, 채무자가 다른 사람에 대해 가지고 있는 금전채권 등을 채권자가 직접 받는 거야.
홍 대 리	채무자의 채권을 가로챈다는 것이네?
이변호사	가로챈다기보다는 정당하게 채권을 회수하는 것이지.
홍 대 리	아… 그렇지. 알았다. 고마워.

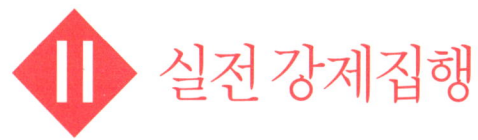

1 | 집행권원에 집행문을 부여받아라

가 이 변호사와 홍 대리의 이야기 엿듣기

홍 대 리 집행을 하려면 집행권원에 집행문이라는 것을 받아야 한다는데 집행문이 뭐지?

이변호사 집행력이 있다는 사실과 집행력의 범위를 공증하기 위한 것인데, 보통 승소판결문과 같은 집행권원에 집행이 가능하다는 취지의 도장을 법원공무원이 찍게 돼. 공정증서와 같은 집행증서의 경우에는 공증사무소에서 집행문을 부여하고.

홍 대 리 그런데 집행권원에는 항상 집행문이 있어야 집행을 할 수 있나?

이변호사 대부분의 집행권원에는 집행문이 필요하지만 집행문이 필요하지 않는 집행권원도 있어.

홍 대 리 왜 집행문을 요구하지? 집행권원만 있으면 집행을 할 수 있는 것 아닌가?

이변호사 우리나라는 법에서 재판을 하는 법원하고 집행을 하는 법원을 구별해놓고 있어서 집행권원이 유효한지 여부를 집행법원에서 믿기가 어려울 수 있거든. 그래서 재판을 한 법원에서 집행문을 받아와야 집행법원에서 집행을 할 수 있는 거야.

홍대리 | 그렇구나.

🔴 나 법률적 쟁점 정리

(1) 집행문의 의미

집행권원에 집행력이 현존하는 사실과 집행력이 미치는 주관적, 객관적 범위를 공증하기 위하여 집행문 부여기관이 집행권원의 정본의 끝에 덧붙여 적는 공증문언을 집행문이라 하며, 집행문이 붙은 집행권원의 정본을 집행력 있는 정본이라 한다[470].

집행문이 요구되는 집행권원에 집행문이 부여되지 않은 상태에서 행하여진 강제집행은 절대무효가 된다[471].

(2) 집행문 제도의 목적

집행문제도를 둔 목적은 집행기관으로 하여금 집행권원에 집행력이 있는지 여부와 그 범위를 쉽게 판단하게 하여 신속한 집행을 꾀하려는 데 있다.

---

[470] 사법연수원, 민사집행법, 2005. 33면 이하
[471] 대법원 78다446 판결

(3) 집행문의 요부

(가) 집행문을 필요로 하는 경우

집행권원에는 원칙적으로 집행문이 필요하다. 가집행선고 있는 종국판결, 집행판결, 집행증서와 같이 집행권원 자체에 집행할 수 있다는 취지가 적혀 있는 경우라도 집행문이 필요하다.

아래에 적시된 집행문을 필요로 하지 않는 집행권원이라도 집행에 조건이 붙여진 경우(예: 동시이행판결), 당사자의 승계가 이루어진 경우(예: 승계집행문)에는 집행문이 필요하다.

(나) 집행문을 필요로 하지 않는 경우

1) 가압류와 가처분명령(신속을 요하기 때문에 즉시 집행력을 부여함.)
2) 의사의 진술을 명하는 판결(예: 소유권이전등기를 명하는 판결)
3) 확정된 지급명령
4) 소액사건의 확정된 이행권고결정(참고로, 확정된 화해권고결정은 집행문 필요) 등

(4) 집행문 부여기관

판결의 경우 원칙적으로 제1심 법원의 법원사무관 등이 집행문을 부여하고[472], 집행증서의 경우는 그 증서를 보관하고 있는 공증인, 법무법인 또는 합동법률사무소가 집행문을 부여한다[473].

---

[472] 민사집행법 제28조 제2항
[473] 민사집행법 제59조

다 관련 서식 및 서식 설명

집행문과 송달증명원 및 확정증명원을 신청하는 서식을 작성해보았다.

서식40

신청서[474]

사건번호 2011가단 ( )호 대여금(제( )단독, 2011. ( ). ( ). 선고, 기타)
원   고 이채권
피   고 오채무

1. 집행문부여신청

위 당사자간 사건의 (판결, 결정, 명령, 화해조서, 인낙조서, 조정조서) 정본에 집행문을 부여하여주시기 바랍니다.

2. 송달증명원

위 사건의 (판결, 결정, 명령, 화해조서, 인낙조서) 정본이 2011. (   ). (   ). 자로 상대방에게 송달되었음을 증명하여주시기 바랍니다.

3. 확정증명원

위 사건의 (판결, 결정, 명령,   )이 2011. (   ). (   ). 자로 확정되었음을 증명하여주시기 바랍니다.

위 (1항, 2항, 3항)   신청인   원고(채권자)   이채권 (인)
(   )지방법원   귀중

위 (송달, 확정) 사실을 증명합니다.

2011. (   ). (   ).

(   )지방법원   법원사무관(주사)

Tip

::의문점
승계집행문이란 무엇이고, 언제 승계집행문을 부여 받아야 하는가[475]?
::답
집행당사자는 집행문의 부여로 확정된다. 다만, 집행문 부여 없이도 집행력이 있는 집행권원(예: 가압류, 가처분명령)의 경우는 집행권원에 표시된 당사자가 집행당사자가 된다. 집행권원이 성립한 뒤 집행문을 받기 전에 집행당사자 적격의 변동이 있으면 새로운 적격자(집행채권자)를 위하여 또는 그 자(집행채무자)에 대하여 승계집행문을 받아야 하며, 집행문을 받고 집행개시 전에 적격의 변동이 있어도, 새로운 적격자를 위하여 또는 그 자에 대하여 승계집행문을 부여 받아야 한다. 다만, 집행이 개시된 후에는 승계집행문을 부여받지 않아도 집행을 계속할 수 있다. 예를 들어보자. 갑이 을에게 3천만 원을 달라는 소송을 하여 승소하였는데, 을이 사망하였다. 갑이 아직 집행문을 받지 않았거나, 집행문을 부여받았더라도 아직 집행을 개시하지 않았다면, 을의 상속인이 집행채무자라는 승계집행문을 부여받고서 집행을 하여야 한다. 집행개시 후에 을이 사망하였다면, 승계집행문을 부여받을 필요가 없이 계속 집행할 수 있다.

---

[474] 법원에서 주로 쓰이는 양식이다.
[475] 사법연수원, 민사집행법, 2005. 18면 내지 20면

2 | 재산명시명령신청을 활용하라

🔴 가 이 변호사와 홍 대리의 이야기 엿듣기

홍 대 리   물품대금을 안 줘서 소송까지 해서 이겼는데, 우리가 상대방 재산을 아무리 찾아봐도 찾을 수가 없어. 우리가 알기로는 돈이 전혀 없는 사람은 아니거든.

이변호사   그러면, 재산명시명령신청을 법원에 내보는 것이 좋겠네.

홍 대 리   재산명시?

이변호사   응. 승소판결문과 같은 집행권원까지 확보했는데, 상대방이 돈이 없다면, 소용이 없잖아. 그런데, 사실 채무자들이 재산이 있으면서 숨기는 경우도 많거든. 이런 문제점에 착안에서 채권자가 법원에 청구하면 채무자가 스스로 자신의 재산을 신고토록 하는 것이 재산명시명령제도야.

홍 대 리   그렇구나. 그런데 채무자가 거짓 신고를 할 수도 있잖아.

이변호사   거짓 신고를 했다가 발각되면 형사처벌까지 받을 수 있어. 아무튼 채무자를 압박하기에는 좋은 수단이고, 잘 되면 덤으로 채무자의 재산을 찾을 수도 있으니까.

홍 대 리   그렇구나.

나 법률적 쟁점 정리

(1) 재산명시의 의미

재산명시절차는 일정한 집행권원에 따라 금전채무를 부담하는 채무자가 채무를 이행하지 아니하는 경우에, 법원이 그 채무자로 하여금 강제집행의 대상이 되는 재산과 일정기간 내의 그 재산의 처분상황을 명시한 재산목록을 제출하게 하고 그 진실성에 관하여 선서하게 함으로써 그 재산상태를 공개하는 절차를 의미한다[476].

(2) 재산명시절차의 진행방법

재산명시절차는 채권자의 명시신청에 따라 법원이 명시명령을 하고 명시명령에 대하여 채무자의 이의신청[477]이 없거나 이의신청이 기각되면 재산의 명시를 위한 명시기일을 정하여 채무자에게 출석하도록 하고 채무자로 하여금 명시기일에 재산목록을 제출하고 그 재산목록이 진실함을 선서하게 하는 방법으로 진행된다.

(3) 명시명령의 신청[478]

명시명령은 채권자의 신청이 있어야 할 수 있고, 신청은 서면으로 한다. 신청할 때에는 집행력 있는 정본과 강제집행을 개시하는 데 필요한 문서 즉 강제집행개시요건을 갖추었음을 증명하는 문서를 붙여야 한다.

---

[476] 사법연수원, 민사집행법, 2005. 101면 이하
[477] 민사집행법 제63조
[478] 민사집행법 제61조

(4) 명시의무 위반자에 대한 제재

법원은 채무자가 정당한 사유 없이 명시기일에 불출석하거나 재산목록 제출 또는 명시선서를 거부한 경우 20일 이내의 감치에 처하고, 거짓의 재산목록을 낸 경우 3년 이하의 징역 또는 500만 원 이하의 벌금에 처한다[479].

다 관련 서식 및 서식 설명

재산명시명령신청서를 작성해보았다.

서식41

재산명시명령신청

사 건 2011가합(　　)호 손해배상 (기) 청구사건
　　채권자(신청인) 이채권(주민등록번호:　　　)
　　　　서울(　)구(　)동(　)빌딩 101호
　　　　전화:　　　팩스:
　　채무자(피신청인) 오채무
　　　　서울(　)구(　)동(　)빌딩 201호
　　　　전화:　　　팩스:

집행권원의 표시

집행권원의 표시:(　)지방법원 2011가합(　　)호 손해배상(기) 청구사건에 관하여 동 법원의 집행력 있는 확정판결정본

집행권원상의 채무전액:원고에게 금 3억 원 및 이에 관하여 2011.(　).(　).부터 동년 (　).(　).까지는 연 5%의, 그다음 날부터 다 갚을 때까지는 연 20%의 각 비율에 의한 금원

신청취지

채무자는 재산 상태를 명시한 재산목록을 제출하라.
라는 재판을 구합니다.

신청이유

채권자는 채무자에 대하여 집행권원 표시의 집행권원을 가지고 있습니다.

그럼에도 불구하고 위 채무자는 위 채무를 갚겠다고 하면서도 악의적으로 위 채무를 변제하지 않고 있습니다.

채권자는 채무자에 대한 강제집행을 하기 위하여 채무자의 재산을 개인적으로 알아본 결과 상당한 재산을 감추고 있는 것으로 파악하였습니다.

그러나 통상의 방법으로는 채무자의 정확한 재산을 찾기 어려워 강제집행을 할 수 없는바, 본건 신청에 이른 것입니다.

첨부서류

1. 집행력 있는 판결정본[480] 2통(원본 1통 및 사본 1통)
1. 송달 및 확정증명원 1통

2011. (   ). (   ).

위 채권자 이채권 (인)

서울중앙지방법원 귀중

 **Tip**

::의문점
재산명시명령신청을 하였는데 신청에 따른 법원의 재산명시명령이 채무자에게 송달이 되지 않으면 어떻게 되는가?

::답
이와 같은 경우에 법원은 채권자에게 주소보정을 명하고[481], 채권자가 보정을 하지 않을 경우에는 재산명시명령을 취소하고 재산명시신청을 각하[482]한다.
따라서, 공시송달 등으로 소송에서 승소[483]한 경우에는 재산명시신청의 실익이 없다[484]. 채무자에 대한 송달불능이 예정되어 있기 때문이다.

---

[479] 민사집행법 제68조
[480] 집행력 있는 판결정본이란, 예를 들어 법원으로부터 송달받은 승소판결문에 집행문을 부여받을 것을 의미한다.
[481] 민사집행법 제62조 제6항
[482] 민사집행법 제62조 제7항
[483] 소송을 제기하였는데, 소장에 대한 현실적인 송달이 되지 않아 공시송달을 신청하였다고 할 경우에 원고가 증거를 충분히 제시하면 승소가 가능하다. 공시송달이란, 피고의 주소가 불분명한 경우에 법원사무관 등이 송달서류 즉 소장 등을 보관하고 그 사유를 법원게시판 등에 게시함으로써 송달이 있었던 것으로 보는 것을 의미한다.
[484] 재산시명령은 공시송달의 방법으로 할 수 없다.

3 | 채무불이행자명부등재를 활용하라

🟥가 이 변호사와 홍 대리의 이야기 엿듣기

홍 대 리	물품대금채권에 대해 소송을 해서 승소판결문을 받아 그 판결이 확정까지 되었는데, 상대방이 6개월이 넘도록 돈 갚을 생각을 안 해. 그 와중에 우리가 상대방 재산을 찾아보다가 잘 안 되어서 재산명시신청까지 했는데, 별 효과가 없어서 말야. 어떻게 하지?
이변호사	음… 채무불이행자명부등재라는 제도가 있는데, 법원에 한번 신청해보는 게 어떨까?
홍 대 리	채무불이행자명부등재?
이변호사	응. 법원에서 채권자의 등재신청을 인용하게 되면 채무자의 신용에 막대한 타격을 주거든. 금융기관에도 통보가 되니까.
홍 대 리	그렇구나.

🟥나 법률적 쟁점 정리

(1) 채무불이행자명부의 의미

　채무불이행자명부는 일정한 금전채무를 일정 기간 내에 이행하지 아니하거나 재산명시절차에서 감치 또는 벌칙 대상이 되는 행위를 한 채무자에 관한 일정사항을 법원의 재판에 따라 등재한 후 일반인의 열람에 제공하는 명부를 의미한다[485].

이는 채무의 자진이행 또는 명시명령의 충실한 이행에 노력하도록 하는 등 간접강제의 효과를 거둠과 동시에 일반인으로 하여금 거래 상대방에 대한 신용조사를 쉽게 하여 거래의 안전을 도모하려는데 목적이 있다.

(2) 등재신청

(가) 요건

채무자가 금전의 지급을 명한 집행권원이 확정된 후 또는 집행권원을 작성한 후 6월 이내에 채무를 이행하지 아니하는 경우 또는 정당한 사유 없이 명시기일에 불출석하거나, 재산목록 제출 또는 선서를 거부하거나 거짓의 재산목록을 낸 경우여야 하며[486], 강제집행이 쉽다고 인정할 만한 명백한 사유가 없어야 한다[487].

(나) 신청

명부 등재는 채권자가 서면으로 소명자료를 첨부하여 신청해야 한다[488].

(3) 등재신청에 대한 재판

반드시 신문을 거칠 필요는 없으나, 법원이 필요하다고 인정할 때에는 이해관계인 그 밖의 참고인을 심문할 수 있다.

---

[485] 사법연수원, 민사집행법, 2005. 112면 이하
[486] 민사집행법 제70조 제1항
[487] 민사집행법 제71조 제2항
[488] 민사집행법 제70조 제2항

다만 대법원 예규는 채권자가 국가, 지방자치단체, 공법인, 금융기관인 때와 채무자의 불출석, 절차의 현저한 지연, 그 밖의 부득이한 사유가 있는 때를 제외하고는 채무자를 필요적으로 심문하도록 하고 있다.

등재신청이 정당한 경우 법원은 채무자를 채무불이행자명부에 올리는 결정을 한다[489].

(4) 명부의 비치와 열람 및 복사

등재결정이 내려지면 법원사무관 등은 채무자별로 채무불이행자명부를 작성하여 법원에 비치하여야 한다[490]. 이 명부는 누구든지 보거나 복사할 것을 신청할 수 있다.

(5) 명부등재의 말소

변제 그 밖의 사유로 채무가 소멸되었다는 것이 증명된 때에는 법원은 채무자의 신청에 따라 이 명부에서 그 이름을 말소하는 결정을 하여야 한다[491].

채무불이행자명부에 오른 다음 해부터 10년이 지난 때에는 법원은 직권으로 이 명부에 오른 이름을 말소하는 결정을 내려야 한다[492].

---

[489] 민사집행법 제71조 제1항
[490] 민사집행법 제72조 제1항
[491] 민사집행법 제73조 제1항
[492] 민사집행법 제73조 제3항

다 관련 서식 및 서식 설명

채무불이행자명부등재신청서를 작성해보았다.

서식42

채무불이행자명부등재신청서

사 건 2011가합(   )호 손해배상(기) 청구사건
채권자(신청인) 이채권(주민등록번호:)
　　　　　　　서울(   )구(   )동(   )빌딩 101호
　　　　　　　전화: 팩스:
채무자(피신청인) 이채무(주민등록번호:)
　　　　　　　서울(   )구(   )동(   )빌딩 201호
　　　　　　　전화: 팩스:

집행권원의 표시

(   )지방법원 2011.(   ).(   ). 선고 2011가합(   )호 손해배상(기) 사건의 집행력 있는 확정판결

채무자가 이행하지 아니한 금전채무액

금 30,000,000원 및 그 지연이자

신청취지

채무자를 채무불이행자명부에 등재한다.
라는 결정을 구함.

신청이유

1. 채권자는 채무자에 대하여 (   )지방법원 2011가합 (   )호 손해배상(가) 사건에 대하여 2011. (   ). (   ). 선고한 판결정본에 의한 집행권원을 가지고 있습니다.

2. 위 판결은 2011. (   ). (   ). 에 확정되었는데, 그 후 6개월이 지났음에도 불구하고 채무자가 채무를 이행하지 않고 있습니다.

3. 이에 채권자는 신청취지와 같은 결정을 구하기 위하여 이 신청을 합니다.

첨부서류

1. 집행력 있는 판결정본 1통
2. 송달증명 및 확정증명 1통
3. 채무이행최고서 1통[493])

2011. (   ). (   ).

위 신청인 이채권 (인)

서울중앙지방법원 귀중

---

[493] 채무불이행자명부등재신청을 위하여 반드시 서면에 의한 최고를 한 후에 할 필요는 없으나, 최소한 서면에 의한 독촉 후에 채무불이행자명부등재신청을 하는 것이 합리적이다.

Tip

::의문점

소송에서 승소하면, 지연이자(정확히는, 지체배상금)가 얼마나 되는가?

::답

소송에서 승소를 하게 되면 승소금액에 20%[494]의 연이자가 붙는다. 따라서, 소송에서 졌다면 돈을 빨리 갚는 것이 유리할 것이다. 그러나, 모든 사람이 상식적으로 행동하는 것은 아니다.

돈을 숨겨두고 갚지 않는 경우도 많다. 이와 같은 상황에 대처하기 위한 여러 제도 중에서 채무자의 변제를 간접적으로 강제하기 위해 인정된 것이 바로 채무불이행자명부등재제도이다.

---

[494] 소송촉진등에관한특례법 제3조 참조

4 | 재산조회제도를 활용하라

가 이 변호사와 홍 대리의 이야기 엿듣기

홍 대 리	채무자에 대한 집행권원을 얻은 후에 재산명시절차까지 끝냈는데, 채무자가 제출한 재산목록만으로는 우리가 받을 돈의 1/3도 안 되는데, 이런 경우에는 어떻게 하지?
이변호사	재산조회제도라는 것이 있어.
홍 대 리	재산조회?
이변호사	응. 재산명시절차가 끝났는데, 소기의 성과를 내지 못한 경우에 채무자의 재산을 채권자가 스스로 찾아보는 것이지. 채무자의 재산과 신용에 대한 정보를 가지고 있는 공공기관이나 은행 등에 법원을 통해서 채무자 재산조회를 해보는 것이야.
홍 대 리	그것도 한 방법이네.

나 법률적 쟁점 정리

(1) 재산조회제도의 의미

재산명시절차가 끝난 경우에 명시신청을 한 채권자의 신청에 따라 법원이 개인의 재산과 신용에 관한 전산망을 관리하는 공공기관, 금융기관, 단체 등에 채무자 명의의 재산에 관한 조회를 하고, 그 결과를 재산목록에 준하여 관리토록 하는 제도[495]이다[496].

(2) 조회 받은 기관의 의무 등

공공기관, 금융기관, 단체 등은 정당한 사유 없이 조회를 거부하지 못하고[497] 조회를 받은 기관, 단체의 장이 정당한 사유 없이 거짓 자료를 제출하거나 자료를 제출할 것을 거부하면 결정으로 500만 원 이하의 과태료에 처한다[498].

(3) 조회의 결과

재산조회의 결과를 강제집행 이외의 목적으로 사용하여서는 안 되며, 이에 위반하면 2년 이하의 징역 또는 500만 원 이하의 벌금에 처한다[499].

다 관련 서식 및 서식 설명

재산조회신청서를 작성해보았다.

---

[495] 민사집행법 제74조 제1항, 제75조 제1항
[496] 사법연수원, 민사집행법, 2005. 118면
[497] 민사집행법 제74조 제4항
[498] 민사집행법 제75조 제2항
[499] 민사집행법 제76조

재산조회신청서

채권자 이채권(주민등록번호:)
　　　　서울 (   )구 (   )동 (   )빌딩 101호
　　　　전화:　　　　팩스:
채무자 이채무(600000-1200000)
　　　　서울 (   )구 (   )동 (   )빌딩 201호
　　　　전화:　　　　팩스:

조회대상기관 및 조회대상재산

별지와 같음500.

재산명시사건

(   )지방법원 2010카명(   )호

집행권원

(   )지방법원 2009가합(   )호 대여금 청구

불이행 채권액　　50,000,000원

신청취지

위 기관의 장에게 채무자 명의의 위 재산에 대하여 조회를 실시한다.

신청이유

채권자는 채무자에 대한 재산명시절차를 거쳤으나 거짓 재산목록을 제출한바, 민사집행법 제74조 제1항에 의하여 채무자에 대한 재산조회를 신청합니다.

비용환급용 예금계좌

○○은행(계좌번호:) 예금주: 이채권

첨부서류

1. 집행력 있는 판결정본 1통

2011. (   ). (   ).

위 신청인 이채권 (인)

서울중앙지방법원 귀중

::의문점
재산조회는 재산명시절차를 거쳐야 하는가?

::답
그렇다.
재산조회는 집행권원 즉 판결문 등만을 가지고 있으면 가능한 것이 아니고, 재산명시절차까지 거친 경우에 가능하다.

---

500 재산조회기관은 아주 다양하다. 법원행정처에서는 토지와 건물의 소유권, 국토해양부에서는 건물의 소유권 등을 조회할 수 있고, 금융기관에도 금융자산을 조회할 수 있다. 다만 조회기관에 따라 5천 원에서 4만 원까지의 조회비용이 들어간다.

5 | 부동산을 경매에 부쳐라

가 이 변호사와 홍 대리의 이야기 엿듣기

홍 대 리	거래상대방이 물품대금을 줄 생각을 하지 않아서 가압류 하고 소송해서 승소했는데, 집행을 해야겠지?
이변호사	승소하고 얼마나 됐는데?
홍 대 리	한 달 정도 됐는데, 전화도 없고, 채무자가 아무런 성의를 보이지 않네.
이변호사	그 정도 기다렸으면 집행을 해야겠지. 부동산을 가압류한 것이지?
홍 대 리	응. 그런데 선순위 저당권이 있어. 우리 채권은 얼마 안 되고.
이변호사	그럼. 부동산 시가하고 선순위 저당채권액하고, 우리 채권액은 어느 정도 되니?
홍 대 리	부동산 시가는 6억 원 정도 되는 것 같고, 우리보다 선순위 저당권은 채권액이 4억 정도 되는 것 같아. 그런데, 우리가 받을 돈은 3천만 원밖에 안 되거든. 다른 채권자는 없는 것 같고.
이변호사	그럼 부동산 강제경매신청서를 법원에 내고, 경매절차가 진행되면 큰 무리 없이 돈을 받을 수 있을 것 같은데.
홍 대 리	그래?
이변호사	3천만 원 때문에 부동산 경매가 진행되도록 그냥 놔둘 것 같지가 않거든. 사채업자에게 추가로 저당권을 잡혀서라도 너희 회사 채무를 갚는 것이 훨씬 채무자에

홍 대 리	게 유리하잖아. 부동산이 경매로 팔리면 제값을 못 받으니까.
홍 대 리	그렇겠네. 그런데, 패소했으면서 한 달이 지나도 왜 돈을 안 주지?
이변호사	그거야. 사람 성격 문제니까. 이왕 하는 것인데, 소송비용확정결정신청까지 해서 소송비용까지 받아야지.
홍 대 리	그래야겠다. 임의경매라는 것도 있던데?
이변호사	임의경매는 강제집행이라는 용어를 쓰지는 않지만, 강제집행하고 다를 것이 없어. 지금 네가 물어본 사건에서 저당권으로 4억을 담보 받은 선순위자가 채무자가 돈을 주지 않을 때 경매를 신청하면 그것이 임의경매거든.
홍 대 리	그렇구나. 그럼 우리는 배당신청하면 되나?
이변호사	그러면 되지. 그런데, 채권만 가진 상태에서 배당신청하면 배당을 거의 못 받으니까 승소판결문 즉 집행권원이 있어야지. 아무튼 우리는 승소판결문이 있으니까 문제 없지.
홍 대 리	그렇구나.

🄉 법률적 쟁점 정리

(1) 부동산 강제경매의 의미

부동산 강제경매는 채무자 소유의 부동산을 압류, 현금화하여 그 매각대금으로 채권자의 금전채권에 만족을 줄 목적으로 하는 집행절차를 의미한다.

(2) 부동산 임의경매의 의미

담보권실행 등을 위한 경매를 부동산 임의경매라고 하는데, 이는 저당권 등의 담보권이 있으면 경매를 신청할 수 있다. 부동산에 대한 임의경매는 승소판결문 등의 집행권원을 필요로 하는 부동산 강제경매와 다르다.

(3) 부동산 강제경매와 부동산 임의경매의 공통점 및 차이점[501]

(가) 공통점

부동산 임의경매는 원칙적으로 압류에서 배당에 이르기까지 즉, 경매절차의 개시, 준비절차, 입찰·매각 및 대금납부, 배당요구 및 배당의 실시 등 부동산 강제경매와 동일한 절차에 따라 실시한다.

(나) 차이점

1) 부동산 강제경매는 승소판결문과 같은 집행권원을 요하지만, 부동산 임의경매는 집행권원을 요하지 않으며, 저당권과 같은 담보권으로 충분하다.

2) 부동산 강제경매는 공신적 효과가 있지만, 부동산 임의경매는 공신적 효과가 없다.

즉, 강제경매는 일단 유효한 집행력 있는 정본에 의하여 경매가 완

---

[501] 사법연수원, 민사집행법, 2005. 214면 이하

결되면, 뒷날 그 집행권원상의 실체상 청구권이 부존재 또는 무효 또는 경매절차 완결 전에 변제 등으로 소멸하였거나 재심으로 집행권원이 폐기되어도 매수인이 소유권을 취득하나, 임의경매는 담보권에 흠이 있다면 매수인이 소유권을 취득하지 못한다.

다만, 부동산 임의경매의 경우에 실체상 존재하는 저당권에 터잡아 경매개시결정이 내려진 이상 차후에 저당권이 소멸하거나 변제 등으로 피담보채권이 소멸하게 되었더라도 경매절차가 취소 또는 정지되지 아니한 채 진행된 결과 매각허가결정이 확정되고 매각대금이 모두 지급된 경우에는 매수인이 적법하게 매각부동산의 소유권을 취득한다[502].

3) 부동산 강제경매에서는 집행채권의 소멸 등 실체상 흠은 청구이의로만 다툴 수 있으나, 부동산 임의경매에서는 위와 같은 경우에 경매개시결정에 대한 이의[503], 매각허가에 대한 이의, 매각허가결정에 대한 항고 등으로 다툴 수 있다[504].

(4) 부동산 권리분석

부동산을 경매에 부칠 때에는 권리분석이라는 것이 선행되어야 하는데, 권리분석이란 쉽게 이야기해서 경매로 부동산이 매각될 경우에 채권자[505]인 내가 경매대금으로부터 얼마를 받을 수 있는지를 확

---

[502] 대법원 2000다44348 판결
[503] 민사집행법 제265조
[504] 대법원 90마946 결정
[505] 사실 '권리분석'이라는 용어는 채권자가 아닌 경매부동산의 낙찰자 입장에서 주로 쓰는 용어이지만, 위와 같이 생각해도 무관하다고 본다.

인하는 것이라고 말할 수 있을 것이다.

　이때 사실상 경매로 내가 받을 돈이 없다면, 경매신청을 할 필요가 없을 것이며, 다른 압박수단으로 채권을 회수하는 것이 더 좋을 것이다.

　앞에서 다룬 사례에서 선순위 저당권이 있다면, 경매대금에서 선순위로 담보된 저당권부 채권이 모두 변제된 후에 내 채권을 회수할 수 있을 것이다.

　채권회수와 관련하여 주의할 것은 채권회수를 위해 담보를 받아두는 경우에 선순위자가 많다면 그 부동산을 담보로 잡아두기보다는 다른 재산 또는 보증인이나 물상보증인을 확보하는 것이 보다 유리하다는 것이다.

　집행권원을 확보하여 부동산을 강제경매에 부치는 경우에도 당해 채무자의 부동산에 여러 채권자가 담보를 설정받았거나 가압류 등의 권리행사를 한 상태라면, 강제경매를 하더라도 채권자가 받을 돈은 거의 없을 것이므로, 이런 경우에는 당해 부동산에 대한 강제경매는 채무자를 압박하는 수단이라는 의미만 있을 것이다.

다 관련 서식 및 서식 설명

부동산 강제경매신청서와 부동산 임의경매신청서를 작성해보았다.

(1) 부동산 강제경매신청서

서식44

부동산 강제경매신청서

채권자 이채권(주민등록번호:)
　　　서울 (   )구 (   )동 (   )빌딩 101호
　　　전화: 팩스:
채무자 이채무(600000-1200000)
　　　서울 (   )구 (   )동 (   )빌딩 201호
　　　전화: 팩스:

경매할 부동산의 표시
별지목록기재 부동산과 같음.

청구채권의 표시
대여금 청구금액 금 30,000,000원 및 이에 관하여 2011. (   ). (   ).부터 같은 해 (   ). (   ). 까지는 연 5%, 그 다음 날부터 다 갚는 날까지는 연 20%의 각 비율에 의한 지연손해금

집행권원의 표시
(   )지방법원 2011년 가합 제(   )호 대여금 사건에 관하여 2011년 (   )월 (   )일 선고를 받은 집행력 있는 판결정본

신청취지
위 청구금액의 변제에 충당하기 위하여 채무자 소유의 별지 기재 부동산에 대하여 강제경매절차를 개시하고 채권자를 위하여 이를 압류한다.
라는 재판을 구합니다.

신청이유

위 청구금액은 (   )지방법원 2011년 가합 제(   )호 대여금사건에 관하여 2011년 (   )월 (   )일 선고를 받은 집행력 있는 판결정본에 기하여 채무자가 변제할 것인바, 채무자는 이를 변제하지 않고 있으므로 강제경매개시의 절차를 구하기 위하여 본 신청에 이르렀습니다.

첨부서류

1. 집행력 있는 판결 정본 1통
2. 부동산등기부등본 1통
3. 경매물건목록 40통
4. 납부서 1통

2011. (   ). (   )

위 채권자 이채권 (인)

서울중앙지방법원 귀중

---

506 부동산에 대한 압류는 부동산등기부에 기재되는 경매개시결정기입등기를 의미한다고 보면 쉽다.

(2) 부동산 임의경매신청서

서식 45

부동산 임의경매신청서

채권자 이채권(주민등록번호:)
　　　　서울 (   )구 (   )동 (   )빌딩 101호
　　　　전화:　　　　팩스:
채무자 이채무(600000-1200000)
　　　　서울 (   )구 (   )동 (   )빌딩 201호
　　　　전화:　　　　팩스:

경매할 부동산의 표시

별지목록기재 부동산과 같음.

청구채권의 표시

1. 원금 20,000,000원
2. 연체이자 금 2,910,000원
3. 2011. (   ). (   ).부터 다 갚는 날까지는 연 (   )%의 비율에 의한 금원

신청취지

채권자가 채무자에 대하여 가지는 위 청구금액의 변제에 충당하기 위하여 별지목록 기재 부동산에 대하여 임의경매절차개시결정**507**을 한다.
라는 재판을 구합니다.

신청이유

1. 채무자는 2010. ( ). ( ). 채권자로부터 금 20,000,000원을 월 3%로 차용하였으며, 이를 담보하기 위하여 채권자와 채무자겸 별지목록 기재 부동산의 소유자는 2010. ( ). ( ). 근저당설정계약을 체결하고, 채권최고액 금 30,000,000원으로 2010. ( ). ( ). 서울중앙지방법원 접수 제( )호 근저당설정등기를 마쳤습니다.

2. 채권자는 채무자에게 위 청구금액 변제를 수차에 걸쳐 독촉하였으나 채무자는 이를 임의변제하지 않고 있습니다.

3. 따라서 채권자는 부득이 담보권 실행을 위하여 별지목록 기재 부동산에 대하여 임의경매개시신청을 하는 바입니다.

첨부서류

1. 차용약정서 1통
2. 근저당권 등기필증(근저당권설정계약서) 1통
3. 등기부등본 1통
4. 부동산 목록 40통

2011. ( ). ( )

위 채권자 이채권 (인)

서울중앙지방법원 귀중

---

507 이에 따라 임의경매개시결정기입등기가 이루어지는데, 이를 일반적으로 압류라고 부른다.

Tip

::의문점
부동산을 경매에 부친다는 것이 압류를 한다는 것인가?

::답
그렇다고 보면 된다.
가압류는 소송을 제기하기 전에 채무자가 재산을 빼돌리는 것을 방지하기 위한 채권 보전수단인 반면, 압류는 승소판결문 등의 집행권원을 근거로 채무자의 재산에 대하여 집행을 개시하는 것이라는 차이가 있다.

6 | 유체동산을 강제집행하라

🈠 이 변호사와 홍 대리의 이야기 엿듣기

홍 대 리 상대방이 물품대금을 주지 않아서 소송을 통해서 승소판결문까지 받았는데, 재산이 없는 것 같아. 그래서 그런데, 채무자 전셋집에 있는 채무자의 소유로 보이는 텔레비전이나 냉장고 등을 압류해서 집행할 수 있을까?

이변호사 가능하지. 그런데 그 텔레비전 등을 팔아서 집행비용을 빼고 남는 것이 없으면 경매가 취소돼. 그렇지만, 동산을 경매에 부치게 되면 채무자가 상당한 압박을 느끼지. 채무자 앞에서 딱지도 붙이고, 경매도 진행하고 경매대금도 받고 하니까.

홍 대 리 그런데 사실 텔레비전이나 냉장고 등은 결혼할 때 여자가 사오는 것이 일반적인데, 그 남편을 채무자로 해서 집행할 수 있을까?

이변호사 우리 입장에서는 그런 것까지 고려할 필요는 없지. 텔레비전 같은 것을 동산이라고 하는데, 그 동산에 대한 소유권은 부부가 공동으로 가지고 있다고 추정되거든.

홍 대 리 공동소유로 추정된다고?

이변호사 응. 부동산이라면 공동소유로 추정되고, 1/2만큼의 지분만 집행할 수 있는데, 동산은 좀 달라. 그냥 통째로 집행해서 지분만큼 채무자의 부인에게 줘버리거든.

홍 대 리 경매한 돈을 말하는 거지?

이변호사	그렇지. 텔레비전 등의 동산을 경매에 부쳐서 받은 돈이 1천만 원이라면 집행비용을 빼고 나서 남은 돈의 절반을 먼저 채무자의 처에게 주고, 나머지 돈을 채권자에게 주는 것이지.
홍 대 리	그렇구나.
이변호사	채무자의 부인이 그 동산을 살 수도 있어.
홍 대 리	그래?
이변호사	응. 그것을 공유자의 우선매수권이라고 하는데, 채무자의 배우자가 1천만 원에 샀다면, 집행비용을 빼고, 자신의 지분 빼고 나서 나머지 돈을 우리가 받게 되는 구조지.
홍 대 리	그렇구나.

나 법률적 쟁점 정리

(1) 유체동산에 대한 금전집행의 의미

유체동산에 대한 금전집행이란 금전채권의 만족을 위하여 채무자의 유체동산에 대하여 하는 강제집행을 의미한다[508].

유체동산에 대한 금전집행은 집행관이 이를 실시하는 것이 원칙이나, 채권자가 경합하고 배당할 금전이 각 채권자를 만족시키는데 부족할 경우에 실시하는 배당절차는 집행법원이 담당한다.

---

[508] 사법연수원, 민사집행법, 2005. 231면 이하

(2) 절차의 개요

채권자가 집행관에 대하여 집행위임 즉 집행신청을 하면 집행관은 채무자 소유의 유체동산 중 압류가 금지된 물건을 제외[509]하고 압류를 실시한 뒤에 호가경매에 의하여 현금화한다.

즉 채무자의 최소한의 인간다운 생활을 보장하기 위해 압류가 금지되는 물건(예: 생활에 필요한 의복, 침구, 가구, 부엌가구, 기타 생필품 등)을 제외한 동산에 대하여 압류가 가능하며, 압류물인 것을 명시한 공시서[510]를 동산에 붙임으로써 압류집행을 마치게 된다. 그 후 경매에 참여하는 사람들에게 많은 돈을 지급할 의사를 보이는 사람에게 매도하게 되는 것이다.

집행관은 채권자가 단일한 경우 즉, 채권자가 한 명인 경우에는 압류한 금전 또는 압류물을 현금화한 대금을 집행비용을 제외한 후에 압류채권자에게 인도하여야 한다.

채권자가 다수이면서, 그 채권자들이 이중으로 압류를 하였거나, 공동집행을 하고 있는 경우이거나, 적법한 배당요구를 한 경우는 집행관은 압류금전 또는 매각대금이 모든 채권자를 만족시킬 경우에 각 채권자에게 채권액에 해당하는 금액을 교부하고 나머지가 있으면 이를 채무자에게 인도한다.

그러나 모든 채권자를 만족시킬 수 없는 경우에는 매각 허가된 날

---

[509] 민사집행법 제195조
[510] 일명 '압류딱지'를 의미한다.

부터 2주일 이내에 채권자 사이에 배당협의가 이루어지면 협의에 따라 배분하고 교부하면 되나, 협의가 이루어지지 않으면 집행관은 현금화한 대금을 공탁하고[511] 그 사유를 집행법원에 신고한다[512].

위 공탁 및 사유신고가 있으면 집행법원은 배당절차를 실시한다.

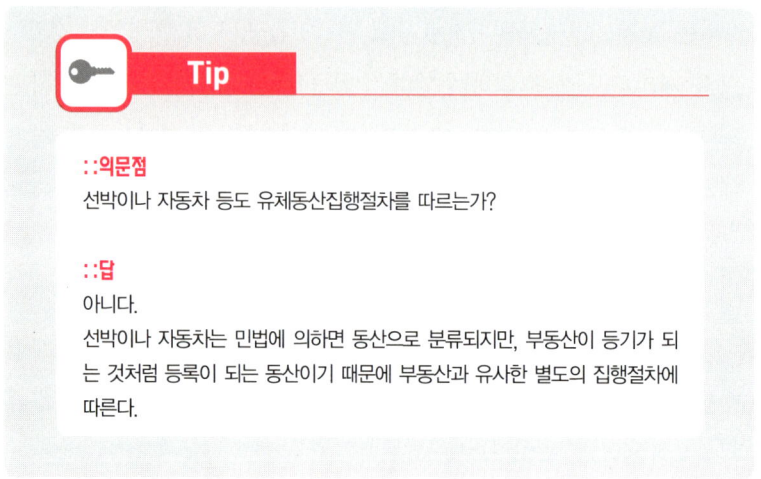

::의문점
선박이나 자동차 등도 유체동산집행절차를 따르는가?

::답
아니다.
선박이나 자동차는 민법에 의하면 동산으로 분류되지만, 부동산이 등기가 되는 것처럼 등록이 되는 동산이기 때문에 부동산과 유사한 별도의 집행절차에 따른다.

---

[511] 민사집행법 제222조 제1항
[512] 민사집행법 제222조 제3항

7 | 채권을 압류하고 추심명령 또는 전부명령을 받아라

가 이 변호사와 홍 대리의 이야기 엿듣기

홍 대 리	상대방이 물품대금을 주지 않아서 소송을 했는데, 우리가 이겼어. 상대방 재산을 찾아보니 은행에 예금이 있는 것 같던데, 그 돈이라도 받을 수 있을까?
이변호사	받을 수 있지. 법원으로부터 압류 및 추심명령을 받던지 아니면 압류 및 전부명령을 받을 수 있거든.
홍 대 리	추심명령과 전부명령?
이변호사	응. 추심명령과 전부명령은 채권자인 우리가 채무자의 채무자인 은행으로부터 돈을 직접 받도록 하는 제도야. 추심명령 또는 전부명령을 받으려면 각종 서류를 갖춰서 압류및추심명령신청서를 법원에 제출하던지 아니면 압류및전부명령신청서를 법원에 제출하면 돼.
홍 대 리	압류도 함께하는구나. 압류가 돈을 묶어두는 것을 말하는 것인가?
이변호사	그렇다고 할 수 있지. 채무자의 채무자인 은행이 다른 채권자에게 돈을 주지 못하도록 묶어두는 것이 압류라고 보면 될 거야.
홍 대 리	추심명령과 전부명령는 무슨 차이가 있어?
이변호사	쉽게 이야기해서, 채무자의 은행에 대한 채권이 많은 경우 즉 채무자의 예금이 채권자의 채권보다 많고, 다른 채권자가 없다면 전부명령을 받은 것이 좋고, 예금이 별로 없다면 추심명령을 받는 것이 좋아.

홍 대 리	왜?
이변호사	은행에 대한 채권자는 채무자였는데, 전부명령을 받게 되면 채권자가 은행에 대해서 채권자가 되는 거야. 우리가 갑이고 채무자가 을이고, 은행이 병이라면, 병에 대한 채권자는 을이었는데, 전부명령이 효력을 발생하게 되면 병에 대한 채권자가 갑이 되는 것이지. 전부명령 확정 이후에 갑은 을에게는 돈을 달라고 할 수 없고, 병에게만 돈을 달라고 할 수 있어.
홍 대 리	을이 채권채무관계에서 빠져버리는 것이네?
이변호사	원칙적으로 그렇다고 봐야지. 그런데 추심명령을 받으면 갑이 을에게도 돈을 받을 수 있지만, 병에게도 받을 수 있는 것이지. 다만 갑이 병에게 직접 돈을 달라고 해서 돈을 보관하다가 갑이 추심했다는 내용을 법원에 신고할 때까지 다른 채권자가 권리행사를 하게 되면 그 채권자들과 돈을 나누어가져야 하는 것이 전부명령하고 달라.
홍 대 리	갑이 을하고 병하고 모두에게 돈을 받을 수 있다면 추심명령이 더 좋은 것 아닌가?
이변호사	그렇지가 않아. 각자 장단점이 있어. 전부명령을 받았는데, 을의 병에 대한 채권이 충분한 경우였다면 전부명령이 훨씬 효과적이지. 다른 채권자와 돈을 나누어가질 필요가 없으니까.
홍 대 리	그렇구나.
이변호사	그리고 압류를 할 때, 을이 병에게 얼마의 채권을 가

지고 있는지 알지 못할 경우가 많아. 이때에는 가압류에서 봤던 것처럼 병에게 을에 대한 채무가 얼마인지를 물어볼 수가 있어. 이것을 제3채무자에 대한 진술최고신청이라고 해. 이때 압류및추심명령을 신청한 상태였고, 제3채무자인 은행이 실제 자신은 채무자인 을에게 변제할 돈 즉 을의 예금이 없다고 법원에 신고하면 얼른 다른 재산을 찾아봐야지.

홍 대 리 그렇구나.

나 법률적 쟁점 정리[513]

(1) 추심명령과 전부명령의 효력상 차이[514]

추심명령의 경우 압류채권자가 대위절차를 따로 거칠 필요 없이 제3채무자로부터 압류채권의 지급을 받을 수 있다.

반면, 전부명령은 압류된 채권이 지급에 '갈음'하여 압류채권자에게 이전된다. 즉 압류채권자가 채권을 채무자로부터 양수한 것과 동일하다.

따라서, 전부명령에 따라 채무자는 이전된 채권이 존재하는 한 그 이전된 채권의 권면액의 한도에서 채권자에 대한 채무를 변제한 것으로 본다[515].

---

513 김주덕, 채권회수의 기술 98, 바른지식, 2008. 401면 등
514 사법연수원, 민사집행법, 2005. 262면 이하
515 민사집행법 제231조 본문

(2) 추심명령과 전부명령의 효력발생제한의 차이

추심명령은 제3채무자에게 송달되기만 하면 효력이 발생한다.

반면, 전부명령의 경우는 전부명령이 제3채무자에게 송달될 때까지 압류채권에 대하여 다른 채권자가 압류, 가압류, 배당요구를 한 때에는 전부명령의 효력이 없고, 압류의 효력만 인정된다. 이때에는 다시 추심명령을 신청할 수도 있다.

(3) 추심명령과 전부명령에 대한 불복상의 차이

법원의 추심명령에 대하여는 불복할 수 없지만, 전부명령에 대하여는 제3채무자가 즉시항고[516]로 불복할 수 있다.

이와 같이 전부명령에 대하여 즉시항고가 있는 경우 전부명령이 제3채무자에게 송달되었다고 해도 전부명령의 효력은 발생하지 않는다. 전부명령은 확정되어야 효력이 있는데[517], 즉시항고가 제기되었기 때문이다. 다만, 전부명령 확정에 따라 발생하는 효력은 전부명령이 제3채무자에게 송달된 때로 소급한다[518].

(4) 추심명령과 전부명령에 대한 제3자의 배당요구의 가능성

추심명령에 의하여 채권을 추심한 채권자는 추심신고를 하게 되어 있다. 추심신고 전까지 다른 채권자가 압류, 가압류, 배당요구를 하게 되면 그 채권자도 추심명령을 받은 채권자와 채권을 나누어 취득한다. 따라서 압류및추심명령을 신청한 채권자의 추심신고 전까지

---

[516] 민사집행법 제229조 제6항
[517] 민사집행법 제229조 제7항
[518] 대법원 98다 15439 판결

배당요구가 가능하다.

반면, 전부명령의 경우에는 추심신고라는 제도가 없으므로 전부명령이 확정된 경우에는 제3자 즉 다른 채권자는 배당요구를 할 수 없다.

(5) 추심명령과 전부명령에 있어 채권의 전액을 받지 못하는 경우의 차이

추심명령의 경우 법원으로부터 압류및추심명령을 신청할 때에 제출한 집행권원을 환부받아 받지 못한 채권 잔액을 채무자의 다른 재산으로부터 강제집행할 수 있다.

반면에, 전부명령의 경우 압류및전부명령신청시 제출한 집행권원으로는 다른 재산에 대한 강제집행을 할 수 없다.

(6) 추심명령과 전부명령에 있어 제3채무자가 불이행하는 경우의 차이

추심명령의 경우 제3채무자를 상대로 추심의 소를 제기하여야 하나, 전부명령의 경우 제3채무자를 상대로 전부금청구 소송을 제기해야 한다.

다 관련 서식 및 서식 설명

채권압류및추심명령신청서와 채권압류및전부명령신청서를 작성해보았다.

(1) 채권압류및추심명령신청서

서식46

채권압류및추심명령신청서

사 건 2011가단(   ) 대여금
채권자(신청인) 이채권(주민등록번호:)
　　　　　　서울(   )구(   )동(   )빌딩 101호
　　　　　　전화: 팩스:
채무자(피신청인) 이채무(600000-1200000)
　　　　　　서울(   )구(   )동(   )빌딩 201호
　　　　　　전화: 팩스:
제3채무자   (   )은행
　　　　　대표이사 이은행
　　　　　　서울(   )구(   )동(   )빌딩 301호
　　　　　　전화: 팩스:

집행권원의 표시

(   )지방법원 2011가단제(   )호 집행력 있는 확정판결

청구채권의 표시

금 30,000,000원
　(   )지방법원 2011가단제(   )호 집행력 있는 판결정본에 의한
대여금

압류할 채권의 표시

별지목록 채권 기재와 같음.

신청취지

1. 채무자의 제3채무자에 대한 별지목록 기재의 채권을 압류한다.
2. 제3채무자는 채무자에게 위 채권에 관한 지급을 하여서는 아니된다.
3. 채무자는 위 채권의 처분과 영수를 해서는 아니된다.
4. 위 압류된 채권은 채권자가 추심할 수 있다.
라는 재판을 구합니다.

신청이유

채권자는 채무자에게 (　　)지방법원 2011가단 제(　　)호 집행력 있는 판결정본에 기하여 금 30,000,000원을 받을 채권이 있는바, 채무자는 변제기일이 지나도록 변제치 않고 있으므로, 채무자가 제3채무자에 대하여 가지고 있는 예금채권(별지목록기재 채권)을 압류하고 추심하고자 본 신청에 이른 것입니다.

소명방법

1. 집행력 있는 판결정본 1통
2. 송달및확정증명원 1통

2011. (　　). (　　)

위 채권자 이채권 (인)

서울중앙지방법원 귀중

(2) 채권압류및전부명령신청서

서식47

채권압류및전부명령신청서

사 건 2011가단(   ) 대여금
채권자(신청인) 이채권(주민등록번호:)
　　　　서울 (   )구 (   )동 (   )빌딩 101호
　　　　전화: 팩스:
채무자(피신청인) 이채무(600000-1200000)
　　　　서울 (   )구 (   )동 (   )빌딩 201호
　　　　전화: 팩스:
제3채무자 (   )은행
　　　　대표이사 이은행
　　　　서울 ( )구 ( )동 ( )빌딩 301호
　　　　전화: 팩스:

집행권원의 표시

(   )지방법원 2011가단제(   )호 집행력 있는 확정판결

청구채권의 표시

금 30,000,000원
(   )지방법원 2011가단제(   )호 집행력 있는 판결정본에 의한 대여금

압류할 채권의 표시

별지목록 채권 기재와 같음.

신청취지

1. 채무자의 제3채무자에 대한 별지목록 기재의 채권을 압류한다.
2. 제3채무자는 채무자에게 위 채권에 관한 지급을 하여서는 아니된다.
3. 채무자는 위 채권의 처분과 영수를 해서는 아니된다.
4. 위 압류된 채권은 지급에 갈음하여 채권자에게 전부한다.
라는 재판을 구합니다.

신청이유

　　채권자는 채무자에게 (　　)지방법원 2011가단 제(　　)호 집행력 있는 판결정본에 기하여 금 30,000,000원을 받을 채권이 있는바, 채무자는 변제기일이 지나도록 변제치 않고 있으므로, 채무자가 제3채무자에 대하여 가지고 있는 예금채권(별지목록 기재 채권)을 압류하고 전부명령을 구하기 위하여 본 신청에 이른 것입니다.

소명방법

1. 집행력 있는 판결정본 1통
2. 송달및확정증명원 1통

2011. (　　). (　　)

위 채권자 이채권 (인)

서울중앙지방법원 귀중

Tip

::의문점

채권자가 자신의 채권을 근거로 압류및추심명령을 신청하거나, 압류및전부명령을 신청할 때에 가압류를 신청하는 경우와 같이 채권자가 담보를 제공해야 하는가?

::답

채권자가 담보를 제공할 필요가 없다.

가압류의 경우는 채권자의 말이 맞는지 또는 틀린지 여부를 법원이 아직 알지 못하기 때문에 채권자에게 담보를 제공하라고 요구하는 것이나, 승소판결이 확정되는 등의 집행권원을 확보한 상태에서 하는 압류의 경우에는 채권자의 말이 옳다는 것이 명확해졌기 때문에 채권자가 채무자의 손해를 담보하기 위한 담보금을 제공할 필요가 없는 것이다.

제7편

지급명령을 통한 채권회수 실전연습

1 | 가상사례를 통한 채권회수연습

(1) 사례제시의 배경

물품을 공급하거나, 돈을 빌려준 경우에 물품을 공급받은 사실 또는 돈을 빌린 사실 자체를 부인하는 경우는 드물다. 이와 같은 경우에 지급명령신청(독촉절차)을 함으로써 집행을 위한 집행권원을 확보할 수 있다.

따라서, 많은 법률문제들이 정식민사소송보다는 지급명령과 보전 및 집행제도 등을 통해 문제해결이 가능하다.

아래에서는 이에 착안하여 가상사례에 대한 보전(가압류), 집행권원(지급명령신청), 집행의 각 단계를 독자들이 직접 법률가의 도움 없이 진행한다는 관점에서 아주 자세히 설명하였다.

(2) 가상사례

2011년 3월 2일에 이채권이 오채무에게 3천만 원을 빌려주었다. 오채무는 이채권에게 2011년 6월 2일에 이자까지 합하여 3,030만 원을 갚겠다는 차용증(3개월 통틀어 1%의 이자약정)을 작성해주었다.

그런데, 2011년 7월 중순이 되었는데도 오채무는 채무를 차일피일 미루기만 하였다. 이에 이채권이 채권을 회수하기 위하여 가압류 및 지급명령신청을 한다.

2 | 가압류

(1) 서설

　가압류 대상은 채권과 부동산 이외에 다양하다. 그러나, 현실적으로는 채권과 부동산에 대한 가압류가 압도적이다. 우선 이채권의 입장에서 오채무의 자력을 파악하는 것이 중요할 것이다. 3천만 원을 선뜻 빌려주었다면, 이채권이 오채무의 자력을 어느 정도 알고 있었다고 볼 수 있다. 이채권은 오채무의 은행예금 등 채권을 가압류할 수도 있고, 오채무의 주택 등 부동산을 가압류할 수도 있다.

　그러나, 오채무가 이채권에게 3천만 원을 빌렸다면, 은행에 예금이 있을 가능성이 많지 않다. 결국, 이채권은 오채무의 집에 대한 가압류를 하는 것이 합리적이다.

(2) 부동산 가압류

　우선 아래와 같이 부동산 가압류신청서 및 가압류신청 진술서를 작성한다.

부동산 가압류신청서

채권자 이채권(주민등록번호:)
　　　서울시 (   )구 (   )동 (   )번지 서초빌딩 201호
　　　전화:
채무자 오채무(주민등록번호:)
　　　서울시 (   )구 (   )동 (   )번지 방배빌딩 220호
　　　전화:

청구채권의 표시

금 30,300,000원
단, 채권자의 대여금채권 및 그에 대한 이자

가압류할 부동산의 표시

별지 목록 기재 부동산과 같음.

신청취지

채권자가 채무자에 대하여 가지고 있는 위 채권의 집행보전을 위하여 채무자 소유의 별지 목록 기재 부동산을 가압류한다.
라는 결정을 구합니다.

신청이유

1. 2011. 3. 2. 채권자가 채무자에게 금 30,000,000원 및 3개월 1%의 이자를 약정하여 금원을 대여하였고, 위 원금과 이자 3,030,000원을 2011. 6. 2.에 변제받기로 약정하였습니다(소갑 제1호 증).

2. 그러나, 위 변제기에 채권자가 채무자에게 채무변제를 독촉하자 채무의 변제를 차일피일 미루기만 하면서 현재에 이르고 있습니다.

3. 이에 채권자는 채무자를 상대로 본안소송을 준비하고 있는바, 채권자가 조사한 바에 의하면, 채무자가 다른 사람에게도 상당한 채무를 부담하고 있는 것으로 보입니다. 따라서, 이건 가압류를 하지 않을 경우 본안소송에서 승소를 하더라도 강제집행을 하지 못할 우려가 있어, 신청 취지의 결정을 구하기 위하여 본 신청에 이른 것입니다.

4. 담보제공은 공탁보증보험증권((　　)보험주식회사 증권번호 제(　　)호)을 제출하는 방법에 의할 수 있도록 허가하여주시기 바랍니다.

소명자료

1. 소갑 제1호 증(차용증)
1. 소갑 제2호 증(부동산 등기부등본[519])

첨부서류

1. 위 소명방법 2통
1. 송달료 납부서 1통

2011. 7. 20.

위 채권자 이채권 (인)

서울중앙지방법원 귀중

---

[519] 가압류할 부동산의 등기부등본을 의미한다. '대법원 인터넷등기소'에서 뗄 수 있다.

〈별지〉

가압류할 부동산의 표시

1. 서울 (   )구 (   )동 ○○○
   위 지상
   철근콘크리트 슬래브지붕 3층
   근린생활시설 및 주택
   1층 177.03평방미터(근린시설)
   2층 115.83평방미터(근린시설)
   3층 115.83평방미터(주택)
   지하실 82.89평방미터(근린시설)
   중 3층 115.83평방미터

서식49

가압류신청 진술서[520]

채권자는 가압류 신청과 관련하여 다음 사실을 진술합니다. 다음의 진술과 관련하여 고의로 누락하거나 허위로 진술한 내용이 발견된 경우에는, 그로 인하여 보정명령 없이 신청이 기각되거나 가압류이의절차에서 불이익을 받을 것임을 잘 알고 있습니다.

2011. 7. 20.

채권자 이채권 (인)

◇ 다 음 ◇

1. 피보전권리와 관련하여
가. 채무자가 신청서에 기재한 청구채권을 인정하고 있습니까?
　　☑ 예
　　☐ 아니오

나. 채무자가 청구채권과 관련하여 오히려 채권자로부터 받을 채권을 가지고 있다고 주장하고 있습니까?
　　☐ 예
　　☑ 아니오

다. 채권자가 신청서에 기재한 청구금액은 본안소송에서 승소할 수 있는 금액으로 적정하게 산출된 것입니까? (과도한 가압류로 인해 채무자가 손해를 입으면 배상하여야 함)
　　☑ 예
　　☐ 아니오

2. 보전의 필요성과 관련하여
가. 채권자가 채무자의 재산에 대하여 가압류하지 않으면 향후 강제집행이 불가능하거나 매우 곤란해질 사유의 내용은 무엇입니까?(필요하면 소명자료를 첨부할 것)

⇒ 다른 채권자들에게 상당한 채무를 부담하고 있는 것으로 보임

---

520 법원에 비치된 양식이다. 인터넷 법원 홈페이지에서 내려받을 수 있다.

나. [유체동산 가압류 또는 채권 가압류사건인 경우] 채무자에게는 가압류할 부동산이 있습니까?

　　　　☐ 예
　　　　☐ 아니오 → 채무자의 주소지 소재 부동산등기부등본을 첨부할 것

다. ["예"라고 대답한 경우] 가압류할 부동산이 있다면, 부동산 가압류 이외에 유체동산 및 채권 가압류신청을 하는 이유는 무엇입니까?

　　　　☐ 이미 부동산상의 선순위 담보 등이 부동산가액을 초과함
　　　　　→ 부동산등기부등본 첨부할 것
　　　　☐ 기타 사유 → 내용 :

3. 본안소송과 관련하여

가. 채권자는 신청서에 기재한 청구채권(피보전권리)의 내용과 관련하여 채무자를 상대로 본안소송을 제기한 사실이 있습니까?

　　　　☐ 예　　　☑ 아니오

나. ["예"로 대답한 경우]

　　① 본안소송을 제기한 법원·사건번호·사건명은?
　　② 현재 진행상황(소송이 계속중인 경우)은?
　　③ 소송결과(소송이 종료된 경우)는?

다. ["아니오"로 대답한 경우] 채권자는 본안소송을 제기할 예정입니까?
　　　　☒ 예 → 본안소송 제기 예정일: 2011. 9.경
　　　　☐ 아니오

4. 중복가압류와 관련하여
가. 채권자는 이 신청 이전에 채무자를 상대로 동일한 가압류를 신청하여 기각된 적이 있습니까?
　　　　☐ 예　　☒ 아니오

나. 채권자는 신청서에 기재한 청구채권을 원인으로, 이 신청과 동시에 또는 이 신청 이전에 채무자의 다른 재산에 대하여 가압류를 신청한 적이 있습니까?
　　　　☐ 예　　☒ 아니오

다. [나.항을 "예"로 대답한 경우]
　　① 동시 또는 이전에 가압류를 신청한 법원·사건번호·사건명은?
　　② 현재 진행상황은?
　　③ 신청결과(취하/각하/인용/기각 등)는?

◇ 유의사항 ◇

채무자가 여럿인 경우에는 각 사람별로 이 서면을 작성하여야 합니다.

부동산 가압류신청서와 가압류신청 진술서를 작성하였다면, 위 신청서들 각각 1부를 관할법원에 제출한다. 관할법원은 피신청인 즉 채무자의 주소지 법원이 원칙이다. 다만, 본사례의 대여금채권은 지참채무 즉 채무자가 채권자에게 돈을 가지고 와서 주는 것이 원칙이므로 민사소송법 제8조(거소지 또는 의무이행지의 특별재산적)에 의하여 채권자의 주소지 법원에 소송을 제기해도 무방하다.

부동산 가압류신청서를 제출할 때에 인지대(2,000원)와 송달료(3,020원×당사자수×3회분, 즉 본사례의 경우 3,020×당사자수2×3회분=18,120원)를 법원 안에 있는 은행에 납부한 후, 그 납부한 영수증을 부동산 가압류신청서 표지 뒷면에 풀로 붙인다.

부동산 가압류신청서를 제출하여 가압류결정이 내려지면 가압류가 등기부에 기입된다. 이때 등록세와 지방교육세가 발생하는데, 구청에서 위 등록세와 지방교육세를 납부해야 한다.

따라서, 채권자가 부동산 가압류신청서를 제출할 때 등록세와 지방교육세를 납부한 사실을 증명하여야 하는데, 구청을 방문하여 취득세 및 등록세 신고서를 작성('도장' 지참)하여 구청공무원에게 부동산 가압류신청서 부본을 함께 제출하면 등록세 및 지방교육세 고지서를 발급해주는데, 등록세 및 지방교육세 고지서를 이용하여 은행에 등록세 및 지방교육세를 납부한다.

이때 구청으로부터 받은 법원제출용등록세 및 지방교육세 영수증을 부동산 가압류신청서 표지 앞면에 스테이플러(일명 '호치키스')로 찝어 법원에 제출한다(가압류를 하려는 부동산의 1필지당 3,000원짜리의 대법원증지(이것도 '스테이플러'로 부동산 가압류신청서에 찝어 제출)를 사서 함께 제출).

본사례에서 채권자가 납부해야 하는 등록면허세(채권금액의 1,000분의 2[521])는 60,600원(30,300,000×2/1,000)이고 지방교육세(등록세액의 100분의 20[522])는 12,120원(60,600×20/100)이 된다.

가압류신청을 위해서는 채권자가 담보를 제공하여야 한다. 부동산 가압류의 경우는 가압류신청서를 제출하면서, 미리 공탁보증보험증권을 끊어서 제출할 수 있다. 본 사례의 공탁금(부동산가압류는 청구금액의 10%)은 3,030,000원(30,300,000×1/10)이다. 이때 보증보험을 끊는 비용('개인'의 공탁보증보험료율 0.422%)은 12,786원(3,030,000×0.00422)이 된다. 다만, 법원에서 소명정도에 따라 일부를 현금공탁을 명할 수 있다. 다만, 본 사례와 같이 명확한 사실관계의 경우에는 미리 보증보험을 끊어 제출하는 것도 좋을 것이다.

---

[521] 지방세법 제28조 제1항 제1호 라의 1)목
[522] 지방세법 제151조 제1항 제2호

3 | 지급명령신청

부동산 가압류신청서 및 가압류신청 진술서 등을 제출하면, 가압류결정문이 약 2주일 후에 채권자에게 도달한다.

채무자 소유의 부동산에 가압류가 결정된 사실이 등기되며, 채무자에게도 가압류결정사실이 통보된다. 이와 같은 상황에서도 채무자가 채권자에게 돈을 갚는 경우가 많다. 채권자가 채무자의 부동산에 가압류를 하였음에도 채무자가 돈을 갚지 않는다면, 채권자는 강제집행을 하기 위해 지급명령을 신청해서 집행권원을 확보해야 한다.

아래에서는 본 사례를 전제로 한 지급명령신청서를 작성하였다.

서식50

지급명령신청

사 건 대여금 청구

　　채권자 이채권(주민등록번호:　　　　　　)
　　　　서울시 (　)구 (　)동 (　)번지 서초빌딩 201호
　　　　전화:

　　채무자 오채무(주민등록번호:　　　　　　)
　　　　서울시 (　)구 (　)동 (　)번지 방배빌딩 202호
　　　　전화:

청구금액 금 30,300,000원

청구취지

채무자는 채권자에게 금 30,300,000원 및 이에 대한 지급명령이 송달된 날부터 완제일까지 연 20%의 비율에 의한 금원과 아래의 독촉절차비용을 지급하라.
는 지급명령을 구합니다.

금 36,260원 독촉절차비용
1. 인지액 금 14,100[523]원
2. 송달료 금 24,160[524]원

청구원인

1. 2011. 3. 2. 채권자가 채무자에게 금 30,000,000원 및 3개월 1%의 이자를 약정하여 금원을 대여하였고, 위 원금과 이자 30,300,000원을 2011. 6. 2.에 변제받기로 약정하였습니다.

2. 그러나, 위 변제기에 채권자가 채무자에게 채무변제를 독촉하사 채무의 변제를 차일피일 미루기만 하면서 현재에 이르고 있습니다.

3. 결국, 채무자는 채권자에게 금 30,300,000만 원 및 이에 대한 지급명령이 송달된 날부터 완제일까지 연 20%의 비율에 의한 금원과 아래의 독촉절차비용을 지급하여야 할 것입니다.

첨부서류

1. 송달료납부서 1통
1. 차용증 사본 1통

2011. 9. 1.

위 채권자 이채권 (인)

서울중앙지방법원 귀중

---

523 인지액은 일반소송의 1/100이다. 일반소송을 제기하였다면 인지대는 141,300원이 된다. 인지액의 산정은 민사소송등인지법에 의하는데 동법 제2조는 다음과 같다.《〈제2조(소장) ① 소장[반소장(反訴狀) 및 대법원에 제출하는 소장은 제외한다.]에는 소송목적의 값에 따라 다음 각 호의 금액에 해당하는 인지를 붙여야 한다. 1. 소송목적의 값이 1천만 원 미만인 경우에는 그 값에 1만분의 50을 곱한 금액 2. 소송목적의 값이 1천만 원 이상 1억 원 미만인 경우에는 그 값에 1만분의 45를 곱한 금액에 5천 원을 더한 금액 3. 소송목적의 값이 1억원 이상 10억 원 미만인 경우에는 그 값에 1만분의 40을 곱한 금액에 5만5천 원을 더한 금액 4. 소송목적의 값이 10억 원 이상인 경우에는 그 값에 1만분의 35를 곱한 금액에 55만5천 원을 더한 금액 ② 제1항에 따라 계산한 인지액이 1천 원 미만이면 그 인지액은 1천 원으로 하고, 1천 원 이상이면 100원 미만은 계산하지 아니한다. ③ 소송목적의 값은 「민사소송법」 제26조제1항 및 제27조에 따라 산정(算定)하되, 대법원규칙으로 소송목적의 값을 산정하는 기준을 정할 수 있다. ④ 재산권에 관한 소(訴)로서 그 소송목적의 값을 계산할 수 없는 것과 비(非)재산권을 목적으로 하는 소송의 소송목적의 값은 대법원규칙으로 정한다. ⑤ 1개의 소로서 비재산권을 목적으로 하는 소송과 그 소송의 원인이 된 사실로부터 발생하는 재산권에 관한 소송을 병합한 경우에는 액수가 많은 소송목적의 값에 따라 인지를 붙인다.〉》

524 서울중앙지방법원 송달료조견표에 의하면 독촉사건의 경우 24,160원(3,020×2(당사자수)×4)이다.

위와 같이 지급명령신청서를 작성해서 인지대 및 송달료를 납부하고 그 영수증을 지급명령신청서 표지 뒷면에 풀로 붙여 법원에 제출하면, 법원이 채무자에게 돈을 지급하라는 지급명령을 내린다. 이 지급명령을 받은 채무자가 2주 이내에 아무런 이의제기를 하지 않으면 위 지급명령이 확정된다.

지급명령이 확정되면, 법원은 채권자에게 지급명령정본을 보낸다. 채권자는 그 지급명령정본을 가지고 채무자의 부동산에 강제집행을 할 수 있다. 이때 채권자가 받은 지급명령정본에는 집행문과 지급명령송달일 및 지급명령확정일이 모두 적혀 있어 별도로 법원공무원으로부터 집행문을 부여받을 필요가 없다.

4 | 집행

지급명령정본을 법원으로부터 받은 채권자는 채무자의 부동산을 강제경매에 부쳐 채권을 회수할 수 있다.

아래에서는 채권회수를 위한 부동산강제경매신청서를 작성해보았다.

서식 51

부동산강제경매신청서

채권자 이채권(주민등록번호:)
　　　서울시 (   )구 (   )동 (   )번지 서초빌딩 210호
　　　전화:

채무자 이채무(주민등록번호:)
　　　서울시 (   )구 (   )동 (   )번지 방배빌딩 220호
　　　전화:

경매할 부동산의 표시

별지목록 기재 부동산과 같음.

청구채권의 표시

대여금 청구금액 금 30,300,000원 및 이에 관하여 2011. (   ). (   )[525]. 부터 완제일까지 연 20%의 각 비율에 의한 지연손해금

집행권원의 표시

서울중앙지방법원 2011년 차 제(   )호 대여금 사건에 관하여 2011년 (   )월 (   )일 확정된 지급명령정본

신청취지

위 청구금액의 변제에 충당하기 위하여 채무자 소유의 별지 기재 부동산에 대하여 강제경매절차를 개시하고 채권자를 위하여 이를 압류한다.
　　라는 재판을 구합니다.

신청이유

위 청구금액은 서울중앙지방법원 2011년 차 제(　)호 대여금 사건에 관하여 2011년 (　)월 (　)일에 확정된 지급명령정본에 기하여 채무자가 변제할 것인바, 채무자는 이를 변제하지 않고 있으므로 강제경매개시의 절차를 구하기 위하여 본 신청에 이르렀습니다.

첨부서류

1. 지급명령정본 1통
2. 부동산등기부등본 1통
3. 경매물건목록 40통
4. 납부서 1통

2011. (　). (　)

위 채권자 이채권 (인)

서울중앙지방법원 귀중

---

525 채무자에게 지급명령이 송달된 날을 적으면 된다. 채무자에 대한 지급명령송달일은 채권자에게 송달된 지급명령정본에 나온다.

〈별지〉

가압류할 부동산의 표시

1. 서울 (   )구 (   )동 ○○○
   위 지상
   철근콘크리트 슬래브지붕 3층
   근린생활시설 및 주택
   1층 177.03평방미터(근린시설)
   2층 115.83평방미터(근린시설)
   3층 115.83평방미터(주택)
   지하실 82.89평방미터(근린시설)
   중 3층 115.83평방미터

위와 같이 부동산강제경매신청서를 법원에 제출하면, 강제경매개시결정이 내려지고 그 결정이 채무자의 부동산에 기입된다.

이와 같이 부동산경매절차가 진행되면 그 진행과정에서 채무자가 돈을 갚는 경우가 많다. 채무자가 돈을 갚지 않으면, 채무자 부동산이 헐값에 매각되기 때문이다.

채무자가 돈을 갚지 않으면, 부동산경매절차를 계속 진행하여 경락대금에서 채권을 회수하면 된다.

참고문헌

송영곤, 기본민법강의, 유스티니아누스, 2004

송영곤, 민법의 쟁점(II), 유스티니아누스, 2005

한국사법행정학회, 주석민법, 총칙(3), 2001

한국사법행정학회, 주석민사집행법(V), 2007

박동섭, 친족상속법, 박영사, 2007

이시윤, 신민사소송법, 박영사, 2006

사법연수원, 보전소송, 2005

사법연수원, 민사집행법, 2005

사법연수원, 부동산등기법, 2005

법원행정처, 부동산등기실무(II), 2007

법원행정처, 민사소송(III), 2005

정찬형, 상법강의(상), 박영사, 2007

정찬형, 상법강의(하), 박영사, 2007

황찬욱, 한문철, 고소장·내용증명의 법률지식, 청림출판, 2002

김주덕, 채권회수의 기술 98, 바른지식, 2008

최흥식, 실무자들이 가장 애매해하는 채권회수, 2007

에필로그

채권회수의 시작부터 끝까지

프롤로그에서 언급한 바와 같이 변호사에게 들어오는 질문의 대다수는 '돈을 받지 못했는데, 법적으로 어떻게 하느냐?'라는 것이다.

최근에는 애플의 위치추적 문제로 지급명령신청을 통한 지급명령이 내려졌고, 지급명령을 통해 채권을 확보한 사례가 언론을 통해 보도된 사실이 있는데, 이 사례에서 보듯이 채권회수문제는 남의 문제가 아니다.

채권확보에 대한 질문을 하는 분들은 대부분 전화 독촉이나 대면 접촉을 통해서 여러 차례 채무자에게 돈을 달라고 했는데도 불구하고 채무자가 돈을 주지 않아, 이곳저곳에서 채권회수방법에 대하여 알아보다가 변호사에게 상담을 요청하게 된다.

법적 절차의 '처음'은 내용증명우편이라고 할 수 있다. 대부분의 변호사는 우선 내용증명우편으로 법적 의사표시를 채무자에게 하라는 권고를 하게 되고, 필자도 대부분의 경우 그와 같이 조언한다.

법률가 입장에서 내용증명우편을 쓰는 것은 어려운 일이 아니지만, 법률 문외한인 일반인이 자신의 법적권리를 문장으로 표현한다는 것 자체가 쉬운 일은 아니다.

그러나, 내용증명우편을 보내는 것이 만능은 아니다. 오히려, 내용증명우편을 보내서 역효과가 나는 경우도 있다. 가압류가 필요한 경우와 같이 채무자 몰래 채무자의 재산을 묶어둘 필요가 있는 사건의 경우에는 채권자가 내용증명우편을 채무자에게 보냄으로써 채무자가 자신의 재산을 빼돌리게 하는 계기를 만들어줄 수도 있기 때문이다.

이렇듯 법률문제는 의사의 처방처럼 각각의 사건마다 다른 처방과 다른 대응이 필요하다.

필자는 법률전문가가 아닌 사람도 이 책을 읽고 나면, 스스로 법률적 행위(특히, 서면에 의한 법률적 행위)를 할 수 있고, 법률적 흐름을 이해할 수 있도록 친절하게 설명하려고 노력하였다.

채권회수 지식이라고 하면 기업 법무팀이나 기업의 회계팀 등에서만 필요로 한다고 생각할 수도 있다. 그러나, 필자는 사회가 분화되고, 분쟁이 격화되는 오늘날에 있어서, 사회활동을 하는 모든 경제인에게 필요불가결한 최소한의 법률지식이라고 본다.

이 책은 필자의 주요 관심분야인 부동산과 집행(부동산, 채권 등)뿐만 아니라, 채권회수와 관련된 실체법(민법과 상법 등)적 내용들이 들어있다.

변호사에게 있어 책을 쓴다는 것은 변호사 업무 특성상 그리 쉬운 일은 아니다. 그러나, 필자는 부동산 및 집행과 관련한 책의 집필에 지속적으로 관심을 가지고 있고, 큰 즐거움으로 삼고 있다. 독자들의 비판적 호응은 필자의 집필에도 많은 힘을 실어줄 것이다.

아무쪼록 이 책을 보는 모든 분들이 자신의 재산을 방어할 수 있는 최소한의 지식을 습득해 작은 보탬이나마 되길 바란다.

서식 리스트

〈서식1〉	금전소비대차계약서	· 25
〈서식2〉	차용증서	· 27
〈서식3〉	건물건축도급계약서	· 34
〈서식4〉	최고서	· 42
〈서식5〉	계약취소통지서	· 55
〈서식6〉	계약무효통지서	· 57
〈서식7〉	위임장	· 62
〈서식8〉	물품매매계약서	· 63
〈서식9〉	독촉장	· 115
〈서식10〉	승낙을 포함한 채권양도계약서	· 125
〈서식11〉	채권양도계약서	· 127
〈서식12〉	채권양도통지서	· 129
〈서식13〉	물품양수도계약서	· 133
〈서식14〉	면책적채무인수계약서	· 140
〈서식15〉	병존적(중첩적)채무인수계약서	· 141
〈서식16〉	연대보증계약서	· 151
〈서식17〉	물품대금청구서	· 161
〈서식18〉	공시최고신청서	· 167
〈서식19〉	배당요구신청서	· 175
〈서식20〉	최고장	· 190
〈서식21〉	사기죄 고소장	· 194
〈서식22〉	강제집행면탈죄 고소장	· 197
〈서식23〉	사기죄 고소후 작성한 합의서	· 200
〈서식24〉	유치권에 의한 부동산 경매신청서	· 216

〈서식25〉	질권설정계약서	・227
〈서식26〉	근저당권설정계약서	・243
〈서식27〉	양도담보설정계약서	・249
〈서식28〉	채권자취소 소장	・274
〈서식29〉	채권자대위 소장	・286
〈서식30〉	부동산 가압류신청서	・292
〈서식31〉	유체동산 가압류신청서	・298
〈서식32〉	채권 가압류신청서	・303
〈서식33〉	제3채무자에 대한 진술최고신청서	・307
〈서식34〉	지급명령신청서	・326
〈서식35〉	조정신청서	・331
〈서식36〉	대여금청구 소장	・339
〈서식37〉	증인신청서	・346
〈서식38〉	문서송부촉탁신청서	・347
〈서식39〉	문서제출명령신청서	・348
〈서식40〉	집행문부여・송달증명・확정증명신청서	・360
〈서식41〉	재산명시명령신청서	・364
〈서식42〉	채무불이행자명부등재신청서	・370
〈서식43〉	재산조회신청서	・375
〈서식44〉	부동산 강제경매신청서	・382
〈서식45〉	부동산 임의경매신청서	・384
〈서식46〉	채권압류및추심명령신청서	・396
〈서식47〉	채권압류및전부명령신청서	・398
〈서식48〉	부동산 가압류신청서	・404
〈서식49〉	가압류신청 진술서	・406
〈서식50〉	지급명령신청서	・412
〈서식51〉	부동산강제경매신청서	・416